영미 명예훼손법

영미 명예훼손법

박용상 지음

머리말

저자는 1997년 '언론과 개인법익'(조선일보사), 2008년 '명예훼손법'(현암사)을 출간한 바 있다. 그동안 많은 판례가 나왔고 학술논문이 발표되었으나, 구체적 사례의 단편적인 해결에만 치우친 나머지 일관되고 체계적인 틀을 벗어나는 것이 적지 않았다. 이에 보편적이고 글로벌한 기준을 추구하기 위해 저자는 종전 저술에서 등한시된 영미의 보통법의 법리를 연구하고 소개할 필요를 느끼게 되었다.

이 책은 저자가 2014년부터 3년간 언론중재위원장직을 수행하면서 그 저술을 준비한 것이다. 언론중재위원회는 매년 다수의 토론회와 연수회를 열어 언론소송에 관한 새로운 법리 및 외국의 판례를 논의하고 있다. 그 토론과정에서 저자는 많은 영감을 얻었고, 이 책을 저술하기로 마음먹게 되었다. 저자는 이 저술에 힘이 되어준 언론중재위원회 위원 및 임직원, 언론법학회 회원, 그리고 공법이론과 판례 연구회 회원 여러분들에게 감사하며, 이 책이 우리에게 영미의 보통법 체계의 지혜와 경험을 얻는데 기여하기를 바란다.

이 저술을 기꺼이 출판해 주신 한국학술정보와 세심하게 편집해 주신 이강임팀장에게 감사한다.

2019. 6.
저자 박용상

목
차

제1장

서론

1. 서언

어느 나라에서나 명예훼손법제의 기본적 과제는 언론의 자유와 개인의 인격권 보호 간의 상충관계를 조화롭게 해결하는 데 있다. 그중 어느 가치를 강조하고 중점을 두는가는 각국이 갖는 역사적·문화적 가치뿐 아니라 사회의 기본적 법적 구성과 작용을 다루는 헌법적 문화 여하에 따라 달라지게 된다.

여기서 비교법적 고찰은 각국 법제도의 개념과 법리의 현황을 파악하고 미래의 개선을 위해 중요한 의미를 갖는다. 우리가 영국 명예훼손법제에 주목해야 할 주된 이유는 명예훼손법이 역사상 처음 태동하여 거대한 판례체계를 이루고 있는 영국의 경험을 살펴봄으로써 우리의 법 운영을 비교 검토하고 더 나은 법리와 관행을 찾는 데 있다.

우리 법제는 독일 등 유럽의 대륙법을 수입하여 제정법체제를 기본으로 하고 있다. 그럼에도 법원의 판례를 법형성의 기본으로 삼는 영국 보통법의 명예훼손법이 주목되어야 할 이유는 있다.

첫째, 세계적으로 명예훼손법제가 가장 처음 형성된 나라는 영국이란 점이다. 비록 초기 보통법이 권력자의 영예 보호에 치중하였다고 하나, 민주화 과정을 거치면서 영국의 명예훼손법은 언론의 자유를 중시하는 방향으로 전개되어 왔다. 더욱 주목할 것은 영국 명예훼손법의 역사적 생성 발전과정이다. 영국의 명예훼손법은 대부분 법원의 판례(common law)에 의해 형성되었고, 그만큼 사례에 따른 합리적 해결을 도모하는 과정에서 일상생활의 경험을 추출 결정한 것이 법리로 쌓인 것이다. 장기간 형성되어 거대한 법체계를 이룬 이러한 영국의 역사적 경험은 커먼웰스 제국은 물론 미국에 수용되어 영미법계의 기초와 내용을 형성하게 되었다.

비록 영국의 명예훼손 판례법이 복잡하고 불명확하며 체계적이지 못하다고 비판받고 있다 할지라도 그들은 판례법이 장점으로 갖는 구체적 타당성의 지혜를 담고 있으며, 이를 법리로 체계화할 때 중요한 참고가 될 수 있다. 판례법은 역사적 사회적 변화에 맞추어 명예훼손제도를 구체적이고 상세하게 반영한다. 다양한 장기적 경험을 바탕으로 한 것이고, 그만큼 실생활의 사정을 법에 녹여 놓고 있기 때문이다.

<판례법 체제와 제정법 체제>

명예훼손법제는 각국의 역사적 문화적 특성이 반영되어 형성된다. 그중 중요한 요소가 법체계의 생성 특성에 의한 것이다. 영국과 미국은 원칙적으로 법원의 판례에 의해 법체계를 형성하는 판례법 체제를 기본으로 함에 비해 프랑스, 독일 등 대륙법계 국가는 의회 제정의 성문법을 기본으로 하는 제정법 체제를 취하며, 우리의 법제는 대륙법 체제를 받아들여 제정법체제를 기본으로 하고 있다. 양 체제는 나름대로 장단점을 가지기 때문에, 현대 각국의 법제는 양 체제의 장단점을 비교하여 취사 선택하는 방안을 찾고 있다. 대륙법계에 속하는 우리가 판례법 체제인 영미 명예훼손법을 천착하여 그 이점을 취할 필요가 있음은 이 때문이다.

둘째, 최근 한국의 언론학계는 물론 법학계는 미국 법제의 영향이 강화되고 있다. 그러나 우리의 관심인 언론법 및 명예훼손법에 있어서 미국의 법제는 영국 보통법을 기반으로 하면서도 별개의 독특한 지위에 있음을 간과하여서는 안 된다.

영국에서 명예훼손법은 중세 이래 근대에 이르기까지 보통법 법원(common law court)의 판례를 기반으로 형성되어 왔다. 애초에 그것은 중세의 교회법원과 근대 절대군주 시대에 국왕의 법원이 내린 판례를 기본으로 한 것이어서 교회 및 국가의 상위계층의 위엄과 존엄을 보호하는 데 주력하였으나, 정체가 민주화되고 시민의 권리가 강화되면서 보통법 법원에 의해 현대적 개념의 명예를 보호하는 것으로 점차 개선되어 왔다.

영국의 식민지에서 독립한 미국은 영국의 보통법(Common Law) 체제를 전반적으로 계수하였고,1) 영국의 명예훼손에 관한 보통법이 미국에도 적용된 것은 물론이었다. 애초에 영국에서 전개된 명예훼손법제는 중세의 교회법과 군주주권 시대의 형사 명예훼손법제의 영향을 받아 엄격책임주의를 기본으로 하였고, 그 체제는 명예보호에 가장 강력한 체제인 반면 표현의 자유에는 가장 엄격하였다.

미국의 명예훼손법제는 1964년 설리번 판결을 계기로 영국 보통법의 전통을 떠나 독자적인 길을 밟게 되었다. 그것은 명예훼손법에 헌법적 관점을 도입하여 언론의 자유를 강화하면서 명예훼손 사실의 입증책임을 피해자인 원고에게 전환하였다. 나아가 의견이면 면

---

1) 영국에서 독립한 미국 제주의 입법부가 최초로 취한 조치는 당시 식민지에서 시행되던 영국의 보통법 체제를 전반적으로 수용하는 법률("reception statute")을 제정한 것이었고, 그것은 새 정부가 거부하지 않는 한 영국 보통법을 그대로 시행하도록 규정하였다(Elizabeth Samson, THE BURDEN TO PROVE LIBEL: A COMPARATIVE ANALYSIS OF TRADITIONAL ENGLISH AND U.S. DEFAMATION LAWS AND THE DAWN OF ENGLAND'S MODERN DAY, CARDOZO J. OF INT'L & COMP. LAW [Vol. 20:771]).

책된다는 1974년 거츠 판결의 영향은 아직도 강고하게 미국 명예훼손법의 기초에 자리 잡고 있다. 이 때문에 미국은 세계에서 언론의 자유를 가장 높게 보호하는 나라로 칭송되고 있으나, 그 반면에 명예 등 인격권을 가장 경시하는 나라로 평가되게 하였다.

셋째, 애초에 명예훼손은 형법상의 범죄나 민법상의 불법행위로 형성되었다. 그러나 이러한 민형사상의 제재가 헌법상의 기본권인 표현 및 언론의 자유를 제약하게 된다는 점에서 헌법적 관점의 검토가 요청되었고, 오늘날 어느 법제에서나 언론과 인격권의 대립 상충관계의 해결이 헌법적 차원의 문제로 조명받게 되었음은 공통된 현상이다. 이것은 표현의 자유와 개인의 인격권 간의 상충관계를 조화롭게 해결하려는 노력으로 이어지게 되었다.

그러나 기본권 간의 이익충돌을 해결하는 방식에서 미국의 법제와 여타 국가는 상이한 어프로치를 취한다. 미국은 1964년 판결에서 명예훼손법에 헌법적 관점을 도입하여 표현의 자유를 중시하는 방향으로 전개되었다. 그것은 미국 연방헌법 수정 제1조에 따라 언론의 자유를 제한할 수 없는 기본권으로 해석하고 그에 명예훼손법을 적응시키는 과정에서 우월한 언론의 자유를 보호함에 반비례하여 개인의 명예 등 인격권은 경시되는 경향을 보였다. 그에 비해 독일 등 대륙법계 국가에서는 인간의 존엄에 터잡아 새로운 인격권을 인정함으로써 양 기본권을 대등한 관계에서 비교 형량하는 방식을 취하고 있다.

여기서 주목할 점은 기본권의 효력과 기본권이 충돌하는 경우 해법에 관한 논의이다. 종전의 기본권 효력에 관한 이론은 국가권력과의 관계에서 그 효력과 제한의 한계에 관한 논의에 치중하였고, 그 결과 예컨대 명예훼손제도의 이해에 있어서도 그것이 언론의 자유

를 제한하는 측면만을 주목하고 그 제도의 토대인 개인의 인격권에
대한 영향은 간과되어 왔다. 현대 서구의 새로운 경향은 양자의 충
돌을 조화롭게 해소하려는 합리적 방안으로서 실제적 조화의 원칙
에 입각하고 있다. 이 책도 이러한 새로운 경향을 받아들여 명예훼
손법제의 진정한 존재의의를 찾는 데 그 목적을 두고 있다.

2. 명예훼손법제의 주요 쟁점

역사적으로 볼 때 명예를 보호하는 법제는 큰 변화를 거쳤다. 영국의 경우 명예훼손은 이를 형사적으로 처벌하는 데서 시작하여 민사상 불법행위로 취급하는 체제로 변화되어 왔다. 명예훼손이 보호하는 법적 이익의 관점에서도 상응하는 변화가 이루어졌다. 형사 명예훼손은 국가 또는 집권자의 위신이나 명예를 보호하는 데 주된 목적을 가졌고, 따라서 평화를 교란할 경향이 있는 명예훼손적 진술에 대해 행위자의 행태를 제재 대상으로 하였다. 민주화 과정이 진행됨에 따라 명예훼손은 권위와 권력을 비판으로부터 보호하는 데서부터 점차 공동체에서 개인의 명예 이익을 널리 보호하는 제도로 전개되었다. 이렇게 명예훼손법제는 처음에 형사적으로 가해자의 처벌이나 징벌을 목표로 하였으나, 오늘날 명예훼손은 민사적으로 사인 간의 명예 침해에 대한 보상과 회복을 마련하는 데 중점을 두게 되었다.[2] 이러한 경향은 세계적으로 공통된 현상이다.

우리가 명예훼손법을 다룸에 있어서 쟁점이 되는 중요한 사항이 있다.

첫째, 사실과 의견을 구별하는 것이다.

어느 나라든 명예훼손법제에서 사실의 진술과 의견의 표현을 구별하여 달리 취급하는 것은 공통된 것이다. 사실과 의견의 구별이 모호하고 어려움에도 이를 구별하는 이유는 개인의 주관적 의견 표현을 사실의 진술보다 더 보호하기 위한 것이다. 사실의 진술에 의한 명예훼손은 그 진술된 사실의 진위(眞僞) 여부에 의존하며, 진실

---

2) David A. Anderson, Reputation, Compensation, and Proof, 25 Wm. & Mary L. Rev. 747 (1984), http://scholarship.law.wm.edu/wmlr/vol25/iss5/3

한 사실의 진술은 원칙적으로 허용되지만, 허위 사실의 진술은 명예훼손 책임을 벗어나지 못한다. 한편, 사실에 대한 평가나 가치판단을 요소로 하는 의견은 사람마다 다를 수 있으며, 그 자유로운 개진에 의해 바른 정책이 추구될 수 있다는 점에서 원칙적으로 자유롭다.

둘째, 중요한 쟁점은 사실적시 명예훼손에서 진실의 입증책임 문제이다.

역사적으로 보아도 사실 적시 명예훼손에서 가장 중요한 쟁점은 그 주장사실의 진위 여하에 따라 이를 어떻게 취급할 것인가 하는 문제에 초점이 있었다.[3] 진실한 사실에 의한 명예훼손은 면책되는 것이 일반적이지만, 그 진위의 입증 책임을 누구에게 부담시키는가는 명예훼손의 성립에 결정적이고 기초적인 영향을 미친다.[4] 또 허위 사실 또는 진실로 입증될 수 없는 사실의 진술이 금지된다면 진실을 말할 자유를 위축시킬 수 있다는 점에서 공익에 반할 수 있기 때문에 허위 또는 부정확한 사실의 진술에 면책을 허용할 범위가

---

3) 허위 또는 틀린 정보를 공표하거나 전파하는 것은 공익에 도움이 될 수 없고, 민주사회는 바른 정보에 의하는 경우에만 제대로 운영될 수 있다. 따라서 "허위 정보를 전파할 인권은 없다. … 진실이 아닌 진술을 사실로 제공하고 사람들을 오도하는 것은 민주사회를 파괴하는 것이고, 민주 사회의 어떤 부분도 형성하여서는 안 된다. 이것들은 단순한 명예 보호를 초월하는 일반적 명제이다." 그러나 "완전한 사실적 정확성은 언제나 실제로 달성될 수 없는 것이고, 진실과 허위를 분명하게 증명하는 것도 불가능할 것이다." 그러므로 "사회나 명예훼손법에서 어떤 수준의 사실적 부정확성이 왜 관용되어야 하는가가 현명하게 문의되어야 한다. 사실적 정확성에 관한 일정 정도의 관용이 받아들여져야 하고 따라서 특권의 법에도 필요하다"(Reynolds v Times Newspapers Ltd. [1999] 4 All ER 609, LORD HOBHOUSE OF WOODBOROUGH).

4) 진실이나 허위의 입증 책임을 원, 피고 중 누가 부담하는가 하는 문제는 실무상 명예훼손소송의 승패에 결정적 영향을 준다. 소송의 현실을 보면 표현 내용이 진실 또는 허위 어느 쪽으로도 입증 불능(立證不能)한 상황으로 귀결되는 사례가 허다하다. 그러한 경우 허위의 입증 책임이 원고(피해자)에게 있다면 이를 이행하지 아니한 원고가 패소하고, 반대로 피고(표현행위자)에게 진실의 입증 책임이 있다면 피고가 패소됨을 의미한다. 원래 엄격 책임주의를 취하던 영국의 명예훼손법에서 진실은 피고가 입증하여 면책될 수 있는 항변(抗辯)이었다. 그러나 뒤에서 보는 바와 같이 미국 연방대법원은 공적인 사안에 관하여는 그 입증 책임을 원고에게 전환하였고, 그 결과 명예훼손 소송을 제기하는 원고는 자신이 피고의 진술 내용이 허위임을 입증하지 않으면 패소하게 되었다(New York Times v. Sullivan, 376 U.S. 254, 299 (1964)). 이것은 진실한 내용의 표현 행위를 보호하기 위하여 실제로 허위일지 모르나 허위임이 입증될 수 없는 표현도 보호하게 됨을 의미한다(475 U.S. 776).

크게 논란된다.

본문에서 상술하는 바와 같이 미국 이외의 모든 법제에서는 미디어 등 가해자(피고)에게 명예훼손의 진실 입증책임이 부과되지만, 미국에서는 미디어가 피고인 사건에서 허위 입증책임이 원고에 주어진다는 점이 현저한 특징으로 지적된다.[5]

가장 어려운 문제는 허위사실을 진실이라고 믿고 진술한 경우 법적인 취급 여하이다. 이 경우 미국 법제에 의하면, 원고가 허위임을 입증하여야 하고 나아가 피고가 허위임을 알거나 무사려한 경시로 이를 알지 못했음을 증명하여야 한다(이른바 현실적 악의의 규칙). 진실로 오인한 허위 언론은 가치가 없다 하더라도 허위 보도를 피하기 위한 자기검열은 공익 사항의 활발한 보도를 위축시킬 수 있기 때문에 보호되어야 한다는 것이 미국 법원이 제시하는 논리이다. 그러나 영국, 독일, 일본 등 대부분의 국가와 우리나라에서는 피고가 진실이라고 믿음에 상당한 이유가 있음을 증명하여야 하게 되어 있다. 알고 하는 허위는 무가치할 뿐 아니라 자유토론을 보전하기 위해 필요하지도 않고 헌법적 보호를 받지도 못한다.

전통적으로 영국 보통법에서는 단지 명예훼손적 진술의 존재만으로 소인(cause of action)이 인정되었으나, 입증책임이 전환된 미국법에서는 '허위의' 명예훼손적 진술이 명예훼손의 소인의 구성요소로 되었음을 의미한다.[6] 이 경우 가장 큰 문제는 애당초 진위 입증이 불가능한 사실을 적시하여 명예를 훼손하는 경우이다. 미국의 경우

---

5) 1964년 미국 연방대법원의 설리번 판결이 확립한 현실적 악의 규칙에 의하면, 공인은 보도사항이 허위라는 점과 함께 피고가 허위임을 알았거나 경솔하게 무시한 점을 입증하지 않으면 승소할 수 없고, 사인인 원고의 경우에도 보도사항이 허위라는 사실과 함께 피고가 과실로 이를 알지 못한 사유를 주장·입증하지 못하면 승소할 수 없다.

6) 영미법에서 소인(cause of action)이란 권리 구제를 위해 소를 제기함에 필요한 법적·사실적 요건들을 의미하며(https://legal-dictionary.thefreedictionary.com/cause+of+action), 우리 법제에서 이른바 구성요건(構成要件)과 대충 같은 의미를 갖는다고 할 수 있다.

피해자는 전혀 구제받을 수 없으나, 여타 국가에서는 그 사실의 근거를 제공하는 상황을 제시할 책임을 피고에게 부담시킨다.

셋째, 의견이면 면책되어야 하는가?

타인의 사회적 평가를 저해하는 의견 표현에 어떠한 요건과 범위에서 명예훼손 책임을 부과할 수 있는가 하는 문제는 명예훼손법에서 또 하나의 중요한 쟁점이다. 영국 보통법에서는 의견 표현도 '공정한 논평'에 해당하지 않으면 명예훼손 책임을 면치 못하였고, 이러한 기본적 프레임은 현대 선진 제국의 명예훼손법에 공통된 것이다. 그럼에도 미국에서는 1974년 거츠 판결의 영향으로 의견이면 면책된다는 이른바 '의견 특권'의 법리가 한때 우세하였고, 추후 연방대법원에 의해 이를 수정하는 판결이 내려졌음에도 의견특권의 법리는 아직도 강력한 영향을 미치고 있다.

넷째, 언론과의 관계에서 프라이버시권 내지 인격권이 중요한 법익으로 등장한 점이다. 언론과의 관계에서 보호되는 개인적 권리는 전통적으로 명예가 주된 이익이었다. 그러나 현대에 이르러 명예권 이외에도 프라이버시권 내지 인격권이 언론에 의해 침해되는 중요한 이익으로 등장하게 되었고, 이에 관한 논의가 중요한 부분을 차지하게 되었다.

현대 명예훼손법은 명예훼손행위로 발생한 피해의 회복 및 보상을 목적으로 하며, 명예훼손이란 사람의 사회적 평가를 저하시키는 진술이라고 이해함에 의견의 일치를 보고 있다. 여기서 명예란 사람의 진정한 가치 품격이 아니라 개인에 대한 사회적 평가(외적 명예)를 보호한다는 점에서 중요한 의미를 갖는다. 그러나 20세기 말 매스커뮤니케이션의 발달로 명예훼손제도만으로는 개인의 사생활을 충분히 보호할 수 없게 되었다. 그럼에도 오랜 전통을 가지고 명예훼손법을 발전시켜온 영국에서는 프라이버시권이 별도로 인정되지 않았고, 이를 처음 인식하고 법적 보호를 시작한 것은 미국이었다. 20세기 말 선정적인 대중 언론의 등장으로 프라이버시 침해가 사회적 문제로 제기되자, 이에 대처하려는 노력이었다. 그럼에도 영미에서 사생활의 권리 내지 프라이버시의 권리는 대륙법계 국가에 비해 충분히 보호받지 못하고 있다.

3. 이 책의 논술 개요

이 책에서 다루는 가장 중요한 관점은 표현의 자유의 이익과 그에 의해 피해받는 명예나 프라이버시 등 개인의 권리를 어떻게 조화시킬 것인가 하는 점이다. 이 문제는 모든 명예훼손법제 및 프라이버시권에 기초가 되는 문제이며, 헌법적 고찰을 요하는 문제이다.

세계적 경향을 비교법적으로 고찰한다면, 일응 표현 및 언론의 자유를 개인의 인격권에 확실히 우선하여 취급하는 미국의 법제와 양자의 우열을 가림이 없이 양자의 이익을 비교 형량하여 조화와 균형을 모색하는 기타 제국의 법제로 나눌 수 있을 것이다. 본론에서 상세히 검토될 것이지만, 미국에서 표현의 자유는 헌법적 등급의 가치를 가지면서 우월적 지위를 갖지만, 개인의 명예나 프라이버시권은 그렇지 않기 때문에 전자가 언제나 원칙적으로 우선하는 결과를 갖는다. 미국법의 원조였던 영국에서는 애당초 개인의 명예를 우월시하는 입장(이른바 엄격책임주의)을 취하였으나, 현대 영국의 판례는 언론의 자유와 명예권은 어느 것이나 우월적이지도 우선적 추정도 받지 않는다는 입장을 기본으로 하고 있다.7) 기타 유럽국가와 우리를 비롯한 여러 나라에서도 언론을 보호하는 표현 자유의 행사는 언제나 개인의 존엄, 명예 또는 인격의 권리와 대비 형량된다.

본서에서는 영국과 미국의 명예훼손법제를 비교 설명하고, 그에 대한 비판과 함께 우리 법제에서 참고할 점과 배제할 점을 검토하였다.

제2장 '영국 보통법상 명예훼손'에서는 먼저 영국의 명예훼손법이 형성된 역사적 경위를 살피면서 그 특징으로서 엄격책임주의의

---

7) Charman v Orion Publishing Group & others (No.3) (CA), [2008] 1 AllER 750.

법리가 적용되는 모습을 알아보고, 나아가 현대에 이르러 국가가 민주화됨으로써 이에 부응하여 명예훼손법을 개혁하는 과정과 그 경과를 살핀다. 여기에 영국에서 시원한 형사 명예훼손죄가 폐지된 경과가 함께 서술될 것이다. 나아가, 엄격책임주의에 의하면 원고가 명예훼손적 사실의 공표를 입증하기만 하면 바로 피고의 악의, 진술의 허위성 및 손해가 추정되어 피고(표현행위자)에게 불리한 법적 환경이 되지만, 보통법은 이러한 엄격책임주의를 완화하기 위해 각종의 특권 법리를 피고의 항변사유로 인정 발전시키게 되었음을 알아본다.

이어 사실 적시에 의한 명예훼손의 경우 보통법상 인정되는 '진실의 항변'(defense of truth)에 관해 그 의의와 요건 및 적용에 관해 상술하고, 나아가, 만일 피고가 진실임을 입증할 수 없는 경우에는 일정한 사정의 존재를 요건으로 인정되는 2가지 범주의 면책특권, 즉 '절대적 특권'(absolute privilege)과 '제한적 특권'(qualified privilege)을 알아보고, 언론 미디어의 경우 최근에 인정된 미디어의 보도특권(이른바 Reynolds defense)을 상술한다. 이와 더불어 제3자의 명예훼손적 진술을 전파하는 경우 보통법상 적용되는 반복규칙의 효과와 이를 벗어나기 위한 진실 입증의 요건에 관한 설명이 추가된다.

제3장 '미국 판례의 전개 – 사실적시에 의한 명예훼손'에서는 영국 보통법을 계승한 미국에서 독자적인 명예훼손법 체계를 창설하게 된 1964년 설리번 판결의 의미와 그에 따른 법체계상의 변화를 살펴보고 그 공과를 비판적으로 조명한다. 동 판결로써 명예훼손적 사실의 허위추정은 무너지고, 미국에서 사실적시 명예훼손에서 진실은 피고가 입증하여야 할 항변이 아니라 원고가 그 허위 및 그에

대한 현실적 악의를 입증할 의무를 부담하게 됨으로써 명예훼손법을 언론 우월적 구조로 바꾸는 혁명적 변화를 가져오게 되었으나, 그로 인해 명예나 인격권 보호는 그만큼 소홀해졌음을 알아본다.

이어 보통법상 미디어의 전통적 특권으로 인정되어온 공정보도의 특권과 중립보도의 특권에 관한 영국 및 미국의 판례를 대비 설명하면서 우리 법제에서 그 법리의 수용 여부에 관한 저자의 견해를 피력한다.

제4장 '의견 표현에 의한 명예훼손'에서는 의견 및 가치를 평가하는 표현행위가 명예훼손으로 제재되는 여부 및 범위에 관해 영국 보통법상의 전통적인 공정한 논평의 법리와 미국 법원에 의해 전개된 의견특권의 법리를 살펴보고, 최근 세계적 추세에 따라 의견 표현에 의한 명예훼손의 인정 범위를 알아본다.

제5장 '명예훼손에 대한 구제수단'은 영미 보통법상 명예훼손의 유일한 구제수단인 손해배상청구권에 인정되는 손해의 여러 범주와 인정 범위에 관해 알아본다. 아울러 손해배상만을 유일한 구제수단으로 허용하던 영국에서는 판례와 제정법에 의해 그 이외에 침해행위의 금지 및 그 효과의 제거를 위한 여러 구제제도가 수용되었음에 비해 미국에서는 여러 사정 때문에 이러한 구제수단이 활용되지 못하고 있음을 볼 것이다.

제6장. '사생활 침해'에서는 원래 프라이버시의 권리가 인정되지 않았던 영국의 전통과 현황을 살펴보고, 미국에서는 이를 인정하되 진실한 사실 표현을 절대적으로 보호하는 헌법 판례에 의해 현저히 약화되어 있음을 살펴본 후, 인간의 존엄사상을 기초로 한 등장한 인격권 이론에 근거하여 언론의 자유와 조화적 균형을 도모하려는 대륙법계 법제를 비교 검토한다.

제7장 '비판 및 결론'에서는 언론의 자유와 인격권 보호라고 하는 양자의 이익을 조화롭게 조정하는 것이 명예훼손법제의 당면 과제임을 염두에 두면서 이와 관련하여 시도될 저자의 새로운 어프로치를 소개하면서 결론을 맺는다.

제2장

영국 보통법상 명예훼손

1. 영국 명예훼손법의 역사

(1) 개관

영국에서 처음 명예훼손은 국가 및 집권자에 대한 형사범죄로 다루어졌으나, 점차 사인 간의 불법행위인 민사 명예훼손의 형태로 전개되었다.

초기 영국의 명예훼손법은 신분사회의 지위를 형사적으로 보호하였다. 1275년 제정된 영국의 귀인비훼법(貴人誹毀法, De Scandalis Magnatum)은 국왕과 고위 관리의 명예를 보호하기 위한 것이었고,[1] 그들에 대한 신민(臣民)들의 존경을 저하시킬 경향이 있는 언론은 그의 정부를 취약하게 만들거나 국왕과 그 신민을 이간시키는 것으로 보아 이를 선동적 명예훼손(seditious libel)의 범죄로 처벌하였다.

국왕의 법원이었던 성청법원(court of Star Chamber)은 불법적인 일을 기도하고 음모하는 행위를 모두 실체적 범죄인 변란선동적 명예훼손(seditious libel)으로 처벌하였다. 그것은 군주주권을 보호하기

---

1) 성청법원이 처음 선동적 명예훼손죄(crime of seditious libel)를 적용하여 처벌한 것은 1606년 판결이었다.

위한 목적을 추구하였고, 군주나 고위관리에 대한 비판, 폭동(insurrection), 평화 교란을 반역과 변란선동으로 처벌하였다.[2] 성청법원은 명예훼손에 평화교란(breach of the peace)의 경향이 있다고 보았고, 정치적, 종교적 비판을 극도로 엄하게 처벌하였다. 그 때문에 이것은 실질상 명예훼손이 아니라 선동과 소란에 대한 처벌이었다.[3]

한편, 사인 간의 명예훼손에 관하여 보면, 중세 초 교회의 법원과 국왕의 법원이 명예훼손소송을 함께 관할하고 있었으나, 장기간에 걸친 치열한 투쟁 후 17세기 후반에 이르러 교회법원의 권한은 국왕의 법정으로 이관되었고, 이 과정에서 영국에 특수한 구두명예훼손(spoken defamation, or slander)과 문서명예훼손(written and printed defamation, or libel)의 구별이 생겨나게 되었다.[4]

애초에 보통법은 구두명예훼손(slander)만을 취급하였을 뿐 문서명예훼손(libel)은 다루지 않았다. 보통법은 구두명예훼손 중에서도 일정한 범주에 해당하는 비난을 소인(訴因)으로 하는 slander만을 취급하였다. 즉, 모든 명예훼손적 발언이 아니라, ① 범죄행위의 비난, ② 매독, 나병 및 전염성 질병을 가진다는 비난, ③ 업무, 직무, 거래 직업 또는 전문직의 기능과 솜씨에 관한 명예에 영향을 주는

---

2) 변란선동적 명예훼손죄는 Curia Regis(king's council)의 악명 높은 성청법원(Star Chamber)이 관할 처벌하였다. 그것은 교회와 국가의 최고급 관리로 구성되었고, 실제로 무제한한 권한을 행사하였다. 그것은 형식을 무시하였고, 증거 규칙의 구속도 받지 않았으며 소속 변호사만을 임명하여 청취하였다(Van Vechten Veeder, The History and Theory of the Law of Defamation. I, Columbia Law Review, Vol. 3, No. 8 (Dec., 1903), pp.562-63. http://www.jstor.org/stable/1109121). 성청법원에서는 "진실할수록 명예훼손은 더 크다"는 논리에 따라 진실 여부는 심리 대상도 항변도 되지 못하였다. 1640년 성청법원이 폐지되었으나, 성청법원의 명예훼손 법리는 보통법에 구현되었다(Id. 568). 영국에서 이러한 경향은 1792년 Fox's Libel Act 제정에 이르기까지 지속되었다.

3) Van Vechten Veeder, id., pp.546-573, p.554. http://www.jstor.org/stable/1109121

4) 영국에서 구두명예훼손법(slander)이 태동한 것은 13세기였고, 출판을 대상으로 한 문서명예훼손(libel)에 관한 법이 정립된 것은 17세기였다(*David S. Ardia*, Reputation in a Networked World: Revisiting the Social Foundations of Defamation Law, Harvard Civil Rights-Civil Liberties Law Review, Vol. 45, p.261, [2010] http://ssrn.com/abstract=1689865).

비난만이 제소될 수 있었고, 그 이외의 명예훼손적 발언은 특별한 손해가 발생하였다는 입증이 있는 경우에만 제소될 수 있었다. 당시 까지 구두 및 문서 명예훼손의 구별은 없었다.

문서명예훼손(libel)은 16세기에 이르러 인쇄술의 발명과 보급으로 출판물에 의한 전파가 영구적이고 무제한적인 영향을 갖게 되자 이를 규율할 필요 때문에 생겨났다.5) 그에 대처하기 위해 성청법원은 후기 로마법의 libellus famosus(서면에 의한 유명인 비방죄)를 차용하여 새로운 형태의 문서명예훼손(written and printed defamation, or libel)을 창설하였고, 그것은 형사법에 채용되었다가 민사법으로 확대되었다. 이렇게 새로운 불법행위인 문서명예훼손이 창조되었고, 여기서부터 양자의 구별이 생겨나기 시작했다.

악명 높던 성청법원이 1640년 폐지되고, 1695년 검열법이 종료되었으나 성청법원의 명예훼손 법리는 보통법에 살아남았다. 그에 의하면 정부는 물론 공인이나 사인에 대한 모든 명예훼손적 진술은 그 진위 여부에 불구하고 형사범으로 처벌되었다. 형사상의 명예훼손에서 진실은 항변이 될 수 없었을 뿐 아니라 오히려 정상을 더욱 악화시키는 요인이었다. 왜냐하면 그 처벌의 목적은 피해자의 보상에 있는 것이 아니라 사회의 평화와 질서를 보호하는 데 있었고, 특히 군주를 보호하는 선동적 명예훼손(seditious libel)에 있어서는 명예훼손 사실이 진실인 경우 그것은 군주의 위신에 더욱 해로운 것이었고, 결투 등 평화의 교란(攪亂)을 유발할 우려가 더 컸기 때문이었다.6) 이와 같이 형사적 명예훼손에는 "진실이 크면 명예훼손도

---

5) 17세기에 인쇄술의 발달로 대량 복제와 배포가 가능해지자 그에 의해 국왕에 대한 비판 가능성도 커졌기 때문에 영국은 행정적으로 출판에 대한 사전 허가제를 시행함과 동시에 선동적 명예훼손(seditious libel)을 형사적으로 처벌하는 법제를 강화하였다.

6) Rodney A. Smolla, Law of Defamation, Entertainment & Communications Law Library, Clark Boardman Callaghan, New York (1994), 5.01[1] p.5-2.

중하다"(the greater the truth the greater the libel)는 역설적 법언(法
諺)이 통용되었다.

이렇게 문서명예훼손은 처음 성청법원에 의해 형사법에 채용되었
다가 민사법에도 확대되었고, 이렇게 새로운 불법행위인 문서명예
훼손(libel)이 창조되었다. 다만, 민사명예훼손에서는 피고의 진실 항
변이 인정되게 되었다.

영국에서 이렇게 명예훼손을 형태에 따라 달리 취급하는 시스
템은 영미법계 국가 이외에서는 볼 수 없는 독특한 것이다. 문서
명예훼손(libel)은 범죄인 동시에 불법행위였고, 사인의 구두명예
훼손(slander)은 불법행위만 되었다. 구두훼손의 경우 원고는 상술
한 바와 같이 4가지 범주에 드는 비난이 있는 경우, 또는 발언의
직접적 결과로서, 특별 손해를 입었다는 점을 입증하여야만 소인이
인정되었다.

(2) 구두훼손과 문서훼손

전술한 바와 같이 애초에 보통법 법원에서는 구두훼손(slander)
만을 다루었으나, 17세기 초 인쇄술의 발달과 함께 국왕이 운영
하는 성청법원(Court of Star Chamber)에 의해 문서훼손(libel)이
도입되게 되었다. 이때부터 전통적으로 보통법에서는 구두명예
훼손(slander)과 문서명예훼손(libel)이 구별되어 다루어져 왔다.
구두훼손은 발언에 의한 명예훼손을 말하며, 문서훼손은 기록되
거나 인쇄된 말에 의한 명예훼손을 의미하는 것으로 일응 구별
되어 정의된다.

양자가 구별되는 점7)은, 첫째 문서훼손은 평화교란을 야기할 경

---

7) John Cooke, Law of Tort, 9th edition (2009), pp.409-410. http://www.shabbirsite.yolasite.

향이 있어 범죄로 처벌되는 동시에 불법행위로 제재되지만, 구두훼손은 불법행위로만 취급된다. 둘째, 문서훼손은 내용이 명예훼손적인 것이면 그 자체가 제소될 수 있고(actionable per se), 그 제소에 특별 손해(special damage)의 입증을 요하지 않으나, 구두훼손은 제소하기 위해 특별 손해의 입증을 요하며, 다만 발언이 ① 기소될 범행의 비난, ② 매독, 나병 및 전염병 등 일정한 전염성 질병을 가진다는 비난, ③ 업무, 직무, 거래, 직업 또는 전문직의 능력에 해로운 영향을 주는 비난,8) 그리고 ④ 여성이 부정(不貞)하다는 비난인 경우에만 특별 손해의 입증 없이 당연히 소인이 인정된다(words actionable per se).9)

양자의 구별은 판례법 체제를 취하는 영미의 명예훼손법에만 존재하는 것이며,10) 그 발생의 역사적 연혁에서 우연적인 것이었기 때문에11) 이론적으로 합리적인 것이 아니었다.12) 양

---

com/resources/Law_of_Tort-John_Cooke.pdf

8) 1952년 명예훼손법 제2조는 "원고를 그의 직무, 직업, 거래 또는 영업에 관해 폄훼하려고 계획된 말에 의한 구두훼손 소송에서 특별 손해의 주장 또는 입증은, 그 말들이 원고가 그의 직무, 직업, 거래 또는 영업 중에 말해진 것인지 여부를 막론하고, 필요하지 않다"고 규정한다.

9) 'actionable per se'란 명예훼손적 의미가 외적 사실의 고려 없이 나타나는 말을 지칭하며, 그에 대해서는 명예에 대한 일반적 손해가 추정된다(Ray Yasser, Defamation As a Constitutional Tort: With Actual Malice for All, Tulsa Law Review Volume 12 | Issue 4 Article 1, 601, 605 (1977) https://digitalcommons.law.utulsa.edu/cgi/viewcontent.cgi?article=1388&context=tlr).

10) 로마법을 계수한 대륙법 체계의 명예훼손법에는 구두 및 문서 명예훼손의 구별이 없고, 후자의 경우에는 제재가 가중될 뿐이다. 대륙에서 명예훼손행위는 동시에 형사적으로 처벌되었고, 민사소송에서는 원칙적으로 현실적 손해배상만이 인정될 수 있다. 진실이 언제나 항변이 되지는 않는다.

11) 리스테이트먼트(Restatement of Torts: 미국 법조협회(American Law Institute)가 불법행위법에 관한 판례를 요약하여 체계적으로 해설한 서적)에 의하면 "이 특유하고 변칙적인 구별은 사실상 명예훼손에 관한 보통법의 관할이 전개되는 과정에서 남겨진 역사적 이상상황(exigencies)이었다"고 한다(RESTATEMENT (SECOND) OF TORTS § 568 cmt. b (1977)). 중세 이래 영국에서는 교회법원, 보통법법원, 로마법원, 국왕의 성청법원 등 여러 유형의 법원들이 현재 명예훼손에 해당하는 소송의 여러 부분을 관할하고 있었다. 보통법 법원이 타 법원들의 관할을 흡수하면서 그들이 개발한 규칙들도 받아들이게 되었는데, 그것들은 상이한 법원들에 의해 상이한 목적에서 이루어진 것이었으므로 복잡하고 모순적인 것이었다(Id.). 그

자를 구별하는 논거로서 문서훼손은 영구적 형태를 띤 것이어서 그에 의한 손해는 지속적이고 상대적으로 전파 가능성이 크며, 보다 신빙성이 높기 때문에 더 큰 피해를 야기하는 것이므로 구두훼손보다 더 무겁게 다루어진다고 논의된다. 그러나 커뮤니케이션 수단의 발달에 따라 그 구별이 명료한 것은 아니며, 문서훼손의 가해적 영향이 구두훼손의 경우보다 반드시 크다고 할 수 없는 경우도 적지 않다.13) 더욱 큰 문제는 후술하는 바와 같이 양자의 구별이 손해배상의 범위에도 영향을 미친다는 데 있다.

이러한 문제 때문에 2013년 개정 영국 명예훼손법은 후술하는 바와 같이 명예훼손 제소를 위해서는 일반적으로 중한 피해가 요구된다고 하는 문턱요건(serious harm test)을 정하면서(동법 제1조), 구두훼손에서 여성의 부정(不貞) 또는 간통을 비난하는 진술과 공표,

---

중 대표적인 것이 악의(malice)를 명예훼손의 요소로 보는 법리와 함께 libel과 slander를 구별하는 관행이었다. 악의를 명예훼손의 요소로 보는 법리는 이미 폐기되었지만(후술하는 바와 같이 오늘날 악의 추정의 법리는 제한적 특권과 관련해서만 의미를 갖는다), libel과 slander를 구별하는 법리는 원리상 방어될 수 없는 것이었지만, 이미 정착된 것이어서 유지되어 온 것이다. Van Vechten Veeder에 의하면, 명예훼손에는 공개의 형태, 공개된 사항의 성질, 그리고 그 공개의 동기 등 3가지 요소가 있는데, 제소 가능 여부는 공개 사항의 성질과 동기에 의존하는 것이 합리적이지만, 그 형태에 의존할 수는 없다. 그럼에도 영국의 분류는 명예훼손의 형태만을 다루고 그 실체를 등한시하고 있다고 비판한다(Van Vechten Veeder, The History and Theory of the Law of Defamation. I, Columbia Law Review, Vol. 3, No. 8 (Dec., 1903), pp.546-573, p.571 http://www.jstor.org/stable/1109121).

12) "어떤 말은 쓰여진 경우 제소되나 같은 말이 발언되기만 한 경우에는 그렇지 않은 이유, 즉 양자를 설득적으로 구별하는 합리적인 또는 과학적인 근거는 설명되지 않았다. 그 이유는 소인(訴因)에는 적용되지 않고 오로지 배상의 범위에 관해서만 적용되었다. 발언에 의해 실제로 손해받은 자는 일정 손해를 배상받을 수 있으나, 그 말이 쓰여지면 더 이상을 배상받을 수 있다"(Van Vechten Veeder, The History and Theory of the Law of Defamation. I, Columbia Law Review, Vol. 3, No. 8 (Dec., 1903), pp.546-573, p.571http://www.jstor.org/stable/1109121).

13) 이러한 불합리 때문에 영국에서는 이미 1800년대 초 및 1834년 양자의 구별을 철폐하고, 구두훼손을 문서훼손에 동화시키려는 입법적 시도가 행해졌으나 실패하였다. 그러나 호주의 New South Wales 입법부는 1847년 입법에 의해 구두 및 문서 명예훼손의 구별을 철폐하고 진실의 항변에 공익 요건을 추가하는 개혁을 단행하였고, 이후 호주의 명예훼손법은 영국 보통법과 다른 독자적인 것이 되었다. 영국이 행하지 못한 개혁을 이룬 호주의 명예훼손법은 성공적인 것으로 평가받는다(Paul Mitchell, Nineteenth century defamation: was it a law of the press? http://sasojs.da.ulcc.ac.uk/amicus/article/viewFile/1179/1062).

그리고 전염성 또는 감염성 질병을 갖고 있다는 비난의 경우에도 특별손해(special damage)의 입증을 요하는 것으로 개정되었다(동법 제13조).

(3) 엄격책임주의

위에서 본 바와 같이 영국의 명예훼손법은 역사적으로 중세의 교회법과 군주주권 시대의 형사 명예훼손법의 영향을 받은 것이었고, 그 때문에 언론의 자유보다는 명예 보호에 치중하는 경향을 보였다. 국왕, 귀족, 성직자 등의 명예를 보호하기 위해 그들에 대한 반감을 불러일으키는 언사(slur)를 처벌하였던 귀인비훼범죄(offence of scandalum magnatum)의 유산은 보통법에 그대로 반영되었고, 19세기에 이르러 정치·사회적 엘리트들의 명예를 보호하는 데 위력을 발휘하게 되었다. 그 결과 보통법은 언론의 자유보다 그들의 명예를 더 존중하는 방향으로 전개되었고, 보통법 법원들은 엘리트 계층의 명예를 보호하기 위해 그들에 대한 폄훼적 언사는 거짓이고 악의적인 것이며, 그로 인한 손해는 추정된다고 하는 이른바 '엄격 책임 규칙'(strict liability rule)을 형성하게 되었다.[14]

영국 보통법의 명예훼손에서 '엄격책임 규칙'에 의하면 명예훼손이 허위사실인지 여부 또는 피고에게 무슨 잘못이 있는지 여부를 막론하고, 명예훼손의 소인(訴因, cause of action)[15]이 인정되었고,

---

14) Joseph M Fernandez, Loosening the Shackles of the Truth Defence on Free Speech: Making the Truth Defence in Australian Defamation Law More User Friendly For Media Defendants, pp.19-20 (2008),file:///C:/Users/user/Downloads/Fernandez_Joseph_2008%20(3).pdf

15) 영미법에서 소인(cause of action)이란 권리 구제를 위해 소를 제기함에 필요한 법적·사실적 요건들을 의미하며(https://legal-dictionary.thefreedictionary.com/cause+of+action), 우리 법제에서 이른바 구성요건(構成要件)과 대충 같은 의미를 갖는다고 할 수 있다. 소인을 갖춘 소장이 제출되면 법원은 심리를 개시하게 되며(이른바 prima facie case), 피고가 소인에 의한 법적 책임을 벗어나려면 항변을 제출하여 정당화하지 않으면 패소하게 된다.

이를 벗어나려는 피고는 항변이나 특권을 주장하여 정당화하지 않으면 패소하게 된다. 환언하면, 피고가 원고에 관하여 명예훼손적인 내용의 발언을 하였다는 점을 원고가 입증하기만 하면 바로 피고의 악의(惡意)와 표현 내용의 허위성(虛僞性)이 추정되었고, 피고 측에서는 이른바 면책특권을 주장하여 입증하지 못하면 명예훼손으로 인한 손해배상책임을 면하지 못하였다.16)

가. 악의의 추정

영국 보통법에서는 일단 진술이 명예훼손적 의미를 갖는 것이라고 인정되면 공표자의 악의가 추정되었고, 이 악의를 물리치려면 피고 측에서 항변이나 특권을 주장 입증하여야 했다.

중세 이래 악의(malice)는 명예훼손법제의 기초가 되는 요소였다. 명예훼손에서 악의를 요건으로 보는 사고는 중세시대로 거슬러 올라간다. 일찍이 중세 시대에 로마법의 'animus'(악을 행할 의도)와 영국 교회법의 'malitia'(나쁜 의도)는 명예훼손의 요소였다.17) 교회법에 의하면 나쁜 의도(malitia)는 불법행위('injuria')에 본질적인 것

---

16) Weir에 의하면 영국법에서 명예훼손은 불법행위 중 가장 기괴한 것이라고 하면서 다음과 같이 기술한다. "원고는 타인들에게 행해진 진술이 허위인 점, 그 진술이 원고에게 사소한 것이라도 해를 주었다는 점, 그리고 피고가 그 진술을 함에 어떠한 잘못이 있다는 점(하물며 피고는 그에게 어떤 종류의 어떤 의무도 지지 않는다)을 보여주지 않고도 그 진술에 대해 엄청난 손해를 배상받을 수 있다." (Weir, A Casebook on Tort, 8th ed., (1996), LORD STEYN in Reynolds v Times Newspapers Ltd. [1999] 4 All ER 609). 특히 명예훼손은 실질적으로 엄격책임(strict liability)을 지는 불법행위였고, 명예훼손적 진술을 하기만 하면, 그것이 거짓이었다거나 명예를 해할 고의나 과실이 있었는지 여부를 막론하고 엄격한 책임을 부담하였다(Yasser, id., p.604). 고의나 과실이 없는 경우 공표자의 면책을 배제한 엄격책임 규칙(rule of strict liability)은 공표자는 제1차적으로 손해를 피할 최적의 지위에 있음을 이유로 그러한 손해를 무릅쓰는 공표자에게 손해의 위험을 부담시킨다는 명시적인 사회적 판단을 표현한 것이었다(Randall P. Bezanson, THE LIBEL TORT TODAY, Washington and Lee Law Review, Volume 45 Issue 2, p.543,
http://scholarlycommons.law.wlu.edu/cgi/viewcontent.cgi?article=2343&context=wlulr).

17) Van Vechten Veeder, The History and Theory of the Law of Defamation. II, Columbia Law Review, Vol. 4, No. 1 (Jan., 1904), p.33 (35), http://www.jstor.org/stable/pdf/1110000.pdf

이었고, 종교법원들은 비행행위를 죄악으로 처벌하는 관할권을 행사하였다. 명예훼손자는 그 영혼의 구제를 위해 처벌되었고, 해당 어귀의 발언이 죄악인가 여부는 법적이 아니라 도덕적 관점에서 다루어졌다. 이렇게 교회법에서는 한 사람의 성품에 관한 비난은 그 자체가 도덕적 견지에서 악의를 품고 있는 것으로 추정되었다.

명예훼손이 악의를 품은 죄악행위라고 보는 교회법원의 사고는 명예훼손 소송의 관할을 떠맡게 된 보통법 법원에 인수되었고, 보통법에서도 악의는 속세의 구제 근거가 되었다. 즉, 교회법원이 그들의 관할 근거로 삼았던 악의가 보통법 법원에서는 소인(訴因)의 요소로 채용된 것이다. 보통법 법원들은 모든 사건에서 악의가 소의 요점이라고 확인하였고, 현실적인 나쁜 의도가 없는 경우에도 악의는 추정되었다(이른바 함축된 악의, implied malice). 이렇게 암묵적이라고 말해진 악의는 법적인 악의("legal malice")라고 불렸고, 사실적 악의("malice in fact")와는 다른 것이었다. 법적 이유 없이 명예훼손적 사항을 말함에는 법적 악의가 존재한다고 간주되었고, 그렇게 발언된 말에 법은 악의를 함축한다고 보았다.[18]

그러나 한 사람의 성품에 관한 비난은 언제나 필연적으로 악의적인 것이 아니었다. 명예훼손법이 어떤 의도도 요구하지 않는 상황이 있고, 현실적으로 악의가 없는 경우가 있을 수 있다. 그 때문에 1825년 판결 이래 악의는 명예훼손의 요점이 아니며, 단지 피고에 의해 제한적 특권이 제기되는 경우 그 특권을 물리치기 위해서만 작용하는 추정으로 한정되게 되었다.[19]

---

18) Id.

19) 1825년 영국의 Court of King's Bench는 통상 명예훼손 소송에서 악의의 증거는 명예훼손에 본질적인 것은 아니며, 단지 배상액의 증액을 위해 제출될 수 있는 것이라고 판시하였고 (Bromage v. Prosser, 107 Eng. Rep. 1051, 1055 (K.B. 1825)), 미국에서도 1908년 Kansas 주 최고법원은 "악의가 명예훼손 소송의 요점(gist)이라고 말해지는데, 이것은 순수한 픽션이

즉, 제한적 특권의 경우 그 상황에서 제기되는 특권은 일응의 악의 추정(prima facie presumption of malice)을 물리치며 피고의 입증을 요하게 된다.[20] 따라서 과거 명예훼손적 언사의 공표에 대해 추정되던 악의는 원고가 특권항변을 배척하기 위해 입증할 악의와 다른 의미를 갖는다. 법적 악의는 가설이고 현실적 악의는 사실이다. 그러므로 최근의 승인된 판례에 의하면 제한적 특권의 경우를 제외하고는 악의의 문제가 제기되지 않는다.[21]

나. 허위의 추정

영국 명예훼손법의 역사를 보면 애초에 명예훼손은 정부나 집권자(봉건영주, 군주 및 교회)의 명예를 해하는 형사 범죄(이른바 seditious libel)로 취급되었고, "진실일수록 명예훼손은 크다"는 사고에 따라 진실 여부는 처벌에 영향을 주지 않았다. 명예훼손은 민주화 과정이 진행됨에 따라 권위와 권력을 비판으로부터 보호하는 데서부터 점차 공동체에서 개인의 명예 이익을 널리 보호하는 것으로 발전되었다.

영국 보통법에 의하면 일찍부터 민사 명예훼손 소송에서 진실은 절대적 면책을 가져오는 항변(the doctrine of truth as an absolute defense)이었다. 그럼에도 변란선동의 명예훼손죄(seditious libel)와 일반 형사 명예훼손에서는 진위 여부를 막론하고 처벌되었고, 진실

고, 사실이 아니"라고 판시하였다. 또 악의가 명예훼손의 요점이라는 말은 오해를 유발할 뿐 아니라 잘못된 것이고, 오래전 한때 법이었으나 이미 법이 아닌 말을 반복하려는 일부 법원의 무사려한 경향을 반복하는 것이며, 명예훼손은 악의적 공표라고("a libel is a malicious publication") 말하는 것은 잘못된 것이라고 하는 설명도 있다(Laurence H. Eldredge, The Law of Defamation (1978)).

20) Van Vechten Veeder, id., p.37.
21) Id., p.38.

의 항변은 인정되지 않았다.

형사 명예훼손소송에서 진실 논쟁이 처음 법적으로 제기된 것은 식민지 미국이었다. 1735년 유명한 John Peter Zenger 사건[22]에서 그는 영국왕이 임명한 식민지의 뉴욕 총독을 비판했다는 이유로 영국의 변란선동법에 의해 기소되었다. 변호사 Andrew Hamilton은 영국법의 미국 적용을 거부하고 배심으로 하여금 무죄 평결을 이끌어내는 데 성공하였다. 한편 영국 의회는 1792년 폭스 명예훼손법[23]을 제정하여 과거 국왕의 대관(代官)인 법관의 전결 사항이었던 명예훼손 인정 여부의 결정을 배심에게 맡기는 획기적인 개혁을 단행하였다.[24] 그럼에도 진실의 항변이 처음 법제화된 것은 미국이었다. 미국에서 1804년 판결[25]은 형사 명예훼손에서 진실의 항변을 최초로 인정하였고, 그 영향으로 1805년 뉴욕 주는 위 판결의 판지를 입법화하여 형사 명예훼손에서 진실의 항변을 공식적으로 규정하였다.[26]

영국에서 형사 명예훼손에 진실의 항변을 처음 인정한 것은 1843년 법이었다.

어쨌든 이렇게 피고에게 진실의 항변을 인정하였다는 것은 아직 명예훼손적 표현행위는 허위로 추정된다는 것을 전제로 한 것이었다. 비록 이러한 입증책임 규칙이 과거 법제의 유물이었다 할지라도 피고가 입증해야 할 진실의 항변은 피해받은 개인들에게 유리하게 작용하여 불법행위법의 민주화에 기여하였다. 그것은 완전하지는

---

22) 17 Howell's St. Tr. 675 (1735).

23) 32 George III, c. 60.

24) 동법은 보통법을 선언한 것이었으나, 그 영향은 막대하였다. 그 법리는 형사소송에서와 마찬가지로 민사 명예훼손에도 적용되었다.

25) People v. Croswell, 3 Johns. Cas. 337 (N.Y. Sup. Ct. 1804).

26) 동법은 "모든 형사 명예훼손 소송에서 진실에 관한 증거는 배심에 제출될 수 있고 명예훼손으로 기소된 것이 진실이며 선한 동기에서 정당한 목적을 위해 공표된 것이면 그 당사자는 무죄 방면되어야 하고, 배심은 법과 사실에 관해 결정할 권리를 갖는다"고 규정하였다.

않았으나 개인의 명예를 보호하는 것이었다. 그럼에도 보통법에서 효과적인 허위 추정은 사실상 보호받을 자격 없는 명예도 보호한 것은 부인할 수 없었다.

뒤에서 보는 바와 같이 미국은 1964년 설리번 판결 및 후속 판결에 의해 명예훼손적 진술을 진실이라고 추정하여 허위입증책임을 원고에게 전가하게 되었다. 이로써 미국의 명예훼손법은 영국 명예훼손법의 틀을 벗어나게 되었지만, 그 공과에 관하여는 후술하는 바와 같이 극심한 논란이 야기되고 있다.

다. 손해의 추정

명예훼손적 진술의 공표는 개인의 명예를 저하시킨다고 추정되었고, 법은 오로지 명예를 저하할 경향이 있으면 소인(訴因)이 발생하는 것으로 취급하였다. 따라서 비난이 명예훼손이 되기 위해서는 개인의 명예에 대해 현실적 효과를 가질 필요도 없었고, 누구든 이를 읽었다거나 이를 읽은 사람이 그것을 믿었다는 입증이 요구되지도 않았다.[27] 이 법리를 최초로 선명한 판결에 의하면 "모든 사건에서 법은 원고의 권리에 대한 단순한 침해에서 통상적인 사물의 과정상(ordinary course of things) 일정한 손해가 발생한다고 추정하며, 이를 일반적 손해(general damages)라고 부른다"고 설시하였다.[28]

오늘날에도 영미법에서 명예훼손은 손해의 입증이 없이 실질적 구제를 허용하는 유일한 불법행위이다.[29] 피고가 명예훼손적 사항

---

27) 영국 항소법원은 특정될 수 있는 개인의 명예를 훼손하는 보도는, 그 보도를 읽거나 본 누구도 그 개인에 관해 사전에 아는 바가 없었다 하더라도, 원고에게 아무 해를 끼치지 않았다는 증거를 제출할 수 없다고 판시한다(Dow Jones & Co Inc v Jameel [2005] CA 16 EMLR, Paras 28-29).

28) Ratcliffe v Evans [1892] 2 QB 524, 528.

29) 일반적으로 불법행위로 인한 손해배상청구권은 원고가 입은 손해의 입증을 요건으로 한다.

을 공표한 사실로부터 원고가 입은 손해는 추정되고, 배심은 아무 자료 없이도 자유롭게 실질적 손해를 평가할 수 있다.[30] 많은 명예훼손은 어떠한 종류든 손해의 입증을 요하지 않았고,[31] 대신 배심은 피해자가 입은 비재산적인 가치 및 순수하게 내면화된, 정신적인 피해를 정하는 무제한한 재량을 가졌다.

이러한 손해 규칙은 사실의 상식적 소산으로서 통상 명예훼손에서는 현실적으로 재산적 손해는 나오지 않으며, 그렇다 하더라도 그것은 입증이 불가능하다고 하는, 보통법에서 직관적으로 알려지고 현시에 확인된 사실의 소산이었다.[32] 그러나 명예훼손에 의해 야기된 손해는 명예적 및 관계적인 것이어서, 순전히 개인적이고 심리적인 것이며, 재산적인 것이 아니라는 비판이 제기된다. 그럼에도 보통법은 이를 금전으로 배상하려 하였고, 그 결과 손해배상은 자주 현실적인 재산적 손해와 아무 관계가 없거나 토대를 갖지 않게 되고 자의적이고 징벌의 몫을 갖게 되었다는 것이다.[33]

라. 엄격책임주의와 특권 법리의 전개

엄격책임 규칙은 명예 보호에 가장 강력한 체제였다. 이러한 엄격책임주의가 개인의 명예를 보호하는 데는 기여하였지만 공익을 위한 토론이나 비판을 위축시킨 것은 물론이었다. 이러한 사정 때문에 보통법은 피고를 위해 다양한 항변사유를 개발하여 체계화하게

---

30) McCormick, The Measure of Damages for Defamation, 12 N.C.L. Rev. 120, 127 (1934).

31) 뒤에서 보는 바와 같이 보통법상 명예훼손에서 인정되는 손해에는 명목적 손해(nominal damages), 보상적 손해(compensatory damages) 및 징벌적 손해(punitive damages)의 3가지 범주가 있다.

32) Randall P. Bezanson, THE LIBEL TORT TODAY, Washington and Lee Law Review, Volume 45 Issue 2, p.544.http://scholarlycommons.law.wlu.edu/cgi/viewcontent.cgi?article=2343&context=wlulr

33) Id.

되었다. 영국 보통법상 명예훼손 소송에서 피고의 항변은 소송 실무에서 가장 중요하고, 매력적이면서 논란되는 분야이다.

먼저 의견 표현과 관련하여 명예훼손에 대한 특권으로서 영국 보통법상 확립된 것은 '공정한 논평의 특권'(fair comment privilege)이다. 다음 사실의 진술에 의한 명예훼손의 경우 보통법은 피고에게 우선 '진실의 항변'(defense of truth)을 인정하며, 만일 피고가 진실임을 입증할 수 없는 경우에는 일정한 사정의 존재를 요건으로 2가지 범주의 면책특권을 인정한다. 여기에는 '절대적 특권'(absolute privilege)과 '제한적 특권'(qualified privilege)이 있고, 언론 미디어의 경우는 '공정보도의 특권'(fair report privilege)과 '중립보도의 특권'(privilege of neutral reportage)이 별도로 인정된다. 또 최근 영국에서는 판례에 의해 인정된 미디어의 보도특권(이른바 Reynolds defense)이 제정법으로 성문화되었다. 이들에 관하여는 항목을 달리하여 후술한다.

(4) 현대 영국 명예훼손법의 개혁

영국에서 명예훼손에 관한 민사법은 중세 보통법에서 연원한 엄격책임주의를 기초로 하기 때문에 언론의 자유에 불리한 것이었을 뿐 아니라, 다년간 법관의 판례(보통법, common law)에 의해 형성되는 과정에서 모호하고 변칙적이며 복잡한 개념과 법리로 구성되어 일관성이 없고 그들 간에는 중복적이고 모순적인 것이 혼합되게 되었다. 이렇게 보통법상의 명예훼손은 그 소인의 여러 요건이 명료하지 않을 뿐 아니라 그 책임을 벗어나는 다수의 특권이 예외와 함께 복잡하게 형성되어 있고, 그 법리를 파악하는 것은 매우 어렵다.[34]

---

34) 많은 학자들은 보통법의 명예훼손 법리는 사소하고 무익한 구별로 당혹스럽고, 나태한 자를

이러한 문제를 극복하기 위해 영국 입법부는 1952년 명예훼손법과 1996년 명예훼손법 등 제정법으로 이를 보완하였고, 최종적으로 2013년 개정되었다. 그럼에도 이들 제정법은 체계적 포괄적인 체제를 취하지 않고, 소인 및 항변이나 배상에 관해 부분적 보완과 정리에 머물고 있다.

가. 1996년 개정 명예훼손법

1996년 개정 명예훼손법은 언론의 자유에 유리한 방향으로 개정되었다. 그것은 첫째, 부지 전파의 항변(defense of innocent dissemination)을 강화하였고, 둘째, 수정제안의 항변(defense of "offer to make amends")을 개정 보완하였으며, 셋째, 약식결정에 의한 구제절차를 도입하고, 넷째, 제소기간(statute of limitations)을 3년에서 1년으로 단축하였으며, 다섯째, 공정보도의 특권에 관하여 그 특권이 적용될 절차에 관해 구체적·개별적으로 정의하는 규정을 신설하였다.

1) 명예훼손의 주체

보통법상 명예훼손의 책임을 지는 자는 저자(author), 편집자(editor) 또는 발행인(publisher) 등 원칙적으로 원래의 공표자(primary publisher)에 한하며, 그 외에 제작, 배포, 판매 등 이를 전파함에만 관여한 자(이

위해 난해한 전문용어와 함정으로 가득하며, 변칙과 부조리로 이루어져 있다고 혹평한다 (Lyrissa Barnett Lidsky, DEFAMATION, REPUTATION, AND THE MYTH OF COMMUNITY, Washington Law Review Vol. 71:1, 4, 1996). Prosser 교수는 "어떠한 의미도 없는 거대한 분량의 명예훼손법이 존재하며, 거기에는 어느 법률가도 친절하게 말한 바 없는 변칙과 불합리("anomalies and absurdities")로 채워져 있다"고 말하였다(W. PROSSER, HANDBOOK OF THE LAW OF TORTS 737 (4th ed. 1971)). 또 David A. Anderson에 의하면, "현행 명예훼손법은 세계에서 가장 나쁜 것이다. 그것은 정교하고 복잡함에 불구하고 성취하는 것은 거의 없다. 리스테이트먼트 제2판은 66개 조항과 수많은 단서 및 특별 주석을 내용으로 하면서, 10개의 절대적 면책특권과 8개의 제한적 면책특권 등 18개의 면책을 기술하고 있다"고 혹평한다(David A. Anderson, Rethinking Defamation, Arizona Law Review, Vol. 48, p.1047, [2006] http://www.arizonalawreview.org/pdf/48-4/48arizlrev1047.pdf).

른바 제2차적 공표자, secondary publisher)에게는 이른바 '부지 전파의 항변'(defense of innocent dissemination)이 인정되었다. 1996년 개정 명예훼손법은 이를 강화하여 서적 판매상 이외에 라이브 방송 프로그램의 방송사업자 및 인터넷 서비스 프로바이더와 같이 원래의 공표 책임을 부담하지 않는 자에게 적용을 확대하였다.

2) 정정제의 제도

1996년 법에서 개정된 정정제의 제도(offer to make amends)에 의하면 피고는 본안에 관해 다른 항변을 하기 전에(동법 제2조 5항) 서면에 의해 (a) 불만 대상 진술을 적절하게 시정하고 피해자에게 충분한 사죄를 할 것, (b) 적당한 방법으로 그 시정과 사죄를 공표할 것, 그리고 (c) 경우에 따라 피해자에게 합의되거나 정해질 수 있는 배상과 비용을 지급할 것을 제의할 수 있다(동법 제2조 제4항). 피해자(원고)가 이를 수락하는 경우 그는 제소하거나 소송을 계속할 수 없고(동법 제3조 제2항), 당사자 간에 시정, 사죄 및 공표의 방법에 관해 합의가 되면 법원은 이를 이행하도록 명령할 수 있다(제3조 3항). 합의가 이루어지지 않으면 제의 당사자는 법원의 승인을 받아 공개된 법정에서 시정과 사죄를 행하고 이를 공표할 수 있으며, 배상액에 관해서는 법원이 정하게 된다(제3조 4항, 제5항). 피해자가 정정제의를 수락하지 않는 경우 정정제의한 사실은 제기된 소송에서 정정제의 당사자의 항변이 되며, 그는 명예훼손의 성립요건에 관해 알지 못했거나 알 이유가 없었다는 추정을 받게 된다(제4조).

3) 약식 판결 절차

1996년 개정 명예훼손법 제8조는 청구권의 약식절차(summary

procedure)를 처음 도입하여 이를 명문화하였다. 역사적으로 명예훼손 소송은 배심재판에 의했으나 그 예외를 인정한 것이다. 그것은 법관이 원고의 소인(訴因)과 피고의 항변을 고려하여 신속한 분쟁해결이 가능하다고 생각하는 경우 배심에 의하지 않고 1만 파운드이하의 배상을 명할 수 있는 간이 소송절차를 의미한다. 동법에 의하면 법원은 승소 가능성이 없는 청구권에 관해 배심에 의하지 않고 약식 결정(Summary disposal of claim)을 내릴 수 있다(동법 제8조 제1항 내지 제5항). 반면, 원고의 청구를 인용하는 법원에 의한 약식 구제("summary relief")는 (a) 그 진술이 허위이고 원고의 명예를 훼손했다는 선언, (b) 피고가 적절한 시정과 사죄를 공표하거나 공표하게 할 것을 명함, (c) 10,000파운드 이하 또는 법무부 규칙에 규정된 액수의 배상, (d) 피고가 불만 대상 사항을 공표하거나 미래에 공표하지 말도록 하는 명령 등을 내용으로 할 수 있다(제9조 제1항). 시정과 사죄의 내용 및 공표 방법 등에 관해서는 양 당사자가 동의하여야 한다. 내용에 관해 동의할 수 없으면 법원이 법원 제정 규칙에 따라 적절히 정할 수 있다(동법 제9조 제2항).

4) 제소기간의 단축

동법은 명예훼손 소송의 제소기간(statute of limitations)을 3년에서 1년으로 단축하였다(동법 제5조).

5) 공정보도의 특권

공정보도의 특권에 관하여 원고의 설명이나 반박 없이 제한적 특권을 갖는 진술(1996년 법 별표1 제1부)과 원고의 설명과 반박을 보도할 것을 조건으로 제한적 특권을 갖는 진술(별표1 제2부)을 구

별하여 규정하였다.[35]

나. 2013년 개정 명예훼손법

1) 개정 경위

전술한 바와 같이 보통법을 근간으로 하는 영국의 명예훼손법은 복잡하고 산만한 법리로 이루어졌고, 미디어 보도에 엄격책임을 부과하는 체제 때문에 유럽인권협약 등 국제적 기준과 의무에 부응할 수 없었다.[36] 이를 개선하기 위해 영국 정부는 2011년부터 개정 작업에 들어가 2013년 개정 명예훼손법이 의회에서 통과, 시행되게 되었다.[37]

2013년 개정 명예훼손법은 유럽인권협약 제8조(사생활 보호)와 제10조(표현의 자유) 간에 공정한 균형이 취해지도록 요구하는 유럽인권재판소 판례[38]의 기준에 따라 영국 법원이 충분한 융통성을 가질 수 있도록 중요한 개정을 행하고 있다. 동시에 동법은 복잡하

---

35) 그 상세한 내용은 공정보도의 특권을 논하는 부분에서 후술함.

36) 1950. 11. 4. 로마에서 채택되어 1953년 발효한 유럽인권협약(European Convention on Human Rights)은 광범한 인권을 법적으로 보장하는 최초의 국제 조약으로서 세계적으로 가장 효과적인 시스템으로 평가받고 있다. 동 협약에 의해 1959년 설립된 유럽인권재판소 (ECHR, 프랑스 스트라스부르그 소재)는 유럽인권협약에 규정된 시민적·정치적 권리가 침해되었다고 주장하는 개인이나 국가의 청원을 심판한다. 그 판결은 해당 국가를 구속하며 해당 국가 정부는 그 판단에 따라 그의 입법을 변경하고 실무 관행을 변경해야 한다. 유럽인권재판소는 창립이래 50년간 1만 건이 넘는 판결을 내렸고, 그 판례는 세계적으로 법관, 변호사, 인권운동가, 정부 간의 주체, NGO 등 여러 주체들에 의해 인권의 범위 및 의미에 관한 지침으로 원용되고 있다. 유럽인권재판소 재판관은 유럽협의체(Council of Europe)의 47개 회원국이 각각 추천한 3인 중 의회총회에서 각 1인씩 선출되는데, 2015. 3. 현재 총 43인이다(4 개국 재판관 공석). 재판소에는 7인 재판관으로 구성되는 5개의 소부(Chamber)가 있으며, 대재판부(Grand Chamber)는 17인의 재판관으로 구성된다.

37) 이러한 상황 아래 영국 정부는 2010. 7. 9. 명예훼손법을 개정하기로 여야 간 합의를 본 후, 2011. 3. 15. 명예훼손법 개정안을 제안하게 되었다. 이 개정안은 2011. 6. 10.까지 공공의 협의와 입법부의 심의 전 심사를 거친 후 의회의 공동위원회에 회부되어 통과되었고, 2013. 4. 25. 국왕의 승인을 받아 시행되었다.

38) 특히 Von Hannover v Germany, (2005) 40 EHRR 1.

고 어려운 보통법을 총괄 정리하여 법적 안정성을 확보하고, 불필요
한 제소의 리스크와 그로 인한 소송비용[39]을 줄이기 위한 것이다.[40]

2) 주요 개정 내용

개정 내용 중 중요한 사항을 보면,[41] 명예훼손의 성립요건으로서
명예에 대한 중요한 손해가 발생할 것을 요건(serious harm test)으로
한 점(제1조),[42] 귀족원이 미디어에 대해 판례로 인정한 레이놀즈
항변을 명문화하여 '공익 사항에 관한 보도의 항변'(defence of
"responsible publication on matters of public interest")을 신설한 점
(제4조),[43] 과학저널 또는 학술저널 등에서 동료에 의해 심사된 진
술(peer-reviewed statement)에 관한 새로운 제한적 특권의 항변을 신
설하고(제6조), 기존의 절대적 및 제한적 특권의 항변을 정리 확대

---

39) 언론보도에 의하면 영국에서 미디어 피고에 대한 원고의 승소율은 90%에 달하며(Dominic
Ponsford Twitter, 'Libel law can kill - reform it now', DECEMBER 10, 2009 MEDIA
LAW NEWS, https://www.pressgazette.co.uk/libel-law-can-kill-reform-it-now/), 2008년 옥스
퍼드 대학의 비교미디어법 프로그램으로 수행된 보고서에 의하면 영국에서 명예훼손 소송의
비용은 평균 100만 파운드에 달하며 여타 유럽국가 평균의 140배에 달하였다고 한다. 이 때
문에 미디어 피고들은 화해에 의한 해결이 강요되고 있다는 것이다.

40) 2013년 개정 명예훼손법은 1843년 이래 처음으로 실질적인 개혁을 한 것이다. 그럼에도 동
법은 영국 본토(United Kingdom)와 웨일즈에만 전면 적용될 뿐, 북아일랜드는 새 법의 도입
을 거부하였고, 독자적인 법체계를 가진 스코틀랜드에서는 제한적으로 적용되고 있다.

41) 그 상세한 내용은 박용상(번역), 영국 명예훼손법 및 해설, Defamation Act 2013 and
Explanatory Notes, 언론중재 2015년 여름호 86-99면 참조,http://www.pac.or.kr/kor/pages/?p=
60&magazine=M01&cate=MA02&nPage=2&idx=710&m=view&f=&s=

42) 이것은 Thornton v Telegraph Media Group Ltd [2010] EMLR 25; [2010] EWHC 1414에서
설시된 심각한 손해의 문턱 요건(threshold of seriousness)을 규정한 것으로서 경미한 손해를
구제받기 위한 소송절차의 남용을 방지하기 위한 것이다. 이 규정에 의해 원고는 그가 받은
손해가 심각한 것임을 입증해야 하지만, 그것이 배상소송에서 보통법상 손해추정규칙에 영향
을 주지는 않는다(Vincent R. Johnson, Comparative Defamation Law: England and the
United States, 24 U. Miami Int'l & Comp. L. Rev. 1 (83) (8-28-2017),http://repository.law.
miami.edu/umiclr/vol24/iss1/3).

43) 동법 제4조는 레이놀즈 사건에서 선언된 판례법 상의 레이놀즈의 항변을 폐지하면서 그에
대신하여 공익사항의 보도 항변을 신설하고 거기에 이전의 레이놀즈의 제한적 특권과 중립
보도의 항변을 함께 규정하였다(후술).

한 점(제7조), 명예훼손 소송에서 배심재판의 원칙적 폐지(제11조), 원고 승소 판결을 내리는 경우 그 판결의 요지를 공표하도록 피고에게 명할 수 있는 법원의 권한(제12조)을 신설한 것 등이다.

3) 명예훼손 소송의 국제 재판 관할

2013년 명예훼손법 중 중요한 개정은 국제적 명예훼손 소송에서 영국 법원의 재판관할권을 제한한 점이다. 명예훼손에 가장 엄격한 법리를 가진 영국 법정을 선택하여 제소하는 관행, 이른바 'forum shopping' 또는 'libel tourism'의 폐해를 방지하는 개혁을 단행한 것이다. 과거 수십 년간 외국인 원고(피해자)가 영국인이나, 영국 법인도 아니고 영국에 거주하거나 영업기반을 갖지도 않는 피고(미디어)를 상대로 영국 법정에 제소하는 사례가 폭증하였다. 피해자는 영국에서 보호받을 하등의 명예 이익이 없음에도 불구하고 원고에게 유리한 법제를 가진 영국 법정을 선호하게 된 것이다. 이러한 이른바 'libel tourism' 현상은 인터넷에 의해 글로벌 커뮤니케이션이 일반화된 시대에 더욱 악화되었다.[44]

2013년 명예훼손법 제9조는 영국 법원이 명예훼손 심리에 가장 적합한 곳이라고 생각되지 않는 한 영국 법원은 재판관할권을 갖지 않는다고 규정한다(동조 제2항). 이것은 영국과 연계를 갖지 않는 비거주자인 언론사에 대한 소송을 피해자에게 유리한 명예훼손법을 갖는 영국 법정에 제소하는 것을 방지하기 위한 것이다.

---

44) ENGLISH PEN & INDEX ON CENSORSHIP, FREE SPEECH IS NOT FOR SALE: THE IMPACT OF ENGLISH LIBEL LAW ON FREEDOM OF EXPRESSION 2 (2009), http://libel reform.org/reports/LibelDoc_MedHiRes.pdf

<Ehrenfeld v. Mahfouz 사건과 미국의 "SPEECH" 법 제정>

영국의 2013년 명예훼손법의 관할 제한 규정은 Ehrenfeld v. Mahfouz 사건과 그에 대한 반발로 제정된 미국의 이른바 'SPEECH' Act에 영향을 받은 것이다.

피고 Rachel Ehrenfeld는 2003년 미국 뉴욕에서 테러 자금의 조달 및 그 억제 방안에 관해 '악의 자금'이란 서적을 발간하면서 사우디 억만장자인 원고 Khalid bin Mahfouz가 알카에다 기타 테러조직에 대규모 자금을 지원한다는 내용을 주장하였고, 그 일부는 온라인으로 ABCNews.com에 게재되었다. 그 서적의 23개 부가 영국에서 판매되었고, 그 일부는 ABCNews website에서 다운로드될 수 있었다.

Mahfouz(원고)는 미국법에 따라 현실적 악의 기준에 따른 입증을 할 수 없었고, 미국법에 의하면 직접 타깃으로 하지 않은 인터넷 공표는 해당 국가에서 제소될 수 없었기 때문에 영국 법정에 피고를 명예훼손으로 제소하였다. 영국 법원은 그 자료가 다운로드될 수 있는 지역의 법원이 관할을 갖는다는 이유로 23개 카피만이 판매된 영국의 법원에 관할이 있다고 하면서 Mahfouz의 명예훼손 소송을 수리하고 심리를 진행하였다. 그러나 피고 Ehrenfeld는 영국법원의 관할을 부인하면서 재판을 거부하였고, 영국 법원은 1996년 명예훼손법에 따라 피고에 대한 궐석 재판에서 1만 파운드의 손해배상과 소송비용의 배상을 명하는 동시에 허위사실의 확인과 정정 및 사죄의 인정선을 인용하는 약식 판결을 선고하였다.[45]

그에 대해 피고 Ehrenfeld는 뉴욕 주 법원에 위 영국법원 재판의 집행은 미국 연방헌법 수정 제1조에 반한다는 역소송을 제기하였다. 뉴욕 주 항소법원은 Mahfouz가 뉴욕 주에서 사업을 행하지 않고 있기 때문에 그 사안에 관해 재판할 수 없다고 결정하면서, 피고가 영국에 아무 연계를 갖지 않았음에도 영국 법정에 제소하여 받은 판결의 집행을 할 수 있는가 여부에 관한 판단은 유보하였다.

위 판결은 미국 법조계에서 심각한 논란을 야기하였고, 이 문제에

---

45) Mahfouz & Ors v Ehrenfeld & Anor [2005] EWHC 1156 (QB).

대한 대처가 강구되었다. 그에 따라 2008년 뉴욕 주는 Libel Terrorism Protection Act(통칭 'Rachel's Law')를 입법하여 외국의 명예훼손 판결은 그 외국법이 피고에게 뉴욕 주와 같은 수정헌법 제1조의 보호를 제공하지 않는 한 집행할 수 없다고 규정하였다. 위 뉴욕 주에 이어 Illinois, Florida and California에서도 같은 취지의 법률(anti-libel tourism legislation)이 통과되었고, 연방에서는 같은 취지의 입법이 추진되었다.

결국 연방 상하원을 통과하여 오바마 대통령의 서명으로 2010. 8. 10. 시행된 연방 제정법인 Securing the Protection of our Enduring and Established Constitutional Heritage Act(일명 'SPEECH' Act)는 외국의 명예훼손 판결은 그에 적용된 외국법이 최소한 미국의 수정헌법 제1조와 같은 보호를 제공하거나 피고가 미국법에 의해 심리되었다 하더라도 책임이 인정될 수 있는 경우가 아니면 미국 법원에서 집행될 수 없다고 규정하고 있다.

4) 인터넷 명예훼손 관계 사항

더욱 주목할 점은 2013 개정 명예훼손법이 인터넷 명예훼손에 관해 더욱 개혁적인 조치를 취한 것이다.[46]

첫째, 동법은 인터넷 명예훼손에 관해 웹사이트 운영자(operators of websites)의 책임과 항변을 신설하고 있다(제5조). 그에 의하면 먼저 웹사이트 운영자는 동법이 정하는 요건을 갖춘 피해자의 피해 신고를 받고 동법이 정하는 절차와 요건에 따라 그에 상응하는 구제초치를 취하면, 제3자 게시물(user-generated content)에 대한 책임을 면하게 된다. 이 경우 웹사이트에 게시된 내용으로 피해받은 당사자는 운영자의 도움으로 게시 당사자와 직접 분쟁의 해결을 시도할 수 있게 된다.

---

46) 그 상세한 내용은 박용상(번역), 영국 명예훼손법 및 해설, Defamation Act 2013 and Explanatory Notes, 언론중재 2015년 여름호 86-99면 참조http://www.pac.or.kr/kor/pages/?p=60&magazine=M01&cate=MA02&nPage=2&idx=710&m=view&f=&s=

둘째, 법원은 (a) 명예훼손적 진술이 게시된 웹사이트 운영자가 그 진술을 삭제할 것 또는 (b) 명예훼손적 진술의 저자, 편집자 또는 발행인이 아니었던 자에게 그 진술을 포함하는 자료의 배포, 판매 또는 전시를 중지할 것을 명할 수 있다(동법 제13조).[47]

셋째, 2013년 명예훼손법은 제소기간과 관련하여 영국 법원이 전통적으로 의존하던 복수공표규칙을 포기하고 '단일 공표의 규칙'(single publication rule)을 채용한 점이다(제8조). 이것은 동일 공표자에 의한 동일한 자료의 공표에 대한 제소기간이 최초 공표 시부터 1년으로 제한됨을 의미한다.[48]

다. 형사 명예훼손죄의 폐지

영국에 한정된 것은 아니지만, 형사 명예훼손죄의 존재의의 및 그 폐지 여부에 관한 논의는 오랜 역사를 갖는다. 형사 명예훼손죄를 폐지해야 한다는 논거로 제시되는 바에 의하면, 그것은 언론의 자유에 위축효과를 가진다는 점, 본질적으로 사적 불법행위인 명예훼손은 민사적 구제로 충분하고 그에 공적인 구제를 제공하는 것은 형법의 보충성 원리에 반한다는 점, 명예훼손을 탈형사화하는 글로벌 트렌드에 반한다는 점 등이다.[49] 그중에서 가장 핵심적 논거는

---

47) 동법 제13조는 명예훼손적 진술의 저자가 그 진술이 전파·확산되는 것을 막거나 제거할 수 없는 사정을 고려하여 법원이 웹사이트 운영자에게 명예훼손적 진술을 제거하거나 그 진술의 저자, 편집자, 혹은 발행인이 아니더라도 그 진술을 배포, 판매, 또는 전시한 자라면 그 확산을 중지하도록 명할 수 있게 함으로써 인터넷 특성에 따른 피해를 미연에 방지하는 의미가 있다.

48) 후술 명예훼손의 소인과 제소기간 참조.

49) IPI와 연대하여 유럽의 형사 명예훼손죄 폐지 캠페인을 벌이고 있는 English PEN에 의하면, 전 세계적으로 형사 명예훼손법은 비판적 미디어 보도를 저지하고, 반대파를 침묵시키며, 정치적 경제적 이익을 보호하기 위해 남용되고 있다고 주장한다. 특히, 형사 기소의 위협과 범죄 전과의 리스크는 강력한 자기검열의 유인이기 때문에, 그것은 세계적으로 미디어와 표현의 자유에 대한 가장 널리 인식된 장애라고 한다. 개방 사회에 대한 그 영향은 심각한데: 기소의 두려움은 토론을 폐쇄하고 탐사보도를 저지하며, 정보의 자유를 제한하여 공공의 알권

이 제도가 공적 사항에 관한 보도를 위축시킬 것이라는 점이다. 이 문제는 각국의 사회적 문화적 배경에 따라 다른 입지를 보이는데, 특히 민사적 구제의 효율성 여하, 공적 토론을 위축시키려는 기소에 대한 대책 여하가 관련되어 논의되어야 할 것이다.

1) 영국

영국에서 형사 명예훼손죄는 이상과 같은 비판[50] 때문에 2010년에 이르러 폐지되었으나, 그 경과에 관해서는 별도의 상세한 언급이 필요하다.

전술한 바와 같이 영국에서 명예훼손은 허위 주장을 형사범죄로 취급한 교회법에 뿌리를 가지며, 16세기에 이르러 명예훼손에 관한 교회법원의 관할이 국왕의 법원으로 넘겨지면서 성청법원에 의해 그 법적 골격이 갖추어지게 되었다.[51] 성청법원은 법과 질서의 유지에 관계되는 형사관할을 일반적으로 행사하였고, 이전에 처벌되지 않던 많은 행위를 형사범죄로 취급하였다. 즉, 성청법원은 인쇄

리를 박탈한다고 한다(https://www.englishpen.org/press/criminal-defamation-in-the-eu/).

50) 특히 영국 법제에서 형사 명예훼손의 기소 요건은 민사 명예훼손의 문턱 요건보다 더 낮았고, 명예훼손죄의 피고인은 민사소송의 피고보다 방어에 훨씬 더 불리하였다.

51) 성청법원(Court of Star Chamber)은 중세 영국에서 국왕자문회의(King's Council)의 한 부문으로 창설되었고, 추밀원 고문(privy councillor)과 보통법 법원 판사들로 구성되었으며, 애초에는 사법 행정 이외에 보통법 법원과 형평법원에 대한 상소와 독자적으로 귀족계급에 관한 소송을 담당하였다고 한다(https://www.britannica.com/topic/Court-of-Star-Chamber). 그러나 성청법원은 전제 군주의 권력에 저항하는 정치적 반대파에 대한 정치적 억압기구로 남용되게 되었고, 국왕의 권력을 옹호하기 위해 자의적이고 억압적인 조치를 자행하게 되면서 악명을 얻게 되었다. 성청법원의 심리는 배심 재판에 의하지 않고, 비공개로 진행되었고, 개인 고발자나 밀고자에 따라 직권으로 심리를 개시하였다. 피고인은 선서에 의한 답변이 강제되었는데, ① 심판관의 심문에 자백하지 않는 경우 또는 ② 고발자가 원하는 답변을 하지 않으면 위증으로 처벌되거나, ③ 신문에 답변을 거부하면 법정 모욕으로 처벌되는 궁지("cruel trilemma")에 몰렸다. 성청법원에 의한 처벌은 자의적이고 잔혹하였다. 징역형과 벌금형은 물론, 칼형(pillory), 태형(whipping), 낙인형(branding), 사지절단형(mutilation) 등이 부과되었다(https://www.britannica.com/topic/Court-of-Star-Chamber). 성청법원은 그에 의해 박해받던 의회 반대파와 청교도들의 반발로 1640년 의회의 인신보호법(Habeas Corpus Act 1640)에 의해 1641년 폐지되었다.

술 발명과 보급으로 출판물에 의한 영향이 증대된 16세기에 이르러 로마법의 libellus famosus(서면에 의한 유명인 비방죄) 제도를 차용하여 문서에 의한 언론범죄를 총칭적인 'libel'의 개념에 따라 처벌하기 시작하였다. 그 결과 성청법원이 문서에 의한 언론범죄(libel)의 범주 속에 처벌한 범죄 유형에는 ① 정치적 명예훼손(seditious libel), ② 사인에 대한 형사명예훼손(defamatory libel), ③ 신성모독죄(blasphemous libel), ④ 음란물죄(obscene libel) 등 4가지가 포함되었다.

① 변란선동적 명예훼손(seditious libel): 성청법원은 군주주권을 옹호하는 정치적 억압장치로 남용되면서 변란선동적 명예훼손(seditious libel)을 평화교란으로 처벌하기 시작하였고, 공공으로 하여금 정부를 불신하게 하는 비판은 어느 것이나 범죄로 처벌하게 되었다. 그러한 명예훼손은 공공평화나 정당한 정부를 손상한다고 생각되었기 때문에 그 진술의 진위는 문제되지 않았고, "진실일수록 명예훼손은 더 크다"는 법리가 적용되었다.[52] 그에 대한 처벌로서 징역과 벌금에는 제한이 없었다.

② 사인에 대한 형사명예훼손(defamatory libel): 성청법원은 공공평화를 보호하기 위해 사인에 대한 명예훼손도 형사 처벌할 필요가 있다고 인식하였다. 개인의 명예훼손은 결투와 가족의 복수에 의한 유혈을 유발할 우려가 있다고 생각되었기 때문에 사람들을 폄훼하는 경향이 있고 그들을 증오, 조롱 및 모욕하는 진술을 문서명예훼손(libel)의 범죄로 처벌하게 된 것이다.

17세기 말 성청법원이 의회에 의해 폐지되자 형사 명예훼손의 관할은 보통법 법원이 담당하게 되었지만, 보통법 법원 역시 성청법원

---

52) The History Of Criminal Libel, <a href="http://law.jrank.org/pages/1557/Libel-Criminal-history-criminal-libel.html">Criminal Libel - The History Of Criminal Libel</a>.

이 만든 법을 적용하였다. 민사 명예훼손에서는 진실한 사실에 소인이 인정되지 않았음에도 형사 명예훼손에서는 진실한 사실의 공표도 여전히 처벌되었다. 그러나 보통법 법원에서는 정치적 억압 장치인 형사 명예훼손에 관한 논란이 전개되었고 격렬한 논쟁 끝에 1792년 의회가 제정한 법률(Libel Act, 1792)은 배심의 권한을 강화하여, 사실의 인정뿐 아니라 명예훼손의 성립 여부의 법률문제에 관한 결정도 배심의 권한으로 넘기게 되었다. 그럼에도 형사 명예훼손 소송에서 진실의 항변이 인정된 것은 그 후 1843년 법이었다(Libel Act 1843, 일명 Lord Campbell's Libel Act).

이상 사인에 대한 문서명예훼손의 범죄는 1843년 법(Libel Act 1843)에 정리 수용되었고, 2010년 폐지되기까지 효력을 유지하였다. 동법에 의하면 ① 보통법상의 (민사) 명예훼손을 범죄로 처벌하는 조항을 두어 1년 이하의 징역이나 벌금에 처하도록 하였고(동법 제5조) ② 악의적으로 허위임을 알고 명예훼손을 공표한 자는 2년 이하의 징역 및 법원이 정하는 벌금에 처하는 조항을 두었으며(동법 제4조) ③ 전술한 바와 같이 형사 명예훼손에 대해 공익을 위한 진실의 항변을 처음으로 인정하였다(동법 제6조).53)

③ 신성모독죄(blasphemous libel): 신성모독죄는 1676년 처음 기소되어 처벌된 이래 다수 적용 사례가 보고된 바 있으나, 2008년 형사사법 및 이민법(Criminal Justice and Immigration Act 2008)에 의해 폐지되었다(동법 제79조).

④ 음란물죄(obscene libel): 음란출판물죄는 1959년 음란출판법(Obscene Publication Act)이 시행되기 전까지 200년간 영국에서 음

---

53) 다만, seditious libel에는 이 진실항변 조항이 적용되지 않았다. 종전에 진술의 진실 입증은 민사 명예훼손에서만 항변으로 인정되었고, 공공에 대한 형사 범죄는 악의적 진술의 출판에 의해 평화 교란을 야기한다고 간주되었기 때문에 형사 소송에서 진술의 진위는 문제되지 않았다.

란자료의 배포를 처벌하는 범죄로 통용되었다.

이상 성청법원에서 전개된 문서언론범죄(libel)에 관한 법 중 신성모독죄(blasphemous libel)는 2008년 형사사법 및 이민법에 의해 폐지되었고, 음란출판물죄(obscene libel)는 1959년 음란출판법(Obscene Publication Act)에 의해 대체되었으나, 변란선동적 명예훼손죄와 사인에 대한 문서훼손죄는 최근까지 효력을 가지고 있었다. 그러나 이들 형사 명예훼손은 법전에만 존재하는 사문화된 법이었고,[54] 그에 의한 기소는 거의 행해지지 않고 있었다.

이에 영국 의회는 2009년 제정법률(Coroners and Justice Act 2009)로써 변란선동죄(offences of sedition) 및 변란선동적 명예훼손죄(offences seditious libel), 명예훼손죄(offence of defamatory libel) 및 음란물죄(offence of obscene libel)를 공식적으로 폐지하게 되었다(동법 제73조). 이로써 고전적인 4개 부류의 형사 언론범죄(criminal libel)는 모두 폐지되었다.[55]

2) 미국

영국에 비해 미국에서는 형사 명예훼손이 일찍부터 논란되었다. 영국에서 시행되던 형사 명예훼손제도는 그대로 미국에도 수입되어 적용되어 왔으나, 영국의 군주주권체제를 벗어나 자유로운 독립국가를 세운 미국에서 영국의 제도는 질곡이었다. 이미 1735년 John Peter Zenger 사건에서 Hamilton의 저명한 변론으로 식민지에서 영

---

54) 영국에서 명예훼손죄로 기소된 사례는 1977년이 마지막이었고, 그 이후에는 적용된 바 없으며, 영국 법위원회(Law Commission of United Kingdom)는 1982년 그 폐지를 권고한 바 있다.

55) 그 밖에 영연방국가의 예를 보면, 명예훼손죄는 스리랑카 및 가나 이외에 대부분의 국가에서는 잔존하고 있다. 캐나다, 호주, 뉴질랜드 등에서는 거의 사문화하고 있으나, 인도 최고 법원은 2016. 5. 24. 판결(Subramanian Swamy vs Union of India)에서 식민지 시대의 형사 명예훼손법이 합헌이라고 판시하였다. 인도 형법 제499조 및 제500조는 명예훼손을 범죄로 규정하고 2년 이하의 징역 및 벌금에 처하도록 하고 있다.

국의 선동적 명예훼손죄의 적용이 거부된 바 있었고, 1804년 사건56)에서 Alexander Hamilton의 변론 취지에 영향받아 뉴욕 주는 1805년 입법으로 형사소송에서 진실의 항변을 최초로 인정한 바 있었다.

한편, 건국 초기 프랑스와의 전쟁에 대처하기 위해 제정된 1798년 외국인 및 선동법57)은 전형적인 변란선동적 명예훼손 처벌법이었는데, 정권 교체 후 폐지되었다.

형사 명예훼손죄 제도에 치명타를 가한 것은 수정헌법 제1조의 언론의 자유를 강조한 1964년 설리번 판결이었다. 연방대법원은 공무원에 의한 명예훼손 소송을 변란선동적 명예훼손(seditious libel) 소송과 동일시하여 이를 국민주권에 필요한 공적 토론을 파괴하는 것으로 인식하였다. 같은 해 Garrison v. Louisiana 판결58)은 현실적 악의 규칙을 형사 명예훼손에도 적용하였다.

위 판결에 의하면 명예훼손처벌법이 합헌이 되려면, 첫째 진실은 선의 여부를 막론하고 절대적 항변이 되도록 하여야 하며, 그 허위 입증책임은 기소한 검사에게 있다는 점, 둘째 공무원과 공적 인물에 대한 형사 명예훼손은 피고 측에 현실적 악의가 있다는 점이 입증되어야 한다는 점59)이다.60)

2004년 기준으로 미국에서 형사 명예훼손죄를 법전에 존치하고 있는 주는 23개 주에 달하며, 그중 14개 주는 위헌 판단을 받지 않

---

56) People v. Croswell, 3 Johns. Cas. 337 (N.Y. Sup. Ct. 1804).

57) Alien and Sedition Act of 1798, ch. 74, 1 Stat. 596.

58) 379 U.S. 64 (1964). 이 사건 판결에서 연방대법원은 형사 명예훼손은 민사 명예훼손에 의해 보호되는 것과 다른 이익을 보호하지 않으며, 명예훼손의 형사처벌을 정당화하는 보통법상의 평화교란 법리는 20세기에 적용되지 않는다고 판시하였다.

59) 연방대법원은 1974년 공인에 대한 명예훼손 기소는 현실적 악의 규칙의 요건이 요구된다고 판시하였다(Gertz v. Robert Welch, Inc., 418 U.S. 323 (1974)).

60) 실제로 연방대법원은 Keeton v. Hustler Magazine, Inc. (1984) 465 US 770, 777에서 허위임을 알면서 이를 공표하여 공적인 혐오, 모욕 또는 조롱을 받게 하는 행위를 경범죄로 처벌하는 뉴햄프셔 주법을 합헌으로 판단하였다.

았다고 한다.[61] 또 설리번 판결 이후 40여 년간 미국 전역에서 명예훼손죄로 기소된 사례는 40여 건에 불과하였다고 한다.[62]

이렇게 미국에서 명예훼손은 대부분 민사소송으로 해결되고 있으며, 일부 주는 명예훼손에 관한 형사처벌 규정을 두고 있지만 실제 적용되는 예는 거의 없으며 실제로 적용되는 사례에서도 허위의 사실에 대해서만 명예훼손책임이 인정되고 진실한 사실은 면책된다.

한편, 각 주에서 제정된 이른바 집단명예훼손(group libel) 처벌법에 관하여 연방대법원은 1952년 판결[63]에서 평화를 교란할 우려 때문에 이를 합헌으로 판단하였다. 그러나 1992년 연방대법원은 위 Beauharnais 판결을 파기함이 없이 1980년대 초 다수 지방자치단체가 제정한 혐오언론 및 집단명예훼손 처벌법령을 위헌 무효라고 판결하였다.[64]

3) 유럽 각국

2015년 현재 EU 가입 28개국 중 23개 국가가 형사 명예훼손죄 및 모욕죄를 존치하고 있으며, 이를 폐지한 국가는 영국을 포함한 5개국이다.[65] 2015년 9월 IPI(International Press Institute)의 조사 결

---

61) Gregory Lisby, No Place in the Law: The Ignominy of Criminal Libel in American Jurisprudence, 9 Comm. L. & Pol'y 433, 479 (2004). 최근 미네소타 주 항소법원은 2017. 10. 31. 미네소타 주 형사명예훼손법을 위헌 무효라고 판결하였다. 그것은 진실은 선한 동기에서 정당한 목적으로 전파될 것을 요하는 동법의 요건이 허위 진술 이외에 절대적으로 보호받는 진실한 사실의 진술도 처벌할 가능성이 있기 때문에 너무 광범위하여 위헌이라고 본 것이다(http://arechigo-stokka.com/blog/2017/10/31/minnesota-criminal-defamation-statute-declared-unconstitutional/).

62) Criminalizing Speech About Reputation: The Legacy of Criminal Libel in the U.S. After Sullivan & Garrison, Media Law Research Center Bulletin (Media Law Research Center, New York, N.Y.), Mar. 2003, at 42.

63) Beauharnais v. Illinois, 343 U.S. 250 (1952).

64) R.A.V. v. St. Paul, 505 U.S. 377 (1992).

65) 이하 Criminal Defamation Laws in Europe, https://www.rcmediafreedom.eu/Publications/Reports/Criminal-Defamation-Laws-in-Europe 참조.

과에 의하면 2013년 현재 덴마크와 라트비아를 제외한 16개국에서 형사 명예훼손죄 및 모욕죄로 유죄판결이 있었다고 한다.66) 특히 독일에서는 2013년 한 해에만 모욕, 명예훼손으로 22,000건의 유죄판결이 선고되었다. 그 밖에 유럽 14개국에서는 아직 신성모독(blasphemy)이나 종교적 모욕(religious insult)을 처벌하는 법률이 존재하며, 그중 5개국에서는 적용되고 있다.67)

유럽평의회(Council of Europe)는 2001년 이후 여러 차례에 걸쳐 회원국들에게 명예훼손에 대하여는 형벌보다는 민사상 손해배상으로 대응하는 것이 바람직하고, 특히 명예훼손에 대해 징역형을 부과하는 형사법 규정은 폐지되어야 한다고 권고하였으며, 이에 따라 유럽평의회 회원국들은 형사법에 규정된 명예훼손죄를 폐지하거나 대폭 축소하였고, 실제 적용에 있어서도 매우 제한적으로 운용하고 있다고 한다.68)

한편, 유럽인권재판소는 다수 유럽 국가가 형사 명예훼손죄를 존치하고 있는 상황에서, 형사명예훼손죄가 인권협약에 위반되지 않는다는 기본적 입장을 취한다.69) 그러면서도 언론의 자유에 대한 위협으로 작용할 수 있는 폐단에 대처하기 위해 신중하게 적용할 것을 요구하고, 특히 명예훼손에 징역형을 부과하는 것은 인권협약에 위반된다는 입장을 굳히고 있다.70)

---

66) 그중에는 상당수가 언론인이었고, 징역형이 선고된 경우도 있었으며, Croatia에서는 2013년 한 해 언론인 72명이 명예훼손죄로 처벌되었다(Id.).

67) Id.

68) 헌법재판소 2015헌바234 결정의 반대의견 참조.

69) 유럽인권재판소 판례에 의하면 명예훼손에 대한 형사처벌은 그 자체가 비례원칙에 위반하여 위헌이 되는 것은 아니라고 한다(Ivanova v. Bulgaria, App. No. 36207/03, ¶ 68 (Eur. Ct. H.R. Feb. 14, 2008); Lindon v. France [GC], App. Nos. 21279/02 & 36448/02, ¶ 59 (Eur. Ct. H.R. Oct. 22, 2007); Ivanciuc v. Romania (dec.), 2005-XI Eur. Ct. H.R. 251, 259).

70) ECHR, Cumpănă and Mazăre v. Romania, App. No. 33348/93 (2004); 2013. 9. 24. Belpietro v. Italy, no. 43612/10; Peruzzi v Italy - 39294/09 [2015] ECHR 629.

4) 독일

유럽 국가 중 명예훼손죄가 형법상 규정되어 있을 뿐 아니라 가장 활발히 적용되는 나라는 독일이다.[71] 독일 형법 제14장은 모욕이라는 표제하에 제185조에 사실적시를 요건으로 하지 아니하는 모욕죄 (Beleidigung), 제186조에 사실적시 명예훼손죄(Üble Nachrede),[72] 제187조에 허위사실적시 명예훼손죄(Verleumdung), 제188조에 정치인에 대한 명예훼손죄, 제189조에는 사자 명예훼손죄를 규정하고 있다. 나아가 독일 형법 제193조(정당한 이익의 옹호, Wahrnehmung berechtigter Interessen)는 "권리의 실현이나 방어 또는 정당한 이익의 옹호를 위해 행해진 표현행위"에 위법성을 조각하는 규정을 두고 있다.

5) 일본

일본에서는 형사 명예훼손죄가 일찍부터 존재하고 있으며, 널리 빈번하게 적용되고 있다.[73] 일본 형법 제230조(명예훼손죄)는 사실적시 명예훼손을 처벌하되, 공익을 위한 사실로서 진실 증명이 있는 때에는 처벌하지 않으며(동법 제230조의2), 사실을 적시하지 않는 모욕죄를 따로 처벌하고(동법 제231조), 이들 범죄는 모두 친고죄로 규정되고 있다(제321조).

---

71) 독일에서는 2013년 한 해에만 모욕, 명예훼손으로 22,000건의 유죄판결이 선고되었다고 한다(Criminal Defamation Laws in Europe,https://www.rcmediafreedom.eu/Publications/Reports/Criminal-Defamation-Laws-in-Europ).

72) 이 경우 진실의 입증책임은 표현행위자인 피고에게 있다.

73) 일본에서는 2003년 한 해에 명예훼손죄로 500건이 기소 체포된 바 있고 점차 증가하고 있다고 한다(Salil K. Mehra, POST A MESSAGE AND GO TO JAIL: CRIMINALIZING INTERNET LIBEL IN JAPAN AND THE UNITED STATES, 78 U. Colo. L. Rev. 767, p.778).

6) 한국

한국에서도 최근 형법상 명예훼손죄를 폐지하자는 의견이 강력히 대두되고 있다.

우리 형법은 명예훼손죄와 모욕죄를 규정하고 있으며, 정보통신망 이용촉진 및 정보보호 등에 관한 법률('정보통신망법')은 온라인상의 명예훼손을 형벌로 처벌하는 규정을 두고 있다.

최근 10년간 검찰 통계를 보면 이들 형사사건의 고소 및 기소 건수가 급격히 증가하고 있다.[74] 형법상의 명예에 관한 죄로 고소된 사건은 2004년 12,678건에서 2013년 34,383건으로 약 2.7배 증가하였고, 그중 기소건수는 2,477건에서 11,579건으로 약 4.7배 증가하였다. 사이버 명예훼손 관련 고소 사건도 1,333건에서 7,595건으로 5.7배 증가하였고, 접수 사건 중 기소건수는 382건에서 1,233건으로 3.2배 증가하였다.

이들 통계를 보면 고소 사건이 급격히 증가함에 비해 그 기소 건수는 상대적으로 적어지고 있으며, 고소 사건 중 절반 이상이 불기소 처분으로 귀결되고, 기소된 사건도 대체로 벌금형으로 끝나는 구약식 기소나 불구속 기소되는 경우[75]가 대부분이었고, 구속 기소된 사건은 지난 7년간 모두 74건으로 나타났다.

우리의 경우 형사 명예훼손죄의 폐지 논의는 제 외국에서 논의되는 바와는 달리 주로 진실한 사실적시 명예훼손죄를 폐지하자는 데 집중되어 왔다.[76] 그 주된 논의를 보면, 공적 사안에 관한 토론을

---

74) 이하 윤해성·김재현, 사실적시 명예훼손죄의 비범죄화 논의와 대안에 관한 연구(한국형사정책연구원, 2018) 44면 이하(http://www.dbpia.co.kr/Journal/ArticleDetail/NODE07091222) 참조.

75) 2015년 사법연감에 의하면 2014년에 명예에 관한 죄로 기소되어 공판에 회부된 사람은 모두 4,425명에 달한다.

76) 그중 대표적인 것은 2016. 5. 20. 서울지방변호사회 주최 사실적시 명예훼손죄에 관한 심포지엄에서 주제 논문으로 제출된 김성돈, '진실적시명예훼손죄 폐지론'

위축시킨다는 점과 국제적 조류에 반한다는 점을 지적함에는 일리가 있는 것이다. 그러나 그 논의 중 상당 부분은 명예훼손법의 기본 개념뿐 아니라 표현의 자유와 명예보호 간의 조화된 균형을 도외시하고 있음을 볼 수 있다.

첫째, 진실한 사실적시 명예훼손을 폐지하자는 주장에 의하면 ① 공익과 관련이 없는 개인적인 사실,77) ② 과거의 잊혀진 사실78) 또는 ③ 법적으로 공개가 금지되는 사실79) 등도 진실한 것이면 이를 폭로 공개하여 명예훼손의 결과를 야기하더라도 처벌할 수 없게 된다. 이를 보면 진실적시 행위 자체의 행위반가치성이 사실상 제로에 가깝다고 하는 주장은 받아들일 수 없다.

둘째, 여기서 논자의 주장과 같이 진실 적시 명예훼손을 폐지한다면 해당 진술이 허위인 경우에만 처벌하자는 것이다. 그렇다 하더라도 해당 적시 사실이 진실인지 허위인지를 판별하는 것이 불가피하며, 여기에는 소송법적인 입증책임 분배의 문제가 결정적으로 작용한다. 비교법적으로 보면 해당 진술이 진실인가 허위인가를 판별하는 과정에서 미국 판례는 해당 진술의 '허위' 입증책임을 원고(피

(https://www.seoulbar.or.kr/cop/bbs/selectBoardList.do#LINK)과 윤해성·김재현, '사실적시 명예훼손죄의 비범죄화 논의와 대안에 관한 연구'(한국형사정책연구원, 2018) (http://www.dbpia.co.kr/Journal/ArticleDetail/NODE07091222) 등이다. 그에 비해 권순민, '명예훼손죄의 비범죄화에 대한 논의와 그 대안에 대한 연구 - 형법 제307조 제1항의 사실 적시 명예훼손죄를 중심으로 -'(file:///C:/Users/user/Downloads/KCI_FI002126201.pdf)는 진실 사실적시 형사 명예훼손죄의 여러 문제점을 지적하면서도 이를 즉각 폐지하기보다는 기존의 판례나 해석을 개선할 것을 대안으로 제시하고 있다.

77) 이들 중 대부분은 프라이버시의 권리를 침해하지만, 그것이 동시에 개인의 사회적 평가를 저하시키는 경우에는 명예훼손이 성립된다. 예를 들어, 타인의 성폭력범죄 피해사실, 결혼 중 부정행위로 이혼당한 사실, 혼전에 낙태한 사실, HIV나 AIDS 감염사실, 동성애자라는 사실, 가정폭력을 행사하여 여러 번 입건된 경력 등을 공개하는 행위가 이에 속한다.

78) 예를 들면, 개인의 형사처벌 전력을 공표하는 행위가 대표적이다. 영국법에 의하면, 집행 종료된 전과의 공개는 특별한 사유가 없는 한 명예훼손이다(Rehabilitation of Offenders Act 1974 (UK) s8).

79) 예를 들면, 도청된 통신비밀, 신뢰관계를 위반하여 폭로된 사실, 적법하게 비밀로 분류된 사실 등을 공개하는 행위가 그에 해당한다.

해자)에게 부담시키지만,[80] 미국 이외의 대부분의 국가에서는 '진실'의 입증책임을 피고(표현행위자)에게 부과한다.[81]

이렇게 명예훼손행위의 처벌 여부는 범죄론의 실체적 측면[82]과 함께 진위의 판정이라는 소송법적 측면이 결합하여 종합적으로 행해지게 되는데, 이렇게 (마땅히 그래야 하는데) 통합적으로 고찰한다면, 어느 나라에서나 진실한 사실로서 공익을 위한 명예훼손적 진술을 처벌하는 나라는 없다는 결론이 나오게 된다.[83] 우리의 현행법을 보더라도 형법 제307조 제1항은 진위 여하를 막론하고 타인의 명예를 저하시키는 사실의 진술은 일단 동조의 구성요건을 충족하지만(따라서 진실한 사실적시도 구성요건을 충족하지만), 그것만으로 처벌되지는 않고 그것이 진실하고 공익을 위한 것을 피고가 입증하면 위법성이 조각되어 처벌을 면하게 된다.

결국 진실 적시 명예훼손을 처벌하지 말자는 제안은 위와 같이 소송법인 입증책임의 문제로 해결할 수 있는 문제를 실체법적 차원에서만 다루려는 것이어서 혼란을 야기하는 것이다.

셋째, 더욱이 진실한 사실적시를 처벌하지 말자는 주장은 결국 원고(검사)가 피고의 진술이 허위임을 입증하게 하여야 한다는 것으로 연결되는데, 이것은 명예훼손 일반의 입증책임 분배에 관해 세계적으로 지배적인 법리[84]에 배치될 뿐 아니라, 더욱이 진실 여부

---

80) 미국법에서 명예훼손의 소인(cause of action: 우리 법제에서 구성요건에 해당함)은 '허위' 사실의 적시를 요건으로 한다. 미국법의 체제는 폐지론자가 주장하는 허위 사실적시 명예훼손만을 처벌하자는 것과 같은 것이라고 할 수 있다.

81) 이들 법제에서는 허위 여부를 불문하고 명예훼손적 사실의 적시만으로 구성요건이 충족되지만, 위법성 판단 단계에서 피고가 진실이라는 점을 주장입증하면 위법성이 조각되고, 결국 진실한 사실적시 명예훼손은 처벌되지 않게 된다.

82) 형법상 범죄론에 의할 때 하나의 행위가 범죄로 처벌되려면, ① 구성요건에 해당하고, ② 위법해야 하며, ③ 책임요건을 충족해야 한다.

83) Vincent R. Johnson, Comparative Defamation Law: England and the United States, 24 U. Miami Int'l & Comp. L. Rev. 1 (11), http://repository.law.miami.edu/umiclr/vol24/iss1/3

의 입증이 불가능한 경우에는 곤란한 문제가 생긴다. 실무상 진실 여부의 입증이 불가능한 사례는 적지 않게 나타나는데, 만일 언론이 그러한 사안에 관해 의도적으로 공격적 명예 침해를 기도하는 경우에는 그에 대한 제제가 불가능해지게 된다.

넷째, 진실한 사실적시 명예훼손을 처벌하면 법적으로 보호할 가치가 없는 허명(虛名)을 보호한다는 지적은 일응 일리가 있어 보인다. 이에 관해서는 명예훼손죄가 보호하는 법익의 본질을 살펴야 한다. 명예훼손법에서 보호하는 명예란 사람의 진가(眞價)가 아닌 외적 명예, 즉 사회적 평가를 보호하는 것이며,[85] 이러한 외적 명예를 명예훼손죄의 법익으로 보호하는 것은 어느 나라에서나 공통된 현상이다.[86] 장구한 명예훼손법의 역사에서 이미 확인된 바와 같이 개인에 대한 사회적 평가가 그의 진정한 성품에 부합하지 않는다하더라도 이를 보호하는 이유가 있다. 개인의 진정한 성품은 이미 정해져 있거나 제3자가 바로 알 수가 없다. 명예훼손은 개인이 향유하는 존중청구권을 해치는 것이며,[87] 역사적으로 보아 사인 간의 명예훼손에 명예훼손죄가 도입된 이유도 명예훼손에 대응하여 자행

---

84) 전술한 바와 같이 명예훼손 소송에서 진실의 입증책임을 피고(가해자)에게 부담시키는 것은 미국 이외의 거의 모든 법제에서 공통된 것이다.

85) 법이 보호하는 목표는 성품(character)이 아니라 명예(reputation)이다. 성품은 한 사람의 실재 상이지만, 명예는 그가 보이는 외관이다(Von Vechten Veeder, The History and Theory of the Law of Defamation I, 4 Colum. L. Rev. 33, 33 (1904)). 포스트 교수에 의하면, 명예는 "우리가 상호 간 갖는 사회적 파악 속에 내재하며" 명예에 대한 해악은 이렇게 사회적으로 구성된 피해이며, 피고의 말에 대한 타인들의 반응에 의해 정의된다고 말하였다(Robert C. Post, The Social Foundations of Defamation Law: Reputation and the Constitution, 74 Cal.L. Rev. 691, 692 (1986),https://scholarship.law.berkeley.edu/cgi/viewcontent.cgi?article= 2002&context=californialawreview).

86) 영미의 정통적 다수설에 의하면 "명예훼손은 정신적 피해에 대한 보상을 마련하는 것이 아니라 개인이 타인들의 눈에 개인적 존중을 유지함에 갖는 관계적 이익('relational interest')의 부당한 침해(wrongful disruption)를 구제하는 것"이라고 한다(Smolla, id., p.18; Lidsky, id., p.14). "명예는 성질상 관계적인 것이고 타인에 의해 인식된 명예이며 그에 대한 손해는 타인들의 눈에 의한 것이다"(Bezanson, id., p.547).

87) 블랙 법률사전에 의하면 명예는 "한 사람에 대해 타인들이 가지는 존중"이라고 정의된다.

되어 온 결투와 자력구제를 방지하기 위한 것이었다. 그 때문에 허위로 입증되지 않은 명예훼손이 처벌됨으로써 진실일지 모르는 사실적시가 처벌되는 것은 불가피한 것이다.

다섯째, 명예훼손이 타인의 명예를 저하시킬 경향이 있는 진술의 공표로 성립된다는 법리[88]도 제국에 공통된 것으로서 민사나 형사 명예훼손 양자에 적용되는 것이다. 영미법의 전통적 견해도 명예 피해를 야기할 경향이 있으면 명예훼손이 성립하고 현실적으로 침해가 발생할 필요가 없다고 보아왔다.[89] 이것은 보통법에서 직관적으로 알려진 경험적 사실의 상식적 귀결인데, 통상 명예훼손에서는 현실적으로 손해는 생기지 않으며, 만일 그렇다면 그것은 입증이 불가능하다고 하는 경험적 사실의 소산이었다.[90]

이러한 명예훼손행위의 정의와 특징 때문에 형사상 명예훼손죄가 범죄론상 이른바 '추상적 위험범'[91]으로 취급되는 것은 당연하다. 그렇다 하더라도 그것은 구성요건 단계의 개념일 뿐, 그러한 구성요건을 충족하는 행위가 바로 처벌되는 것은 아니다. 그러한 행위는 위법한 것이어야 처벌될 수 있고, 진실의 입증으로 그 위법성은 조각될 수 있다. 따라서 형법의 개입시기를 법익침해 전 단계로 앞당

---

88) 명예훼손 여부의 심사는 원고가 실제로 해를 입었는가 여부가 아니라 그것이 명예를 저하할 경향이 있는 부류에 속하는가 여부이다(Lyrissa Barnett Lidsky, DEFAMATION, REPUTATION, AND THE MYTH OF COMMUNITY, Washington Law Review Vol. 71:1[11], 1996).

89) "명예훼손이 되려면 진술이 현실적으로 타인의 명예를 해하거나 또는 제3자가 그와 교섭하거나 거래하는 것을 저지함을 요하지 않는다. 그 성질은 그러한 효과를 가질 일반적 경향에 의존한다"(Restatement (Second) of Torts § 559 cmt. d (1977)).

90) Randall P. Bezanson, THE LIBEL TORT TODAY, p.544.

91) 형법의 법익 이론에 의하면 각개의 범죄는 구체적으로 보호법익의 침해가 요구되는 침해범(侵害犯)과 법익 침해의 위험만으로 처벌되는 위험범(危險犯)으로 구별되며, 위험범은 다시 실제 위험이 발생하지 않아도 추상적으로 위험이 있는 것으로 간주하여 처벌하는 추상적 위험범과 구체적 위험이 발생하는 경우에만 처벌하는 구체적 위험범이 구별된다(이에 관한 상세한 논의는 박용상, 언론의 자유(박영사 2013), 594-597 참조). 명예훼손죄는 전형적인 추상적 위험범으로 분류된다.

기게 된다는 주장은 범죄론의 체계적 구성을 간과한 주장이다.

여섯째, 명예훼손죄는 권력자의 명예를 보호하기 위해 남용된다는 비판이 있다. 명예훼손죄가 애초에 국가나 국왕 및 귀족 등 권력자의 권위와 존엄을 보호하기 위해 생긴 것이기는 하지만, 민주화가 이루어진 현대 자유 사회 국가에서 국가나 지방자치단체는 명예권을 갖지 아니하며, 권력자의 권위를 보호하는 명예훼손죄는 이미 폐지되었다.92) 현대의 명예훼손죄는 개인 간 또는 미디어와 개인 사이에서 생기는 분쟁을 대상으로 하며,93) 특히 미디어에 대한 관계에서 개인은 약자라는 점이 간과되어서는 안 된다.94) 명예훼손죄를 악용하여 비판을 봉쇄하려는 사례가 있고 이를 방지하여야 하지만, 그것은 별개의 문제이다.

일곱째, 명예훼손죄의 운영현황에 관한 상술한 우리나라의 통계에서 보는 바와 같이 명예훼손죄의 고소 및 기소 건수가 적지 않고 점차 증가하고 있는 현상을 보면, 그만큼 형사적 구제의 필요성을 반증하는 것이다. 이러한 현상은 독일이나 일본의 경우와 다르지 않다. 현행법 상 명예훼손에 대해서는 여러 민사적 구제수단이 마련되어 있으나, 그것은 시간과 비용을 요한다는 점에서 구제 수단으로서 충분치 않다는 현실이 반영되고 있는 것이다.

여덟째, 인터넷이 보급되고 그에 의한 명예훼손도 급증하는 현상

---

92) 대법원 2016.12.27. 선고 2014도15290 판결 등 참조.

93) 여기서도 공적인 사안에 관한 미디어의 보도는 특별한 보호를 받으며, 허위 사실의 적시도 진실이라고 믿음에 상당한 이유가 있는 경우(이른바 상당성항변)에는 보호받는다.

94) "불법행위법의 한 지류로서 명예훼손법은 사회 규범을 정의하고 집행한다. 그러나 여타 불법행위와 달리 명예훼손법은 언론의 영역에서 운영된다. 그 결과 이들 규범에 영향미치는 [언론의] 힘은 무적이다"(Ardia, David S., Reputation in a Networked World: Revisiting the Social Foundations of Defamation Law (September 12, 2012). Harvard Civil Rights-Civil Liberties Law Review, Vol. 45, p.261, 2010. Available at SSRN: http://ssrn.com/abstract=1689865).

에 비추어 형사적 명예훼손죄는 더욱 제도적 유용성이 강조되고 있다. 다음의 판례가 이를 실증적으로 설명하고 있다.

[사례] 헌법재판소 2016.02.25. 선고 2015헌바234 결정

이 사건에서 헌법재판소는 "비방할 목적으로 정보통신망을 이용하여 공공연하게 사실을 드러내어 다른 사람의 명예를 훼손한 자"를 처벌하고 있는 구 '정보통신망 이용촉진 및 정보보호에 관한 법률' 제70조 제1항[95]이 합헌이라고 선언하면서 다음과 같은 요지로 판시하였다.

우리나라는 현재 인터넷 이용이 상당히 보편화됨에 따라 정보통신망을 이용한 명예훼손범죄가 급증하는 추세에 있고, 인터넷 등 정보통신망을 이용하여 사실에 기초하더라도 왜곡된 의혹을 제기하거나 편파적인 의견이나 평가를 추가로 적시함으로써 실제로는 허위의 사실을 적시하여 다른 사람의 명예를 훼손하는 경우와 다를 바 없거나 적어도 다른 사람의 사회적 평가를 심대하게 훼손하는 경우가 적지 않게 발생하고 있고, 이로 인한 사회적 피해는 심각한 상황이다. 따라서 이러한 명예훼손적인 표현을 규제함으로써 인격권을 보호해야 할 필요성은 매우 크다.

심판대상조항은 이러한 명예훼손적 표현을 규제하면서도 '비방할 목적'이라는 초과주관적 구성요건을 추가로 요구하여 그 규제 범위를 최소한도로 하고 있고, 헌법재판소와 대법원은 정부 또는 국가기관의 정책결정이나 업무수행과 관련된 사항에 관하여는 표현의 자유를 최대한 보장함으로써 정보통신망에서의 명예보호가 표현의 자유에 대한 지나친 위축효과로 이어지지 않도록 하고 있다. 또한, 민사상 손해배상 등 명예훼손 구제에 관한 다른 제도들이 형사처벌을 대체하여 인터넷 등 정보통신망에서의 악의적이고 공격적인 명예훼손행위를 방지하기에 충분한 덜 제약적인 수단이라고 보기 어렵다.

그러므로 심판대상조항은 명확성원칙에 위배되지 아니하고, 과잉금지원칙을 위반하여 표현의 자유를 침해하지 않는다.

---

95) 동 조항은 2014. 5. 28. 개정으로 "사람을 비방할 목적으로 정보통신망을 통하여 공공연하게 사실을 드러내어 다른 사람의 명예를 훼손한 자는 3년 이하의 징역 또는 3천만 원 이하의 벌금에 처한다"로 개정되었다.

2. 명예훼손의 소인

(1) 엄격책임주의와 항변 사유 — 특권법리의 전개

전술한 바와 같이 영국 보통법의 전통적인 엄격책임 규칙에 의하면 피고가 원고에 관하여 명예훼손적인 내용의 발언을 하였다는 점을 원고가 입증하기만 하면 바로 피고의 악의(惡意)와 표현 내용의 허위성(虛僞性)이 추정되었고, 피고 측에서는 이른바 면책특권을 주장하여 입증하지 못하면 명예훼손으로 인한 손해배상책임을 면하지 못하였다.[96]

엄격책임주의가 개인의 명예를 보호하는 데는 기여하였지만 공익을 위한 토론이나 비판을 위축시켰기 때문에 보통법은 피고를 위해 다양한 항변사유를 개발하여 체계화하게 되었다. 먼저 의견 표현과 관련하여 명예훼손에 대한 특권으로서 영국 보통법상 확립된 것은 '공정한 논평의 특권'(fair comment privilege)이다. 다음 사실의 진술에 의한 명예훼손의 경우 보통법은 피고에게 우선 '진실의 항변'(defense of truth)을 인정하며, 만일 피고가 진실임을 입증할 수 없는 경우에는 일정한 사정의 존재를 요건으로 2가지 범주의 면책특권을 인정한다. 여기에는 '절대적 특권'(absolute privilege)과 '제한적 특권'(qualified privilege)이 있고, 언론 미디어의 경우는 '공정보도의 특권'(fair report privilege)과 '중립보도의 특권'(privilege of neutral reportage)이 별도로 인정된다. 또 최근 영국에서는 판례에

---

[96] 영국에서 명예훼손 소송을 제기하는 원고는 피고의 말이 명예훼손적이며, 제3자가 인지할 수 있게 공표되었음을 주장 입증하면 일응의 사건(a prima facie case)으로서 배심에게 판단을 구할 수 있고, 피고는 첫째 공정한 논평에 해당하거나, 둘째 진술이 진실이라고 주장하거나, 셋째 그 상황(occasion)이 특권적임을 주장하여 항변하고 그것이 성공하면 원고는 패소하게 된다(Van Vechten Veeder, The History and Theory of the Law of Defamation. II, Columbia Law Review, Vol. 4, No. 1 (Jan., 1904), p.33 (35)http://www.jstor.org/stable/pdf/1110000.pdf).

의해 인정된 미디어의 보도특권(이른바 Reynolds defense)이 제정법으로 성문화되었다.

(2) 명예훼손의 소인과 제소기간

가. 서론

한 사람의 명예훼손적 공표행위가 한 번의 발언에 그친 경우라면 문제가 없으나, 같은 내용이라 하더라도 그것이 장소와 시간을 달리하여 행해지거나 인쇄물 기타 매체에 의해 유포되는 경우 이를 하나의 명예훼손으로 파악할 것인가, 아니면 여러 개로 파악할 것인가는 표현행위자의 책임을 추궁함에 있어서 큰 차이를 갖는다. 이에 관하여 영미의 판례는 명예훼손행위가 제소될 수 있는 소인(訴因, cause of action)의 발생과 그에 연계되어 제소기간(limitation period)이 언제부터 개시되는가 하는 문제에 관해 주목할 법리를 전개하여 왔다. 우리의 경우에는 주목받지 못하고 있는 문제이지만, 참고될 수 있기 때문에 여기서 설명하기로 한다.

여기서는 동일한 내용의 명예훼손행위가 수차 행해진 경우가 문제되는데, 첫째 동일인에 의해 수차 반복되는 경우, 그리고 둘째 행위자를 달리하여 동일한 명예훼손행위가 반복되는 경우를 구별하여 생각해야 한다. 이들 논의는 처음 전통적 미디어의 공표와 관련하여 다루어졌으나 디지털 미디어 시대로 전환하면서 인터넷 공표와 관련하여 더욱 복잡한 양상을 띠게 되었다.

먼저 동일인에 의해 동일한 복수의 명예훼손행위가 행해진 경우를 개관하여 보면,97) 영국 보통법은 전통적으로 복수공표의 법리를

---

97) 박용상, 명예훼손법, 937-937면 참조.

취하였으나, 미국에서는 1948년 판결을 계기로 단일 공표의 법리로 전환하였고, 영국도 2013년 명예훼손법에서 단일 공표의 법리를 취하게 되었다. 이 경과는 언론의 상황 변화에 대응하여 이루어진 것이다.

나. 영미 보통법상 복수공표 규칙

원래 영국 보통법에 의하면 명예훼손적 내용이 동일 공표자에 의해 수차 행해진 경우 각각의 명예훼손행위는 독자적이고 분리된 별개의 공표행위로 취급되어 책임이 부과된다고 하는 이른바 '복수 공표 규칙'(multiple publication rule)이 적용되었다. 그에 의하면 명예훼손적 진술의 발표는 각자 새로운 명예훼손을 구성하여, 그때마다 새로운 소인(訴因)이 발생하며,[98] 그들 공표 각각이 그 자체의 제소기간(limitation period)[99]을 갖는 것으로 취급되었다.[100] 19세기 미국의 법원 역시 이러한 복수 공표의 법리를 따랐다.[101]

복수공표의 법리는 한정된 사회에서 인쇄 부수가 제한된 시대에 채택된 것으로서 명예훼손으로 제소되는 발행인의 책임을 제한하는 데 의미가 있었다. 그러나 20세기에 들어 대량 출판이 일반화하고 한 명예훼손적 진술이 수많은 독자에게 읽혀지게 되자 이 법리는

---

98) 영국 법원은 1849년의 판결에서 1830년에 한 신문에 게재된 명예훼손적 기사에 대해 17년 후 제기된 소송에서 피고는 최초 공표 시점에 제소기간이 진행됨을 주장하였으나, 법원은 문제된 신문의 카피가 제공되는 시점마다 별개의 공표를 구성하며, 그 시점부터 제소기간 내에 제기된 소송은 적법하다고 판시하였다(Duke of Brunswick v. Harmer [1849] 14 QB 154). 이 사건명에 따라 단일공표규칙은 "Duke of Brunswick rule"이라고도 불린다.

99) 영국에서 명예훼손의 제소기간은 Limitation Act 1980에 의해 1년으로 단축되었다(동법 제4A조).

100) 그에 따라 쓰이거나 인쇄된 명예훼손의 카피를 판매하거나 제공하는 것은 각각 새로운 명예훼손이며, 따라서 그 복제물을 팔거나 제공하는 자는 모두 그로 인해 제소될 수 있었다 (Staub v Van Benthuysen, 36 La Ann 467, 469 (1884)).

101) Sapna Kumar, WEBSITE LIBEL AND THE SINGLE PUBLICATION RULE, 70 UCHILR (University of Chicago Law Review, Spring 2003) 639.

불합리하게 되었다. 복수 공표의 법리에 따라 발행인에 대한 제소건수는 무제한 증가되었을 뿐 아니라, 새로운 독자가 이를 읽을 때마다 그 제소기간이 갱신되어 발행인의 책임이 시효로 소멸될 수 없다는 문제를 야기하였던 것이다.

다. 단일공표 규칙

위와 같은 문제에 대처하는 노력은 미국 법원에 의해 처음 시도되었다. 1948년 뉴욕 항소법원은 현대 대중 출판시대의 언론 현실에 비추어 복수공표의 규칙은 유지될 수 없다고 하면서 단일 공표 규칙을 취하는 판결을 내렸고,[102] 이후 미국 법원들은 영국과 달리 단일 공표규칙("single-publication rule")을 채용하게 되었다.

그 후 미국의 대부분의 주가 따르는 리스테이트먼트는 단일한 커뮤니케이션이 동시에 다수인에 의해 청취된 경우와 매스 커뮤니케이션의 경우에는 하나의 소인만을 구성한다고 규정하였다.[103] 따라서 다량의 발행부수를 가진 잡지에서 명예훼손적 기사의 공표는 하나의 표현행위로 간주되고, 명예훼손 피해자는 그 발행인에 대하여 단 하나의 소인만을 갖게 된다.[104]

단일 공표의 법리는 사람들이 명예훼손적 진술을 읽거나 보거나

---

102) 동 판결은 현대 대중출판 시대에 복수공표의 법리는 서적의 재고가 있고 그것이 공공에 매매나 열람에 제공될 수 있는 한 제소기간이 진행될 수 없기 때문에 언론의 자유를 위해 적합하지 않고, 서적의 최초 발행 매각 시부터 제소기간이 진행된다는 입장을 취하였다 (Gregoire v. GP Putnam's Sons (1948) 81 N.E.2d 45).

103) "한 번의 서적 또는 신문의 발행이나, 한 번의 라디오나 텔레비전의 방송 또는 한 번의 영화 상영 기타 유사한 집합적 커뮤니케이션은 하나의 공표행위이다"(Restatement (Second) of Torts. Section 577A(3)).

104) 미국에서 7개 주는 이 법리를 입법으로 채용하고 있다. 이들 주의 '통일 단일공표법'(Uniform Single Publication Act (USPA))은 "한 번의 신문, 서적 또는 잡지의 발행, 수용자에 대한 한 번의 라디오나 텔레비전에 의한 제시나 방영 또는 한 번의 영화의 상영 등과 같이 단일의 공표, 전시 또는 발언에 기해서는 … 누구도 하나 이상의 명예훼손의 소인을 갖지 못한다"고 규정한다(Kumar, id., p.643).

들을 때마다 새로운 소인의 근거가 됨으로써 결과될 대량의 소송으로부터 피고와 법원을 보호하는 의미를 갖는다.[105] 제소기간의 기산점은 주마다 다르지만, 뉴욕과 캘리포니아에서는 공표행위가 행해진 시점, 즉 명예훼손적 진술이 공공에 배포된 시점을 기준으로 한다.[106] 그리고 미국의 판례는 동일한 제작물로 인한 명예훼손의 소송은 오로지 그 최초의 배포행위 하나만이 제소 또는 유지될 수 있고, 모든 지역에서 발생한 피해는 그 한 소송에서 병합 해결되어야 하며, 동일한 당사자 간에 하나의 판결이 있으면 그것은 다른 모든 소송을 부적법하게 한다는 법리를 취하고 있다.[107]

다만, 집합적 커뮤니케이션이나 매스 커뮤니케이션의 일부가 아닌 명예훼손에 있어서는 여전히 복수 공표의 법리가 적용된다. 동일한 행위자에 의한 것이라 하더라도 복수의 제3자에 대한 다수의 커뮤니케이션은 각각 별개의 소인을 구성하게 되는데,[108] 예를 들어, 한 사람이 명예훼손적 내용의 편지를 우송하였는데, 5인이 이를 읽었다면 피해자는 그 행위자에 대하여 별개인 5개의 소인을 갖게 된다.

라. 재공표의 경우

단일 공표의 법리가 적용되는 범위는 단일한 행위로 인정되는 커뮤니케이션에 한한다. 그러므로 단일로 취급되는 매스커뮤니케이션의 일부가 아닌 진술은 단일 공표의 법리에 포섭되지 않고, 피해자에게 새로운 소인을 제공하는 재공표(republication)가 된다.

---

105) Kumar, id., p.644.

106) Id.

107) Restatement (Second) of Torts 577A (1977); Keeton v. Hustler Magazine, Inc., 465 U.S. 770, 773 n.2, 10 Med. L. Rep. (BNA) 1405 (1984).

108) Restatement (Second) of Torts §577A(1).

따라서 명예훼손적 기사가 새로운 형식으로 제시되거나 다른 방식으로 편집되는 경우[109] 또는 종전 공표된 자료를 새로운 청중에게 다시 배포하는 경우,[110] 즉 애초의 명예훼손적 진술이 수용된 특정한 수용자의 범위를 넘어 새로운 수용자들에게 도달하는 경우에는 재공표가 이루어지게 되는 것이다.[111]

이와 같이 재공표를 인정하는 것은 명예훼손 피해자와 공표행위자의 이익을 조화하는 중요한 의미를 갖는다. 단일공표규칙은 복수의 소인을 배제함으로써 중복 제소에 의한 표현행위자의 불이익을 덜어주지만, 이를 반복하는 경우 재공표를 인정하게 되면 피해자로 하여금 새로운 소인에 의해 청구할 수 있는 가능성을 열어주기 때문이다.[112]

마. 인터넷 명예훼손과 단일 공표 규칙

인터넷이 널리 보급되면서, 오프라인에서 적용된 위와 같은 법리가 인터넷 명예훼손에 어떻게 적용될 것인가가 문제되었다. 여기서 문제되는 것은 인터넷에서 한 이용자의 표현행위가 어떠한 범위에서 하나의 소인을 구성하여 책임이 귀속되고, 어떠한 지점을 경계로 재공표가 이루어져 별도의 책임이 발생하는가 하는 점이다.

---

109) Firth v. New York, 706 NYS2d 835, 841-2 (Ct Cl 2000). 동일한 명예훼손적 진술이 판을 달리하여 게재되는 경우(조간과 석간에 게재된 경우)(Kumar, id., p.645), 하드백으로 출간된 원판을 페이퍼백으로 복간한 경우(Rinaldi v. Viking Penguin, Inc, 438 NYS2d 496, 420 NE2d 377, 381 (1981)) 양자는 별개의 소인을 구성하며 후자는 재공표가 된다.

110) 예컨대, 한 후보자의 선거운동을 돕기 위한 정치적 뉴스레터를 작성하여 거리에서 배포한 행위와 그 3일 후 1,500여 선거인들에게 이를 우송한 행위는 별개의 명예훼손행위로 간주된다(Stella v. Farley Association, Inc, 122 NYS2d 322 (Super Ct 1953), affd 135 NYS2d 234 (App Div 1954)).

111) Kumar, id., p.646.

112) Kumar, id., p.646.

1) 영국

원래 복수공표 규칙을 원칙으로 삼던 영국 법원은 2001년 이를 인터넷에도 적용하였다.[113] 영국 법원은 다른 서비스사업자를 이용하는 익명의 이용자가 게시한 명예훼손적 기사를 받아 자신의 뉴스 서버에 저장한 ISP에 대해 제기된 소송에서, 자신의 뉴스 서버에 저장된 명예훼손적 기사가 전파되는 경우 그는 그 포스팅이 포함된 뉴스그룹에 액세스하는 그 ISP의 가입자에 대해 그때마다 이를 새로 발행하는 것이라고 판시하였다.

위와 같은 영국 법원의 입장은 유럽인권재판소의 2009. 3. 10. 판결[114]에서도 지지된 바 있다. 위 사건의 당해 사건에서 영국 법원은 명예훼손적 진술의 연속된 공표는 별도의 소인을 발생케 한다는 기존의 확립된 판례[115]에 따라 명예훼손적 자료가 열람될 때마다 새로운 소인이 발생한다고 판시하였는데("Internet publication rule"), 이에 불복하는 피고의 청원에 따라 유럽인권재판소는 재판관 전원 일치 의견으로 신문이 기사를 인터넷에 계속 발행함으로써 피해자를 명예 훼손하였다고 하는 내국법원의 판시가 신문 측의 표현의 자유를 과잉 제한하지 않은 것이라고 판시하였다.

그럼에도 영국 정부는 2013년 명예훼손법을 개정하면서 종전의 복수 공표 규칙을 폐기하고 단일 공표규칙으로 전환하는 동시에 인터넷 명예훼손에 관해서도 이를 적용하는 조치를 취하게 되었다.[116]

---

113) Godfrey v. Demon Internet Ltd [2001] QB 201.

114) Times Newspapers Ltd v. the United Kingdom (nos. 1 and 2) - 3002/03 and 23676/03.

115) Duke of Brunswick v. Harmer [1849] 14 QB 154.

116) "후속 공표와 관련하여 명예훼손자에 대한 소인은 최초 공표일에 발생한 것이 취급된다"(Defamation Act 2013, c. 26 § 8(3)).

제8조 단일 공표 규칙(Single publication rule)

(1) 본조는 (a) 공공에 진술을 공표한 자(최초 공표자)가 (b) 그 진술 또는 실질적으로 동일한 진술을 (공공에게 하든 하지 않든) 다시 (subsequently) 공표하는 경우에 적용된다.

(2) 제1항에서 "공공에 공표"에는 공공의 한 부분에 대한 공표를 포함한다.

(3) 1980년 기간제한법 제4A조(명예훼손 소송의 제소기간)[117]의 취지에서 재공표(subsequent publication)에 관해 그 사람에 대한 명예훼손의 소인(cause of action)은 최초 공표일에 발생한 것으로 취급되어야 한다.

(4) 본조는 최초 공표의 방법과 실질적으로 다른 방법으로 행해진 경우 재공표에 적용되지 않는다.

(5) 재공표의 방법이 최초 공표와 실질적으로 다른지 여부를 결정함에 있어서 법원이 고려할 사항에는 (여타 사항 중) 다음이 포함된다.

   (a) 진술에 주어지는 주목도(prominence)의 수준
   (b) 재공표의 범위

(6) 본조가 적용되는 경우에도

   (a) 1980년 기간제한법 제32A조(명예훼손 소송 등에 대한 제소기간 배척의 재량)에 의한 법원의 재량에는 영향이 없으며,
   (b) 동조 제1항 (a)에서 동법 제4A조의 운영에 관한 언급은 본조와 제4A조의 운영에 관한 언급이다.

2) 미국

한편, 1948년 단일공표규칙(single-publication rule)을 채용한 미국의 경우 웹이 대량공표의 한 형태이기 때문에 웹상의 명예훼손에 단일 훼손의 법리가 적용되는 데 대하여는 이견이 없었고, 미국 법

---

117) 1980년 기간제한법(Limitation Act 1980) 제4A조(명예훼손 소송의 제소기간)에는 "소인이 발생한 날로부터 1년 경과 후에는 소송이 제기될 수 없다"라고 되어 있었으며 이 내용이 1996년 명예훼손법 제5조 제소기간(Limitation of actions: England and Wales)에 편입되었다.

원은 2002년 이를 웹사이트 공표에도 처음 적용하였다.[118] 그 사건에서는 1996. 12. 16. 시행된 기자회견의 보도가 같은 날 인터넷에 게재되었고, 1년 경과 후 그에 대한 소송이 제기되었는데, 뉴욕 항소법원은 그 제소기간은 처음 웹사이트에 업로드된 시점부터 진행되며, 그 웹사이트 보도가 이용자들에 의해 열람될 때마다 새로이 개시되는 것은 아니라고 판시하였다. 판시에 의하면, 인터넷에 의해 동시적·세계적으로 커뮤니케이션할 놀라운 능력의 향상에 비추어 본다면 복수공표의 규칙(multiple publication rule)은 제소기간의 끝없는 갱신 가능성 때문에 피고는 언제나 피소될 수 있고, 인터넷상의 공개적·전반적 정보 및 사상의 전파에 대해 중대한 억제 효과를 가지게 될 것이라고 보았다.

이후 미국 법원은 인터넷 명예훼손에 관해 단일공표규칙을 일반적으로 적용하고 있으나, 전통적인 명예훼손법에서 확립된 재공표의 법리를 고려함에 충실하지 못하다는 비판을 받고 있다. 예컨대, 쿠마 교수에 의하면 인터넷에서도 표현행위자와 피해자의 이익을 균형 있게 조화하기 위해 원래의 공표행위(initial publication)와 재공표(republication)의 구별기준을 명확히 하여 피해자의 구제에 소홀함이 없어야 한다고 주장한다. 웹에서 명예훼손적 진술은, 웹사이트 발행자가 해당 진술을 알면서 새로운 수용자에게 전파하는 경우, 재공표가 이루어진다고 인정해야 하며, 그 진술이 변경되지 않은 경우에도 재공표는 가능하다고 해야 한다는 것이다.[119]

---

118) Firth v. State of New York (2002) NY int 88.

119) Sapna Kumar, WEBSITE LIBEL AND THE SINGLE PUBLICATION RULE, 70 U. Chi. L. Rev. 639, (640) (Spring 2003).

바. 원래의 명예훼손자와 후속 재공표자의 관계

다음 문제는 원진술자의 진술을 제3자가 반복한 경우의 법적 취급 여하이다. 하나의 동일한 명예훼손행위라 하더라도 행위자가 달라지면 별개의 불법행위가 되어 원진술자와 제2차적 재공표자가 별도로 책임을 지게 됨에는 의문이 없다. 이 경우 원진술자는 제3자인 재공표자의 행위를 승인하거나 관여하지 않은 한[120] 그의 후속 명예훼손행위에 대해 책임을 지지 않음이 원칙이지만, "명예훼손자는 합리적으로 예측되는 반복에 의해 야기된 손해 또는 그의 원 진술의 자연적이고 개연적인 영향에 대해서는 책임을 진다."[121]

---

120) Geraci v. Probst, 938 N.E.2d 917, 921 (N.Y. 2010).

121) Tunca v. Painter, 965 N.E.2d 1237, 1262 (Ill. App. Ct. 2012).

3. 보통법상 진실의 항변

(1) 서론

앞서 본 바와 같이 영국 보통법상의 엄격책임 규칙에 의하면 피고가 원고에 관하여 명예훼손적인 내용의 발언을 하였다는 점을 원고가 입증하기만 하면 바로 피고의 악의(惡意)와 표현 내용의 허위성(虛僞性)이 추정되었고, 피고 측에서는 이른바 면책특권을 주장하여 입증하지 못하면 명예훼손으로 인한 손해배상책임을 면하지 못하였다.

즉, 영국 보통법상 민사 명예훼손의 구성요건은 ① 특정 개인에 관해(개별적 연관성) ② 명예훼손적 진술을 ③ 공표하는 것이다. 원고는 피고가 원고에 관해 명예(사회적 평가)를 저하시키는 진술을 공표하였다는 점을 주장 입증하기만 하면, 진술 내용이 진실인지 여부와 무관하게 법원은 일응의 사건(prima facie case)으로서 이를 수리하여 처리하게 되며,[122) 피고 측에서 그의 발언이 정당하다는 점을 주장 입증하여 항변하지 않으면 패소하게 된다.

이러한 엄격책임주의가 개인의 명예를 보호하는 데는 기여하였지만 공익을 위한 토론이나 비판을 위축시킨 것은 물론이었다. 이러한 사정 때문에 보통법은 피고를 위해 다양한 항변사유(defence of justification)를 개발하여 체계화하게 되었다.[123) 그중에서 엄격책임

---

122) 보통법의 엄격책임주의에 의하면 명예훼손적 진술은 허위로 추정되기 때문에 원고는 그 말이 허위임을 입증할 필요가 없다.

123) 영국에서 명예훼손 소송을 제기하는 원고는 피고의 말이 명예훼손적이며, 제3자가 인지할 수 있게 공표되었음을 주장 입증하면 일응의 사건(a prima facie case)으로서 배심에게 판단을 구할 수 있고, 피고는 첫째 공정한 논평에 해당하거나, 둘째 진술이 진실이라고 주장하거나, 셋째 그 상황(occasion)이 특권적임을 주장하여 항변하고 그것이 성공하면 원고는 패소하게 된다(Van Vechten Veeder, The History and Theory of the Law of Defamation. II, Columbia Law Review, Vol. 4, No. 1 (Jan., 1904), p.33 (35)

주의에서 벗어나는 가장 중요한 항변은 진실의 항변으로서 피고가 명예훼손적 진술이 실제로 진실이었음을 입증하는 것이다.[124)125)]

이렇게 진실을 면책시키는 논거는, 첫째 명예훼손법은 개인이 갖지 아니한 성품을 보호하지 않으며, 원고는 그가 누릴 가치가 없는 명예를 훼손당했다고 불만할 이유가 없다는 점,[126)] 둘째 개인에 관해 진실한 사실을 확인할 공공의 이익은 사회적 편의를 위해 필요하다는 데 있다.[127)]

이 항변은 민사소송에서 보편적으로 적용되며, 피고가 원한을 가지고 행위한 경우에도 적용된다. 이런 의미에서 진실은 완전한 항변(complete defense)으로 취급된다.[128)]

진실의 항변이 제기되는 경우 쟁점이 되는 것은 i) 해당 진술에 의해 실

---

http://www.jstor.org/stable/pdf/1110000.pdf).

124) 영국 보통법에 의하면 일찍부터 민사상의 명예훼손 소송에서 진실은 절대적 면책(免責)을 가져오는 항변(抗辯)이었다(the doctrine of truth as an absolute defense). Blackstone경은 명예훼손자는 파산 직전의 상인, 돌팔이 의사, 협잡하는 변호사, 이교적 성직자를 경고함에 기여하였으며, 그 지적된 사실이 진실이라면 손해란 있을 수 없고(damnum absque injuria) 손해가 없는 곳에는 구제도 주어지지 않는다고 설파하였다(3 Blackstone, Commentaries 118-19 (1st ed, 1769, vol IV; Kerr's 4th ed. 1876)).

125) "일반적 규칙으로 영국법은 타인에 관해 허위로 악을 말하여서는 안 된다고 하여 [성서의] 제9계명을 실현하고 있다. 그것은 현세의 제재를 마련하여 만일 그가 공표한 명예훼손적 사항이 진실임을 입증하지 못하면, 피해자에 대해 손해를 배상할 책임을 진다"(HORROCKS V LOWE, [1974] 1 All ER 662).

126) M'Pherson v Daniels (1829) 10 B & C 263. 진실 항변의 현대적 논거는 피고의 공표 사항이 원고의 행위나 성품에 관한 정확한 것이면 원고는 배상받을 수 없다는 점에 있다. 원고는 그가 갖지 않거나 가져서는 안 될 성품에 대한 손해에 관해 배상받을 자격이 없다는 것이다.

127) Fowler V. Harper, Privileged Defamation, 22 Virginia Law Review 642, 656 (1936), p.657, http://digitalcommons.law.yale.edu/cgi/viewcontent.cgi?article=4491&context=fss_papers

128) 실질적 진실 기준은 진술이 객관적 사실에 실질적으로 부합하는가 여부만을 따질 뿐, 이 기준에 부합하는 사실의 진술이 진실한 원고의 상을 보여주는가, 아니면 허위의 상을 보여주는가 여부를 묻지 않는다. 진실의 항변을 완전한 항변으로 취급하는 영국에서는 명예훼손적 진술이 법적 의미에서 진실하다 해도 부당한 인상을 야기하고 피해자에 대해 정당화될 수 없는 경우가 생기게 된다는 점에서 비판받는다. 이에 의하면 가해자가 악의를 가지고 또는 공익 목적 없이 피해자에 관한 진실한 사실을 공개하는 경우에도 보호하게 되기 때문이다 (Harper, id., p.656). 그에 반해 호주에서는 진실의 항변에 공익 목적이 요구되고 있다.

제로 전달되는 비난이 무엇인가,[129] 그리고 ii) 전달된 비난이 실질적으로 진실인가 여부이다.

(2) 요건

가. '실질적 진실'의 법리

만일 피고가 불만 대상 문구의 '실질적 진실성'(substantial truth)을 입증한다면, 그의 정당화 항변(defence of justification)이 인정되고 원고는 패소하게 된다.[130] 피고는 명예훼손의 '요점'(要點, gist) 또는 '통점'(痛點, sting)에 관해 본질적인 또는 실질적인 진실을 입증해야 한다.[131] 공표한 모든 문구가 진실일 것을 입증할 필요가 없고, 사소한 부정확성(minor inaccuracies)은 문제되지 않는다.[132]

여기서 핵심 문제는 진실이라고 입증된 바가 피고의 진술이 의미한다고 해석된 바와 일치하는가 여부이다. 영국에서 정당화 주장의 범위는 원고가 보는 문구의 의미가 아니라 그 문구가 합리적으로 가질 수 있는 의미에 의존한다.

따라서 진실의 항변을 제기하는 피고는 이렇게 해석된 의미에 관해 진실임을 주장 입증해야 한다.[133] 또 피고는 진실의 항변을 제기

---

129) 영국법에 의하면 독자들이 해당 어휘를 여러 의미로 읽을 가능성이 있을지라도 법은 통상적인 이성적 독자가 그 어휘에 부여한 의미를 기준으로 하나의 의미를 귀속시킨다("single meaning" rule) (Diplock LJ in Slim v Daily Telegraph Ltd [1968] 2 QB 157, 171-172; Charman v Orion Publishing Group [2008] 1 AllER 750).

130) 2013년 영국 명예훼손법 제2조 제1항은 "피고가 진술에 의해 전달된 비난이 실질적으로 진실함을 입증하면 소송에 항변이 된다"고 규정한다.

131) Williams v Reason [1988] 1 All ER 262: 피고는 그가 발간한 서적에서 아마추어 럭비선수인 원고가 돈을 받고 서적을 집필함으로써 아마추어 강령을 위반하였다고 주장하였다. 법원은 그 명예훼손의 통점이 원고를 가짜 아마추어('shamateurism')라고 비난한 데 있다고 보고, 원고가 스포츠용품 제조사로부터 그 제조 용품을 사용하는 대가로 금원('boot-money')을 받았다는 증거의 제출을 피고에게 허용하였다.

132) Chase v News Group Newspapers Ltd, [2002] EWCA Civ 1772 at para 34.

133) 이 법리는 공정한 논평 및 제한적 특권의 항변에서도 유추 적용된다.

하는 경우 그가 정당화하려고 하는 문구의 의미를 상술하여야 한다.134)

진술의 자연적이고 통상적인 의미("natural and ordinary" meaning)135)
뿐 아니라 함축하는 의미가 있는 경우에는 그것도 정당화되어야 한
다.136) 간접적, 함축적인 또는 이뉴엔도137)에 의한 다의적 명예훼손에
관해 완화된(덜 침해적) 의미로 해석하여야 한다는 법리(in mitiori
sensu rule)는 채용되지 않으며,138) 해석된 단일 의미보다 완화된 의
미에 관한 진실 입증은 충분한 항변이 되지 못한다. 따라서 보도 내
용이 유죄라는 의미를 전달하는 것이면, 혐의의 합리적 근거가 있다
는 항변은 성공하지 못한다.139)

명예훼손적 진술의 통점(痛點)이 특수한 것이라면 일반적 주장을 입
증하는 것만으로는 충분치 않다.140) 역으로 일반화된 명예훼손적 진술
에 관해 특별한 주장의 입증은 진실의 항변으로 인용될 수 없다.141)

---

134) Lucas-Box v News Group Newspapers Ltd [1986] 1 WLR 147.

135) 명예훼손법에서 자연적이고 통상적인 의미는 반드시 진술의 문구적 의미뿐 아니라; 그것은
공표행위의 문구 자체에 의해 또는 이성적인 독자가 특별한 지식이 아닌 일반적 상식에 의
해 그 어귀에서 도출하게 될 함축이나 추론에 의해 전달될 수도 있다(Jones v. Skelton
[1963] 1 WLR 1362, 1371).

136) Prior v Wilson (1856) 1 C.B (NS) 95; Watkin v Hall (1868) LR 3 QB 396. 명예훼손적
비난은 추론, 함축 또는 암시에 의해서도 행해질 수 있고; 사실상 명예훼손적인 것이라면
의미가 감춰진 모드가 얼마나 기교적이거나 위장된 것이든 문제되지 않는다(Hatfill v. N.Y.
Times Co., No. 04-CV-807, 2004 WL 3023003 (E.D. Va. Nov. 24, 2004)).

137) 'innuendo'란 진술의 문면만으로는 명예훼손적 의미가 나오지 않지만, 수용자들이 아는 어
떤 외적 지식과 연관되어, 불만 대상 문구에 의해 명예훼손적 의미가 전달되는 경우를 말한
다(후술 참조).

138) 후술 무해한 해석의 법리(innocent construction rule) 참조.

139) Lewis v Daily Telegraph [1964] AC 234.

140) Bookbinder v Tebbitt [1989]: 피고는 선거집회에서 원고가 책임자인 위원회의 정책을 '바
보 같은 못된 아이디어'('damn fool idea')라고 비난하였다. 그 비난은 원고가 서류바인더
표면에 "핵 없는 지역을 지지하라"라는 문구를 덧씌운 것을 두고 한 것이었다. 원고는 그
자연적 의미로서 그가 무책임한 행위로 공금을 낭비하였다는 의미라고 주장하면서 제소하
였다. 그러나 항소법원은 그 말들은 맥락에 비추어 이러한 일반적 비난을 한 것이 아니었다
고 하면서 공금의 과잉 지출에 해당한다고 주장된 광범위한 위원회 활동에 관해 증거 제출
을 허용하지 않았다.

141) Wakley v Cooke and Healey (1849) 4 Exch 511: 피고는 원고를 '명예훼손하는 기

나. 명예훼손적 의미의 확정

다투어진 진술이 전달하는 의미를 확정하는 것은 명예훼손 소송에서 중요하다. 명예훼손의 소인이 충족되려면 우선 그 의미가 명예훼손적이어야 한다. 그것은 원고에 대한 명예 침해의 정도를 평가함에 중요할 뿐 아니라, 피고가 진실의 항변이나 공정한 논평의 항변을 제기하는 경우 그 인정 여부를 심리 평가함에 결정적인 영향을 준다.[142]

그런데 명예훼손적 진술은 그 맥락이나 사용된 어휘에 따라 모호하거나 불명확한 경우가 많다. 그래서 명예훼손 소송의 당사자들은 보도가 어떤 의미를 갖는가에 관하여 다투는 경우가 많고,[143] 그 의미 쟁점에 관한 처리는 특히 진실의 항변이 제기된 경우 실무에서 중심이 되는 중대한 문제이다.

1) 단일의미 규칙 및 독과 해독의 법리

이 경우 여러 독자들이 그 어휘를 여러 의미로 읽을 가능성이 있을지라도 보통법은 통상적인 이성적 독자가 그 어휘에 부여할 의미를 기준으로 하나의 의미를 부여한다(단일의미 규칙: "single meaning" rule).[144] 이 의미 결정 기준에 의하면, 현실적인 수용자가

자('libellous journalist')라고 비난하였다. 피고는 원고가 한 차례 명예훼손으로 패소했다는 사실을 입증하였다. 법원은 맥락상 피고의 말은 원고가 습관적으로 사람들의 명예를 훼손한다는 것을 의미하기 때문에 원고가 한 차례 명예훼손으로 패소된 사실을 입증한 것만으로는 피고의 항변이 인용되지 않는다고 판시하였다.

142) Gillick -v- Brook Advisory Centres & Jones: [2001] EWCA Civ 1263.

143) 명예훼손 소송 실무를 보면, 원고는 가장 가해적 의미를, 피고는 가장 완화된 의미를 주장하는 것이 통상적이다. "원고는 자연히 대상 문구에 귀속될 가장 해로운 의미를 주장할 것이다. 피고는 같은 문구에, 입증이 가능하거나 공정한 논평으로 간주될, 더 무해한 의미를 주려고 추구할 것이다"(ANTHONY J.H. MORRIS Q.C., THE "POLLY PECK DEFENCE": ITS FUTURE IN AUSTRALIA. http://www.lexscripta.com/pdf/PollyPeck.pdf).

144) Charleston v. News Group Newspapers Ltd. [1995] 2 A.C. 65.

그 보도를 여러 방법으로 해석할 가능성이 있을지라도, 보도는 통상적인 수용자에게 상반되거나 모순적인 의미를 동시에 전달할 수 없다고 보게 된다.[145] 그리고 영국 보통법에서 진술의 의미는 원고나 피고가 그 보도의 명예훼손적 의미를 어떻게 주장하든 상관 없이 법원(또는 배심)에 의해 결정된다.[146] 이 경우 법원이 의미를 결정하는 기준은 통상적인 이성적 독자가 이해하는 바에 따르게 된다(합리적 해석규칙).

하나의 기사 속에는 피해자를 비난하는 요소와 이를 상쇄하는 진술들이 혼합하여 언급될 수 있다. 이 경우 법원은 단일의미 규칙에 따라 양자를 함께 고려하여야 한다. 호의적 언급이 폄훼적 언급을 상쇄하여 결국 명예훼손적 의미를 없애게 되면 청구는 배척될 수 있는 것이다(이른바 '독과 해독'의 법리[147]: bane and antedote doctrine). 다만, 피해자가 혐의사실을 부인하였다는 단순한 언급만으로는 명예훼손적 통점을 제거할 수 없다.[148]

---

145) Andrew Kenyon, "Perfecting Polly Peck: Defences of Truth and Opinion in Australian Defamation Law and Practice"(2007) 29(4) Sydney Law Review 651. http://classic.austlii.edu.au/cgi-bin/sinodisp/au/journals/SydLawRw/2007/25.html?stem=0&synonyms=0&query=Lucas-Box,%20Polly%20Peck

146) National Mutual Life Association of Australasia Ltd. v. GTV Corporation Pty Ltd, [1989] VR 747, 768.

147) "한 기사의 명예훼손적 통점이 주위의 말들에 의해 전체적으로 제거된다면 … 독과 해독제는 함께 고려되어야 한다. … 독과 해독의 이론은 보도의 한 부분이 아니라 전체로 고려되어야 한다는 사실을 생생하게 말하는데 불과하다"(Mark v Associated Newspapers Limited, para 7 [2002] EMLR 839). "단순한 부인의 기재가 그것만으로 독을 중화하기에 충분한 해독이 된다고 말해질 수 있는 상황은 상상하기 어렵다"(id., at para 42).

148) Mark v Associated Newspapers Limited [2002] EMLR 839.

[사례] Charleston v. News Group Newspapers Ltd.

[1995] 2 A.C. 65

이 사건에서 영국 법원은 명예훼손적 기사 제목이 기사 내용에 의해 해독되는 경우를 다루었다.

원고들은 호주 연속 드라마에 나오는 배우들인데, 피고 신문은 거의 벌거벗은 모델 영상에 원고들의 얼굴을 덧붙여 성교하는 모습의 사진을 곁들여 "맙소사, 극중 양인들이 무엇을 하는가?"라는 제목으로 보도하였는데, 기사 본문에는 그 그래픽에 관해 한 도색작가가 원고들의 동의 없이 제작한 것이라고 명확히 하였다. 원고들은 신문을 제소하면서 그 기사의 제목과 사진만을 본 독자는 원고들이 그 사진 제작에 동의하였을 것이라고 생각할 것이라고 주장하였다.

법원은 그 보도의 의미에 관해, 제목과 사진만을 본 독자 또는 그와 함께 기사 본문까지 본 독자들이 갖는 의미의 2가지 의미를 문제 삼았다. 귀족원은 명예훼손법에서 명예훼손적 진술은, 여러 독자들이 동일한 진술에 관해 다른 의미를 갖는 것으로 읽는다 하더라도, 하나의 의미를 갖는 것으로 간주하며(single meaning rule), 명예훼손 소송 원고는 정당한 이유 없이 보도의 여러 부분을 자의적으로 쪼갤 수 없고, 문구는 맥락에 따라 전체로 읽어야 하며, 그에 포함된 독과 해독은 함께 보아야 한다고 전제하였다. 보도의 한 부분에서 원고를 폄훼하는 내용이 언급되었으나 같은 보도의 다른 부분에서 그 내용이 완화되고 시정되는 경우 원고가 명예훼손당하였는가를 결정함에 있어서는 2문구 모두가 고려되어야 한다. 통상 독자들은 기사 속에 파묻힌 치료적 문구를 주시하도록 기대될 수 없기 때문에 명예훼손적 제목을 다는 것은 위험한 것이지만, 이 사건에서는 명예훼손 가능성이 있는 사진에는 그와 함께 읽혀질 문안이 부가되었다. 명백히 명예훼손적인 제목과 사진은 그 본문에 의해 중화되었다는 것이 귀족원의 결론이었다.

<무해한 해석의 법리(innocent construction rule)>

'무해한 해석의 법리'(innocent construction rule)는 원래 16~7세기 영국 보통법에서 형성된 법리(mitior sensus doctrine)를 차용한 것으로 보고되고 있다.[149] 이것은 명예훼손적 진술이 모호한 경우 더 가

법거나 완화된 의미("milder or more lenient sense")로 해석하여야 한다는 법리였고, 그것은 16~7세기 영국에서 법원에 쇄도한 명예훼손 제소에 대처하여 법원의 부담을 덜기 위해 생겨난 것이었으나, 18세기 들어 본문에서 본 바와 같이 영국 법원들이 합리적 해석규칙에 의거하게 되자 폐기된 것이었다.150)

영국에서 폐기된 이 법리는 일부 미국 법원에서 부활되었다. 미국에서 처음 innocent construction rule을 채용한 것은 1962년 일리노이 대법원 판결151)이었다. 동 판결은 명예훼손적 진술에 명예훼손적이 아닌 해석이 가능하다고 판사가 결정하면 문면상 제소불가능하다고 판시하였다.152) 그것은 보통법의 엄격책임주의가 피고에게 과도한 부담을 주고 있어 언론의 자유를 더 보호하려는 의도가 있었다. 그러나 그 법리가 남용되는 우려가 있었기 때문에 1982년 판결153)은 무해한 해석이 이성적인 경우로 제한하였다. 즉, 일리노이 주 법원은 만일 진술이 이성적으로 무해하게 해석될 수 있거나 원고 아닌 타인을 지칭하는 것으로 이성적으로 해석될 수 있으면 법적으로 제소될 수 없다고 판시한 바 있다.154)

오늘날 미국에서 무해한 해석의 법리는 일리노이 주를 필두로 California, Montana, Nebraska 및 Ohio 등 일부 주에서 채용되고 있으나,155) 대다수의 주는 이성적인 일반 독자의 이해를 기준으로 해석하는 합리적 해석 기준을 채용하고 있다.156)

---

149) Barbara A. Donenberg, The Reform of the Innocent Construction Rule in Illinois - Chapski v. Copley Press, 60 Chicago-Kent Law Review 263, 265 (1984), https://scholarship.kentlaw.iit.edu/cgi/viewcontent.cgi?article=2529&context=cklawreview

150) Id.

151) John v. Tribune Co., 24 Ill. 2d 437,181 N.E.2d 105 (1962), cert. denied, 371 U.S. 877 (1962).

152) Donenberg, id., p.263.

153) Chapski v. Copley Press, 92 Ill. 2d 344, 442 N.E.2d 195 (1982).

154) Cartwright v. Garrison, 447 N.E.2d 446 (Ill. App. Ct. 1983).

155) Kyu Ho Youm, The U.S. "Innocent Construction" Rule and English Mitior Sensus Doctrine Reexamined, 10 Boston College International and Comparative Law Review 320 (1987), https://lawdigitalcommons.bc.edu/cgi/viewcontent.cgi?article=1389&context=iclr

156) 이성적인 일반 독자의 해석에 의존하는 다수 주의 입장에 의하면 모호한 언사를 사용할 경우 배심의 이성적 판단에 의해 유해한 것으로 읽혀질 가능성을 줄이는 효과를 기대할 수 있기 때문에 미디어나 표현행위자는 그들의 진술에 더 주의하게 되고, 조잡하게 또는 교활

무해한 해석의 법리에 의하면 판사는 배심에 넘기기 전에 무해한 해석이 가능한가를 그 재량으로 결정할 수 있어 그 점에서 언론에는 유리하였으나, 그러한 조치는 배심에 의해 재판받을 권리에 배치되는 점이 있었고, 더구나 법관의 그 결정에는 장기간 심리를 요하는 폐단을 초래하였다. 이렇게 무해한 해석 규칙은 남용되기도 하였고,[157] 1964년 설리번 및 1974년 거츠 판결로 언론에 유리한 법적 환경이 되면서 이러한 법리는 그 제도적 의의를 잃었다는 견해[158]가 유력하다.

무해한 해석의 법리는 그를 방패로 조잡하게 또는 교활하게 작성된 기사로 가해하려는 시도를 조장하게 될 것이지만,[159] 반면 모호한 언사를 사용할 경우 배심의 이성적 판단에 의해 유해한 것으로 읽혀질 가능성을 줄이는 효과를 기대할 수 있다는 점이 지적되기도 한다.

2) 명예훼손적 의미의 도출

하나의 진술에서 명예훼손적 의미는 2가지 형태로 도출되는데, 그 하나는 자연적·통상적 의미이고 또 하나는 이뉴엔도(innuendo)이다.

① 자연적·통상적 의미

첫째, "어휘들은 그 자연적·통상적 의미("natural and ordinary" meaning)에 따라 모든 사람의 공통된 이해에 합치되는 의미로 해석해야 하며, 그보다 더 엄격하거나 온화한 의미로 해석하여서는 아니 된다."[160] 자연적 통상적 의미는 명시적인(explicit) 문구적 의미뿐 아니라 묵시적으로(implicit) 함축된 의미도 포함할 수 있다.[161] 즉,

---

하게 작성된 기사가 줄어들 것이라고 한다.

157) Donenberg, id., p.284.

158) Donenberg, id., p.264, 285.

159) "무해 해석 규칙은 순수한 의도에서 명예훼손적인 언사를 진술하는 자들을 보호하기보다는 모호한 말 속에 작심하고 중대한 명예훼손적 비난을 내뱉는, 명예훼손법에 표현된, 영악한 저자를 보호한다"(Macleod v. Tribune Publishing Co., 52 Cal. 2d 536, 343 P.2d 36 (1959)).

160) Townshend v. Dr. Hughes (1693) 2 Mod. i50, i59.

명시적인 문안뿐 아니라 독자들이 행간을 읽어 이해하는 바도 참고하게 된다.162) 원고가 자연적 통상적 의미에 의존하는 경우 법원이 이의된 문구에서 어떤 것이든 명예훼손적 의미가 있다고 보게 되면 원고는 승소하게 된다.163)

② 이뉴엔도

둘째, 이뉴엔도에 의한 명예훼손에는 2가지 유형이 있다. ① 진정 이뉴엔도(true or legal innuendo)는 진술의 문안만으로는 명예훼손적이지 않지만, 독자들이 갖는 특정한 사실의 지식과 결합하여 명예훼손적 의미가 전달되는 경우를 말한다.164) 이 경우 원고가 그 특수한 사실의 존재를 입증하면 피고는 이뉴엔도에 의한 명예훼손 책임을 지게 된다.

이와 달리 ② 가장된 또는 통속적 이뉴엔도(false or popular

---

161) "부정확하고 모호하거나 허술한 말이 사용된 경우 통상인들에게는 주체에 불리한 질책을 도출할 넓은 여지가 주어지게 된다. 그것은 그러한 허술한 언어를 사용하여 보도한 기자가 치러야 할 대가이다"(Lewis v Daily Telegraph Ltd [1964] AC 234 Lord Devlin, at 285).

162) "명예훼손법에서 자연적이고 통상적인 의미는 반드시 진술의 문구적 의미뿐 아니라, 그것은 공표행위의 문구 자체에 의해 또는 이성적인 독자가 특별한 지식이 아닌 일반적 상식에 의해 그 어귀에서 도출하게 될 함축(implication)이나 추론(inference)에 의해 전달될 수도 있다"(Jones v. Skelton [1963] 1 WLR 1362, 1371). 통상적인 독자는 "그의 세상사에 관한 일반적 지식과 경험에 비추어 행간을 읽거나 읽을 수 있다"(Lewis v Daily Telegraph, Lord Devlin).

163) Cassidy v. Daily Mirror Newspapers Ltd [1929] 2 KB 331; National Mutual Life Association of Australasia Ltd. v. GTV Corporation Pty Ltd, [1989] VR 747; Charleston v. News Group Newspapers Ltd [1995] 2 AC 65.

164) 예를 들면, "갑은 훌륭한 광고자"라는 말 자체는 무해하지만, 그가 변호사라는 외부사실을 아는 사람들에게 공표된 경우에는 그가 변호사로서 금지된 광고행위를 행한다는 명예훼손적 이뉴엔도를 갖는다. 실제로 영국에서는 2인 남녀의 사진을 '약혼자들'이라는 설명과 함께 보도한 사례에서 진정 이뉴엔도의 법리가 논의된 바 있다(Cassidy v. Daily Mirror Newspapers Ltd [1929] 2 KB 331). 그 사진도 설명도 그 자연적 통상적 의미에서는 명예훼손적일 수 없다. 그러나 그 사진의 인물 중 하나가 기혼자라면 그 보도는 이를 아는 사람들에게 그가 중혼을 의도한다는 함축을 전달하게 될지 모른다. 더구나 그 사진 중 어느 한 사람의 적법한 배우자를 아는 독자들에게 그 보도는 그 배우자가 사진 중 한 인물과 결혼하지 않고도 결혼하였다고 허위로 주장하였다는, 그 배우자에 대한 명예훼손적 의미를 전달하게 될 것이다. 실제로 위 사건에서는 사진 속 남자의 적법한 배우자가 제소하였는데 위와 같은 이유로 승소하였다.

innuendeo)는 독자들이 특정한 지식이 아닌 상식적 지식(문화적·지역적 성질의 맥락적 정보)에 의해 피고의 진술에서 명예훼손적 의미가 함축되어 있다고 원고가 주장하는 경우이다. 이것은 문구의 자연적 통상적 의미를 원고가 해석하는 바에 따라 명예훼손적으로 구성하는 것이고, 따라서 원고가 가장된 이뉴엔도(false innuendo)를 주장하더라도 해당 진술의 의미는 객관적 기준에 따라 법원에 의해 결정된다.165) 법원이 원고 주장의 가장 이뉴엔도를 인정하면 피고는 그에 따른 책임을 지게 된다. 즉, 가장된 이뉴엔도의 경우 기자는 그 보도에 의해 외적 사실의 존재를 아는 사람들에게 전달되는 확대된 의미에 대해서도 책임을 지는데, 그것은 기자가 그 사실의 존재를 안 여부, 그리고 기자가 그 알려지지 않은 외적 사실을 아는 혹자가 있음을 알았는지 여부에 상관이 없다. 독자들이 그 외적 사실의 존재를 알게 된 연유도 따질 필요가 없다. 그 진술이 보도된 시점이나 그 이전에 독자들이 그 존재를 알았다는 것만이 문제될 뿐이다.166)

다. 명예훼손적 의미와 진실의 항변

당사자주의 및 변론주의의 원칙상 원고는 소장 및 준비서면에서 명예훼손의 소인에 해당하는 요건과 그에 해당하는 사실을 주장하고 입증하여야 한다. 소송의 심판 대상은 원고가 주장한 범위로 국

---

165) "원고가 보도에서 문구들을 선택하여 그들이 자연적 통상적 의미에서 원고의 명예를 훼손한다고 주장하면서, 그들이 가장 이뉴엔도(false innuendo)의 방법으로 그가 주장하는 의미를 갖는다고 주장하는 사건에서, 피고는 그 문구들은 보도 전체의 문맥에서 보아 원고가 주장하는 것과 다른 의미를 갖는다고 단정할 권한이 있다. 피고는 그러한 의미에서 문구들이 진실하다고 주장하고 그 주장을 뒷받침하기 위해 사실의 세목과 그가 의존한 사항을 제시할 수 있다"([1986] QB at 1032, per O'Connor LJ).

166) Joseph M Fernandez, Loosening the Shackles of the Truth Defence on Free Speech: Making the Truth Defence in Australian Defamation Law More User Friendly For Media Defendants, p.260 (2008), file:///C:/Users/user/Downloads/Fernandez_Joseph_2008%20(3).pdf

한되며, 원고가 주장하지 아니한 사항은 심판대상이 될 수 없다.[167]

그리고 진실 항변이 제기되는 경우 원·피고 간에는 해당 진술의 의미에 관해 다른 입장을 가질 수 있고,[168] 이 경우 법원의 처리 방안에 관해 유의해야 할 사항이 있다.[169] 이 문제를 설명하기 위해서는 우선 명예훼손적 의미가 표현되는 방법과 형태를 분석해야 한다. 특정인에 관한 보도는 하나의 기사에 그칠 수도 있고, 동일 판의 여러 기사 또는 속보형식으로 연결된 기사들에 게재될 수도 있다. 그리고 하나의 기사에서도 하나의 명예훼손적 의미만이 언급되거나 (다수의 진술이 하나의 통점 및 질책을 다루는 경우) 또는 다수의 독립된 별개의 비난이 포함된 경우(예컨대 원고가 탈세한 점 및 제3자의 의문사에 연루된 사실)가 있을 수 있다.

첫째, 하나의 비난만이 있는 경우를 보면, (하나의 기사이든 별개의 기사나 연속된 기사에서든 불문하고) 명예훼손적 진술의 의미는 원고나 피고가 주장하는 바가 아니라 통상적인 이성적 독자가 보는 바에 따라 법원이 결정하는 하나의 의미만이 귀속된다(single meaning rule). 그 의미를 결정하는 권한은 법원에 있는데, 법원은 쌍방 당사자의 주장을 듣고 통상적인 이성적 기준에 따른 의미를 변론에서 알려야 하고, 그에 따라 추후의 변론을 진행하도록 함이 바람직하다. 따라서 위 결정된 의미와 다른 의미를 내세워 이를 정

---

167) 이상 본문의 법리 설명은 영국이나 우리나라의 경우 다름이 없다.

168) 이에 관해 원고는 보도에서 가장 해로운 의미가 나온다고 주장할 것이고, 피고는 가장 무해한 의미를 갖는다고 주장할 것이다. 또 소송 전략상 쌍방 당사자는 공격과 방어에 가장 유리한 의미를 주장할 수도 있다. 예를 들면, 피고는 같은 문구에, 입증이 가능하거나 공정한 논평으로 간주될, 더 무해한 의미를 주려고 추구할 것이다. 이를 피하기 위해 원고는 피고에게 항변이 어려운 질책이나 의미를 갖는다고 주장할 수도 있다. 이렇게 의미 확정에 관한 논의는 변론을 번잡하게 하고 소송을 장기화하는 폐단을 갖는다.

169) 영국의 1996년 명예훼손법 제7조는 "명예훼손 소송에서 법원은 한 진술이 그에 귀속되는 특정한 의미 또는 의미들을 확실히 가질 수 있을지 여부를 판단하도록 요구될 수 없다"고 규정하는데, 이것은 그러한 중간 판단에 대한 이의에 의해 소송지연을 막기 위한 것이다.

당화하려는 피고의 시도(이른바 Lucas-Box defence)는 원칙적으로 허용되지 않으며, 그 결정된 의미보다 덜 침해적 의미에 관한 진실입증은 성공하지 못하게 된다.

단일 의미규칙에 의하면 하나의 비난은 독자들에게 상반된 의미를 동시에 전달할 수 없다는 사고를 전제로 한다. 따라서 범죄 사건에 관한 보도에 '유죄'(guilty)라는 의미와 '합리적 혐의'(reasonable suspicion)만이 있다는 의미를 동시에 전달할 수 없고, 이렇게 선택적 관계에 있는 의미들이 변론에서 제기되면 법원은 어느 하나에 의존함을 결정해야 한다. 이 경우 보다 침해적 의미 속에는 완화된 의미가 포함된 것으로 취급된다. 따라서 법원이 유죄란 의미를 전달한다고 판단하면 합리적 혐의에 관한 진실입증은 성공할 수 없다.

둘째, 하나의 기사나 관련된 기사들 속에 별개인 다수의 명예훼손적 진술이 포함되어 있는 경우, 원고가 그중 일부 진술의 명예훼손적 의미만을 내세워 제소하는 경우가 있을 수 있다. 이 경우 애초 보통법에서는 피고가 보도 전체의 문구적 진실을 입증할 수 없으면 책임을 면치 못하였으나, 1952년 명예훼손법 제5조는 정당화 항변이 성립되기 위해 모든 실제 진술이 정당화되어야 한다는 보통법 규칙을 변경하였다. 명예훼손적 진술이 별개의 부분으로 구분될 수 있고, 피고가 그 별개 진술 중 하나의 진실을 입증하여 전체의 피해를 없애는 경우에는 진실의 항변이 허용되게 된 것이다. 그 후 2013년 개정 명예훼손법 제2조 제3항은 "만일 하나 또는 그 이상의 비난이 실질적으로 진실함이 입증되지 않은 경우, 본조에 의한 항변은, 실질적으로 진실임이 입증된 비난을 고려하여, 실질적으로 진실함이 입증되지 아니한 비난이 원고의 명예에 중한 손해를 가하지 않는다면, 배척되지 아니 한다"고 규정한다(이른바 복주주장기준:

multiple allegation rule). 따라서 그에 의하면 원고가 주장하는 피고의 다수 진술 중 일부에 관해 피고의 정당화항변(진실입증 또는 공정한 논평의 항변 등)이 실패하는 경우에도, 그 실패 부분이 여타 정당화된 부분에 비해 사소한 것으로 판단되거나 전체적 맥락에서 원고에 명예훼손의 피해를 입혔다고 생각되지 않으면 원고의 청구는 배척될 수 있다.

또 영국 판례는 원고가 내세우는 명예훼손적 진술 부분 이외에 피고가 전체 보도를 보아 맥락적으로 인식되는 공통된 통점(common sting)을 추출하여 그에 관해 진실 입증을 허용하는 항변을 인정한다(영국 판례상 이른바 Polly Peck defence).[170] 이 경우 원고가 주장한 바와 다른 의미를 전달한다고 피고가 주장하여 입증하려는 경우 그는 그 다른 의미(alternative meaning)를 명시적으로 설명 주장하여야 한다.[171]

한편, 이에 관해 2006년부터 시행된 호주의 전국적인 통일명예훼손법(uniform defamation laws)은 '맥락적 진실의 항변'(statutory defence of contextual truth)을 명문화하였다. 그에 의하면, 예를 들어 피고가 보도에서 원고가 공갈행위자이며 비자기간을 넘겨 호주에 체재하였다고 주장한 경우, 원고가 비자 관련 진술에 관해서만

---

170) 공통된 통점("common sting")의 진실 입증 항변은 전체 보도의 문구적 진실을 입증할 수 없다 하더라도 원고가 피해받았다고 생각하는 비난의 공통된 통점을 정당화함으로써 인용되는 항변이다. 예를 들면, 다수의 별개 간통행위들을 주장하는 보도는 난교적 간통이라는 공통된 통점을 전달할 수 있다. 원고가 주장한 하나의 간통행위가 입증될 수 없으나 다른 간통행위들의 입증이 있어 그 공통된 통점이 정당화될 수 있다면, 원고가 문제 삼은 그 주장이 입증될 수 없다 할지라도 그 보도는 방어될 수 있을 것이다(Andrew Kenyon, Perfecting Polly Peck: Defences of Truth and Opinion in Australian Defamation Law and Practice (2007) 29(4) Sydney Law Review 651).

171) Lucas-Box v News Group Newspapers Ltd. [1986] 1 WLR147. "원고는 피고가 입증하려는 바가 무엇인지를 명백히 알아야 하고, 그것이 불명확한 경우 법원은 피고가 입증하려고 하는 의미에 관한 상세한 사실을 명확히 해야 한다." 원고가 주장하는 의미와 다른 의미를 내세워 그에 관해 진실함을 입증하여 항변하는 것은 허용되지 않는다.

제소하고 피고는 공갈자라는 점에 관해 맥락적 질책을 제기하면서, 그것이 진실이기 때문에 비자 관련 언급에 의해 원고의 명예는 해쳐지지 않았다고 주장하는 경우 맥락적 진실의 항변으로 인용될 수 있다.172)

셋째, 하나의 기사나 관련된 기사들 속에 다수의 독립된 명예훼손적 진술이 포함된 경우를 보면, 이들 각개의 진술에 관해 각각 그 의미가 확정되어야 함은 물론이고, 각개의 통점 및 질책에 관해 진실 여부가 검토되어야 한다. 이 경우 각각의 독립된 별개의 진술은 소송법 상 별개의 소송물로 취급되며, 그에 대한 항변도 별개로 판단되고 그로 인한 손해도 별개로 산정되어야 한다. 이 경우 변론주의 원칙상 원고가 제소한 부분만이 심판대상으로 될 뿐, 원고가 심판대상으로 삼지 않은 부분은 제외된다. 피고는 원고가 변론에서 문제 삼지 않은 별개의 독자적인 비난을 선택하여 정당화할 수 없다.

<미국 판례 - 추가적 가해의 법리(incremental harm doctrine)>
미국의 하급심 판례173)는 이른바 추가적 가해의 법리("incremental harm" doctrine)를 채용한 바 있다. 그 법리에 의하면, 원고의 제소가 능한 청구가 여타의 제소불가능한 보도 부분의 효과와 대비하여 원고의 명예에 추가적인 손해를 야기하지 않는 경우, 즉 만일 여타의 제소가능한 진술이, 제소불가능한 진술에 의해 야기된 손해에 비추어, 원고의 명예에 추가적인 손해를 가하지 않는다면, 원고의 청구는 배척된다.174) 그러나 이 법리는 미국 연방대법원에 의해 배척된 바 있다.175)

---

172) Kenyon, id., p.651.

173) Simmons Ford, Inc. v. Consumers Union of the United States, Inc., 516 F. Supp. 742 (S.D.N.Y. 1981).

174) Kevin L. Kite, INCREMENTAL IDENTITIES: LIBEL-PROOF PLAINTIFFS, SUBSTANTIAL TRUTH AND THE FUTURE OF THE INCREMENTAL HARM DOCTRINE, NEW YORK UNIVERSITY LAW REVIEW, Vol. 73:529,file:///C:/Users/user/Desktop/NYULawReview-73-2-Kite.pdf

이와 관련하여 논해지는 것은 이른바 '명예 훼손당할 수 없는 자'(libel-proof man)라는 개념이다. 이러한 사람들은 너무나 악명이 높기 때문에 더 이상 명예(incremental harm)가 훼손될 수 없는 자를 말하는데, 여기에는 표현행위의 여타 진실된 내용이 무책이라면 그에 추가된 사소한 오류에 대해서는 문제 삼을 수 없다는 취지가 이러한 판단에 내재하고 있다.[176]

(3) 명예훼손의 반복·재공표와 진실의 항변

가. 보통법상의 반복규칙

영국 보통법에 의하면 "명예훼손 사항을 반복하거나 기타 방법으로 재공표하는 사람은 마치 그가 처음 진술한 것과 같은 책임을 진다."[177] 타인의 명예훼손적 진술을 반복하는 것은 새로운 명예훼손으로 취급되는 것이다.

이것은 "소문 전파자는 소문 날조자와 같이 나쁘다"(Tale bearers are as bad as tale makers)는 법언(法諺)에 기초하여 정책으로 채택된 것이며,[178] "나쁜 동기를 가지고 소문을 전파하는 경우 야기되는 그러한 위험은 명백하고 장기간 지적되어 왔으며, 더욱이 그 원천을 추적할 수 없는 경우가 허다함에도 그 반복과 유포는 이를 믿게 하는 해악의 강도를 높인다"는 데 있다.[179]

---

175) Masson v. The New Yorker Magazine, Inc., 501 U.S. at 523 (1991).

176) 'libel-proof plaintiff doctrine'은 범죄 전과가 있는 원고에 관해 그 판결받은 범죄와 연관하여 부정확하게 보도한 경우에 적용된다. 그는 그 범죄행위로 인해 이미 그의 명예를 저하시켰기 때문에 그에 대한 재차 언급은 더 이상 그의 명예를 손상할 수 없다는 것이다. 그러나 이 법리가 과거 전과에 관한 진술에 국한된다 하더라도 원고 소속 공동체가 그의 전과를 모르는 경우가 있을 수 있고, 완전히 복귀하여 새 삶을 시작하려는 원고에게는 부당한 처우라는 점에서 문제된다. 아무리 나쁜 사람도 더 나빠질 수 있고, 반역자에 대해 허위로 좀도둑이라고 비난한 경우를 생각할 수 있는 것이다(Kite, id., p.529).

177) RESTATEMENT (SECOND) OF TORTS § 578 (1977).

178) Harris v. Minvielle, 19 So. 925, 928 (1896).

영국 판례는 "타인의 명예훼손적 진술을 반복하는 것은 그 진술을 직접 하는 것과 마찬가지로 나쁘다"고 하며,180) "명예훼손법에서 전문진술(傳聞陳述, hearsay statement)은 직접 진술과 동일하고, 그 전부가 거기에 존재한다"고 한다.181)

따라서 명예훼손의 반복은 그것이 타인의 말이었으며 이를 정확하게 재진술한 것이었다고 하여 정당화되지 않는다.182) "만일 A가 B에 관한 명예훼손적 진술을 하고 C가 이를 반복하였다면 C는 A가 그러한 진술을 하였다는 것을 입증함으로써 진실의 항변을 할 수 없으며; C는 B에 대한 비난이 진실임을 입증하여야 한다. C가 그 진술이 진실이라고 믿었고 C가 그 소스로 A를 지칭한 경우에도 같다."183) "사람은 단지 처음 발설한 인물의 이름을 댐으로써 명예훼손의 반복을 법적으로 정당화할 수 없고; 그는 정당화될 수 있는 기회에, 그리고 그것이 진실하다고 믿고 이를 반복하였음을 입증하여야 한다."184)

---

179) Jonathan Donnellan & Justin Peacock, Truth and Consequences: First Amendment Protection for Accurate Reporting on Government Investigations, 50 N.Y.L. SCH. L. REV. 237, 246 2005).http://www.nylslawreview.com/wp-content/uploads/sites/16/2013/11/50-1. Donnellan-Peacock.pdf

180) Lord Reid in Lewis v Daily Telegraph Ltd [1964] A.C. 234, 236; 이 경우 배심들은 보도된 주장을 원래의 주장보다 덜 명예훼손적 의미를 갖는 것으로 취급할 수 없다(Stern v Piper [1997] QB 123; Shah v Standard Chartered Bank [1999] QB 241).

181) Lord Devlin in Lewis v Daily Telegraph at p.284. "반복규칙(repetition rule)은 … 루머, 전문진술, [일방적] 주장, 반복 등을 전달하는 특정한 부류의 보도가 진실이라거나, 또는 원진술 자체보다 덜 명예훼손적 의미를 가지는 것으로 판단하는 것을 금지하기 위해 고안된 법의 규칙이다"(Stern -v- Piper [1997] QB 123, 135-136).

182) M'Pherson v Daniels (1829) EngR 131; (1829) 10 B & C 263; (1829) 109 ER 448 1829.

183) Lord Justice Ward in Roberts v Gable [2008] 2 WLR 129; [2007] EWCA Civ 721.

184) M'Pherson v Daniels (1829).

[사례] Thoma v Luxembourg (2001) LTL 29/3/2001

이와 관련하여 유럽 인권재판소는 2001년 기자가 동료 기자의 주장을 인용하여 보도한 내용이 문제된 Thoma v Luxembourg 사건[185]에서 "기자들로 하여금 그들 자신이, 타인을 모욕 도발하거나 명예를 훼손할 인용 내용으로부터 체계적이고 형식적으로 절연(絕緣)하여야 한다고 하는 일반적인 요건은 시사적 사건에 관해 의견과 사상 등 정보를 제공할 언론의 역할에 부응하지 못한다"고 판시한 바 있다. 즉, 기자가 타인의 명예훼손적 진술을 인용하는 경우 면책되기 위해서는 반드시 그 내용에 동의 또는 지지하지 않는다고 밝힐 필요가 없다는 것이다. 일견하여 위 인권재판소의 판시는 타인의 진술을 재공표한 자는 원진술자와 같은 책임을 진다는 영국법의 반복규칙과 어울리지 않는 느낌을 준다.

그러나 영국 법원은 진실 입증의 맥락에서 반복규칙(the "repetition" rule)은 유럽인권협약에 반하지 않는다고 판시하였다.[186] 그에 의하면 반복규칙은 명예훼손적 의미에 관해,[187] 즉 진실 입증의 맥락에서만 적용될 뿐, 그것이 제한적 특권의 적용을 제한하지 않는다는 것이다.[188] 즉, Thoma 판결은 단순한 중립보도 사례에서 제한적 특권의 항변이 허용될 수 있는 조건에 관해 말하고 있을 뿐, 공표된 말에 귀속될 의미에 관해서는 아무 언급이 없었고, 그 계쟁 보도가 명예훼손적이라는 점을 전제로 하면서 거기에 포함된 인용진술은 단순히 중립적으로 보도된 것이어서 처벌할 수 없다고 결론내리고 있다는 것이다.[189] 또 반복규칙에 의할 때 제3자가 원고에 관해 한 진술을 들은 바가 실질적으로 진실하다고 하는 점을 증거능력 있는 증거에 의해 입증할 의무가 있다 하더라도 증거법이 규정하는 일정한 조건하에서는 전문 증

---

185) Thoma v Luxembourg (2001) LTL 29/3/2001.

186) Shah v Standard Chartered Bank Ltd [1999] QB 241.

187) 즉, 반복규칙은 명예훼손이 아닌 진술을 반복한 경우 그것을 명예훼손적인 것으로 바꾸지 않는다(Simon Brown in Mark v Associated Newspapers Limited, para 34 [2002] EWCA Civ 772; [2002] EMLR 839).

188) Al-Fagih v HH Saudi Research and Marketing (UK) Ltd, [2002] EMLR 215.

189) 제3자의 진술을 인용하되 진술을 채용한 보도가 문제된 Verdens Gang 사건에서 인권재는 보도에 대한 보호를 거부하고 있다(Verdens Gang and Aase v. Norway (dec.) - 45710/99, Decision 16.10.2001 [Section III]).

거가 허용되기 때문에[190] 인권재판소의 판례취지와 어긋나지 않는다는
입장이 개진되기도 하였다.

　　이러한 영국 명예훼손법의 '반복규칙'(repetition rule)은 미국 명
예훼손법에도 '재공표자 책임 법리'(republication rule)로 그대로 수
용되었다. 미국에서 확립된 판례에 의하면 피고는 타인의 진술을 재
공표한 데 대해 일반적으로 책임을 진다.[191] "명예훼손을 반복한 자
는 그 재공표가 인용에 불과한 경우에도 책임지는 것이 정상이다."[192]
소스가 면책 특권을 가진 경우에도 재공표자는 책임을 질 수 있다.[193]
　　"그 규칙의 이유는 허위 사실의 재공표는 그 상대방의 명예를 원
래 공표한 자만큼 위협한다는 데 있다."[194] "보통법이 우려한 바는
반복으로 더 많은 사람들이 그 명예훼손을 듣거나 읽게 되며, 훌륭
한 반복자는 그 진술의 신뢰성과 그 피해를 높인다는 것이다."[195]
"그와 다른 규칙은 어느 것이나 제소가 가능하지만 큰 영향이 없는
사적인 명예훼손적 진술이 수천의 독자들에게 읽히는 기사 속에 그
재공표자의 책임 없이 확대되는 것을 허용하게 될 것이다."[196]

---

190) Lewis v Daily Telegraph Ltd (1964) AC 234.

191) 이 경우 물론 재공표자의 책임은 최초 공표자나 소스의 책임을 면제하지 않는다. 최초 공표
　　자 또는 소스는 이론상 추후 예상 가능한 미디어의 재공표에 대해 책임을 질 수 있다.

192) Hogan v. Herald Co., 446 N.Y.S.2d 836, 841 (App. Div. 1982). "법은 보도나 반복의 형
　　태로 숨는 자에게 보호를 베풀지 않는다"(Olinger v. Am. Savings & Loan Ass'n, 409 F.2d
　　142, 144 (D.C. Cir. 1969)). "명예훼손을 반복한데 대한 책임은 단순히 편의적으로 한 사람
　　이 타인으로부터 그 진술을 들었다는 성실한 단서를 붙이는 것에 의해 회피될 수 없
　　다"(Flowers, 310 F.3d at 1128: 피고는 '...라고 주장된다'는 말로 책임을 회피할 수 없고,
　　소스의 주장을 정확하게 반복했다 하여 진실과 동일시할 수 없다).

193) RESTATEMENT (SECOND) OF TORTS § 578 cmt. b.

194) Condit v. Dunne, 317 F. Supp. 2d 344, 363 (S.D.N.Y. 2004).

195) Richard J. Pautler, Edwards v. National Audubon Society: The Right to Publish Known
　　Falsehoods, 1979 U. ILL. L.F. 943, 956.

196) Cianci v. New Times Publishing Co., 639 F.2d at 60-61 (2d Cir. 1980).

나. 반복규칙과 진실의 항변

1) 개관

반복규칙과 관련하여 가장 논란되는 경우는 제3자의 명예훼손적 진술을 재공표하거나 인용한 경우 진실의 항변은 어떻게 할 수 있는가 하는 문제이다.

재공표자는 그가 타인의 명예훼손적 진술을 정확하게 반복하였음을 입증하는 것만으로 책임을 면할 수 없다. 즉, 제3자의 명예훼손적 진술을 정확하게 인용한 것만으로는 항변이 되지 아니하며, 그 제3자의 진술 내용 자체가 진실임을 입증하지 않으면 안 된다. "한 사람이 명예훼손적 진술을 반복하면서 그 소스를 밝힌 경우 그 반복행위자는 그 진술이 그 타인에 의해 행해진 점을 입증하는 것으로는 충분치 않다. 피고가 그 소스를 밝히고, 그 소스에 찬동하지 않는다거나 그 소스가 진실함을 믿지 않는다고 명백히 밝힌 경우에도 재공표 책임은 면제되지 않는다."

이와 같은 재공표 책임을 벗어나기 위해서는, 그가 반복한 그 명예훼손적 비난이 입증되어야 한다."197) 여기서 피고는 단지 제3자가 그렇게 말했다는 점뿐 아니라 그 비난의 실질적 진실(substratal truth of the charge)을 입증하여야만 진실의 항변을 할 수 있다.

2) 허용되는 증거 방법

영국에서는 반복규칙을 벗어날 수 있는 진실 입증의 방법이 엄격하다. 전문진술이 배척됨은 물론이다.198) 이를 허용한다면 반복규칙

---

197) RESTATEMENT (SECOND) OF TORTS § 581A cmt. e (1977).
198) Lord Devlin in *Lewis v Daily Telegraph Ltd* [1964] AC 234.

의 규제가 무의미해질 수 있기 때문이다.199) 다만, 피고가 상황증거에 의존함이 불가피한 예외적인 경우가 있을 수 있다. 예를 들어, 피고는 원고가 개입된 강력한 상황 증거이면서 객관적으로 말해 합리적 혐의의 필수적 근거에 해당하는 상황증거에 의존할 수 있는 경우도 있다. 즉, 이론상 증거법의 요건과 보증이 갖추어지고 준수된 경우 피고는 진실 증명을 시도하기 위해 전문증거를 제출할 수 있다는 것이다.

[사례] Chase v News Group Newspapers Ltd, [2003] EMLR 218

이 사건에서 영국 항소법원은 "진실의 항변이 인용되려면 증거능력 있는 증거(admissible evidence)에 의해 명예훼손적 주장의 통점(sting)이 객관적으로 진실하다고 인정되어야 한다"고 하면서 다음과 같이 판시하였다.200)

① 혐의의 합리적 근거("reasonable grounds for suspicion")가 있다고 하는 진실의 항변은 그 자체가 혐의를 생기게 하는 원고의 개인적 행위에 초점을 맞추어야 하고(the "conduct" rule), 신원이 확인되지 않은 다수 제3자의 막연한 주장(특히, 원고의 평상시 행태나 성품 등에 관한 제3자의 허술한 진술)을 근거로 할 수 없다.

② 그러한 사례에서 진실 입증은 전문진술에 의존하여서는 안 된다(the "repetition" rule).201) 만일 피고가 타인에게서 들은 명예훼손을 반복하는 경우에는, 그가 증거능력 있는 증거(admissible evidence)에 의해 그들이 말한 바가 실질적으로 진실임을 입증할 수 있어야만, 진실

---

199) 이에 관해 우리 판례는 영국 판례와 다른 입장을 취한다. 명예훼손의 위법성 조각사유로서 진실의 입증 책임은 표현행위자가 부담함에는 다름이 없으나, "그 증명은 유죄의 인정에 있어 요구되는 것과 같이 법관으로 하여금 의심할 여지가 없을 정도의 확신을 가지게 하는 증명력을 가진 엄격한 증거에 의하여야 하는 것은 아니므로, 이때에는 전문증거에 대한 증거능력의 제한을 규정한 형사소송법 제310조의2는 적용될 여지가 없다"고 한다(대법원 1996. 10. 25. 선고 95도1473 판결).

200) 이 사건의 상세한 사실관계에 관하여는 후술 Chase v News Group Newspapers Ltd, [2003] EMLR 218 참조.

201) Shah at pp 241 (Hirst LJ), 269-270 (May LJ) and 270 (Sir Brian Neill); Bennett v News Group Newspapers Ltd [2002] EMLR 860, 869.

입증은 성공할 수 있다.202)

③ 또 범죄 혐의가 있다는 보도의 근거로서는 보도 당시 상황을 기준으로 하며, 따라서 피고는 상정된 근거로서 보도 이후의 사항을 제시할 수 없다. 보도 당시 그러한 혐의의 근거가 있는가 여부만이 문제된다.203)

결론적으로 법원은 이러한 혐의의 합리적 근거("reasonable grounds for suspicion")에 관한 진실의 항변은 전문진술에 의존하여서는 안 되며, 그 자체가 혐의를 생기게 하는 원고 개인의 행위에 초점을 맞추어야 하고(the "conduct" rule), 그 근거는 보도 당시의 상황을 기준으로 하여야 할 것이지, 사후에 발생한 사정을 참조하여서는 안 된다는 입장을 취하면서, 이 사건에서는 정확히 보도하였다고 하더라도 진실입증이 되었다고 볼 수 없다고 결론지었다.

3) 취재원 진술 거부와 그 법적 효과

영국 보통법에서도 취재원의 비밀은 보호받으나, 그로 인한 법적 불이익은 이를 행사한 기자에게 귀속되는 것으로 취급되고 있다.

[사례] Brims v. Reid & Sons (1885) 12 R. 1016 - **신문의 취재원묵비권**

이 사건에서 읍의회 입후보자의 부적격성에 관한 익명의 서신을 보도한 신문이 후보자의 배상청구 소송에서 취재원 공개를 거부하자, 법원은 피고의 특권 주장을 배척하면서 다음과 같이 판시하였다.

기자 앞으로 보내진 익명의 서신을 보도한 신문이 그 저자의 신원 공개를 거부한다면, 그 법적 효과로서 "그 서신은 기자가 자기 생각을 직접 표현하는 기사나 신문 부분에 나타난 것처럼 취급되지 않는다. 법

---

202) Shah v Standard Chartered Bank Ltd [1999] QB 241; Lord Devlin in *Lewis v Daily Telegraph Ltd* [1964] AC 234.

203) 이것은 원칙이고 예외가 있다. 오랜 규칙에 의하면 보도에 원고의 성품에 관한 일반적 비방이 포함되어 있다면, 진실 항변은 보도 이후 상당한 기간 내에 행해진 추후의 사례에 의존할 수 있다(Lord Denning MR in *Cohen v Daily Telegraph Ltd* [1968] 1 WLR 916, 919F-G). "명예훼손으로 한 사람이 깡패라고 비난한 경우, 진실입증의 세목은 그 표현행위가 행해진 전후를 막론하고 그가 깡패임을 보이는 사실을 포함할 수 있다."

에 의하면 기자는 익명 저자의 지위를 인계하여, 만일 저자가 공개되는 경우 그 저자에게 부과될 모든 책임을 지게 된다. 그러면 만일 저자가 밝혀진다면 그 자의 악의가 쟁점으로 요구되는가 여부가 문제된다."

"이제 그 문제에 대한 대답은 그 저자가 누구이며, 그가 쓴 사안과 어떤 관계를 갖는가 하는데 의존한다. 그러나 이 사건에서 우리는 그 저자가 누구인지, 그가 선거구의 지방세납부자인지, 그가 그 지역에 살아본 일이나 있는지, 아니면 그가 영국인인지조차 여부를 확인할 수 없다. 요컨대 그에 관해 아무것도 아는 바가 없고 그는 유령이다. 그는 입후보자의 명예를 훼손한 혹자이며, 그 진실을 입증하여 정당화하거나 그가 특권을 갖는다고 말하여 정당화할 입장에 있지 않다…."

"그러면 기자는 익명의 저자 자신보다 더 나은 지위에 있을 수 없다. 이제 그 서신이 악의로 쓰여졌다면 입후보자는 배상을 받을 수 있다고 생각된다. 그러나 그가 아무것도 알지 못하는 사람 측의 악의를 어떻게 입증할 수 있는가? 그의 심리상태나 그가 논하는 사안에 대한 관계에 관해 그는 무엇을 말할 수 있는가? 또는 다른 한편 그러한 사례에서 어떻게 악의의 부존재가 입증될 수 있는가?"

"만일 그 문제가 공직 후보자의 행동에 관한 선거 전일 기사의 사설에서 제기되었다면, 그 경우가 특권적이었다고 취급될지 모른다. 그러나 익명 서신의 저자에게는 제한적 특권이 부여될 수 없을 것이고, 그렇다면 신문 기자는 서신을 채용함으로써 그 자신의 기사에 주어질 수 있는 특권을 그 저자에게 갖춰줄 수 없을 것이다."

법원은 정보의 취재원이 밝혀지지 않으면 악의 입증은 불가능하거나 매우 어렵다고 지적하였으나, 여기서 익명 저자의 신원이 밝혀지고 제소된다면 특권의 항변을 할 수 있으리라는 점이 암시되고 있다.[204]

다. 반복규칙의 예외 – 선의 배포자의 항변 등

영국에서 반복규칙을 벗어나는 예외는 제정법상 선의 배포자의 항변(distributor's defence)과 보통법상 공정보도의 특권 및 중립보도의 특권이 있다.

---

204) Reynolds v Times Newspapers Ltd 판결에서 LORD HOPE OF CRAIGHEAD의 판시.

첫째, 보통법상 명예훼손의 책임을 지는 자는 원칙적으로 저자("author"), 편집자("editor") 또는 발행인("publisher") 등 원래의 공표자(primary publisher)[205]에 한한다. 판례는 그 외에 이를 전파한 자(secondary publishers)에게 이른바 부지 전파의 항변(defense of innocent dissemination)을 인정하여 왔다.[206][207]

1996년 개정 명예훼손법 제1조는 위 판례의 취지를 받아들여 선의 배포자의 항변을 명문으로 규정하고 있다. 동조에 의하면 인쇄자료, 영화나 음반 또는 전자매체를 제작, 배포, 판매 등에만 관여한 자, 그리고 라이브 방송 프로그램의 방송사업자 및 인터넷 서비스 프로바이더는 원래 공표자에서 제외되고, 이들은 ① 명예훼손적 진술의 공표에 관해 합리적인 주의를 다했고, ② 그러한 공표를 야기했거나 기여했음을 알지 못했거나 ③ 그렇게 믿을 하등의 이유가 없음을 입증하면 이 항변을 갖게 된다(동법 제1조 제1항).

둘째, 보통법상 반복규칙의 예외로서 더 중요한 것은 공정보도의 특권과 중립보도의 특권인데, 이에 관해서는 뒤에서 상세히 검토한다.

---

205) '저자'란 진술의 원작자(originator)로서 그의 진술이 공표되기를 의도하지 않은 자를 제외하며; '편집자'는 진술의 내용 또는 공표의 결정에 편집 또는 동등한 책임을 갖는 자를 의미하며; '발행인'은 영업적 발행인(commercial publisher), 즉 공공 또는 공공의 일부에 대해 자료를 내는 영업을 행하는 자로서 그 영업의 과정에서 그 진술을 포함하는 자료를 내는 자를 의미한다(동법 제1조 제2항). 저자, 편집자 또는 발행인의 피용자나 대리인은 그들이 해당 진술의 내용 또는 그 발행 여부 결정에 책임 있는 한도에서 그들의 사용자나 본인과 같은 지위를 갖는다(동법 제1조 제4항).

206) Vizetelly v Mudie's Select Library Ltd [1900] QB 170.

207) 미국에서도 판례는 명예훼손 책임을 지는 공표자("publishers")와 단순한 전파자(mere "distributors")를 구별하고, 후자에 해당하는 서점, 공공도서관, 인쇄인 및 신문 배포자들은 그들이 전파하는 자료의 명예훼손적 내용을 몰랐거나 알 이유가 없던 경우 책임을 부인한다(Cubby, Inc. v. CompuServe, Inc., 776 F. Supp. 135, 139 (S.D.N.Y. 1991)).

(4) 수사절차의 보도와 진실의 항변

가. 개관

특정인이 범죄 혐의로 수사받고 있다는 보도에 명예훼손 책임을 인정할 것인가 여부의 문제는 격심한 논란을 야기한다. 법원은 실제로 유죄가 아닌 경우에도 피해자를 혐의자로 보도하는 미디어에 명예훼손 책임을 지우려는 데 매우 신중하다. 여기서 문제되는 것은, 첫째 보도된 사안의 공익 연관성, 둘째 보도 내용의 가해 강도, 셋째 그 보도의 취재원의 성질과 지위 등 사건에 관계된 여러 상황이다.

이에 관해 영국 판례와 미국 판례의 입장은 판이하게 다르다. 이 문제에 공정보도의 특권을 적용하는 미국법에서는 공적인 절차나 공적 기관의 행위에 관한 공정하고 정확한 보도는 일응 면책되기 때문에, 피해자가 실제로 수사기관에서 수사받고 있다면, 피해자가 실제로 유죄인가 여부는 문제되지 않는다(후술 참조).

나. 영국 귀족원 판례 - 범죄 보도의 3가지 의미

그러나 영국 귀족원은 이 문제를 진실의 항변으로 다루면서,[208] 먼저 보도가 전달할 수 있는 특정한 명예훼손적 의미를 결정하고, 나아가 그 특정 의미가 진실임을 보이는 사실을 피고가 주장 입증해야 한다고 한다.

귀족원은 범죄사건 보도에 있어서 명예훼손적 의미를 설명하면서 ① 원고가 수사받을 근거가 있다는 의미, ② 원고가 범죄의 혐의가

---

208) Peter B. Kutner, What is Truth?: True Suspects and False Defamation, Fordham Intellectual Property, Media and Entertainment Law Journal, Volume 19, Issue 1 2008 Article 1, VOLUME XIX BOOK 1.http://ir.lawnet.fordham.edu/cgi/viewcontent.cgi?article=1472&context=iplj

있다는 의미, ③ 원고가 유죄라는 의미 등 3가지 수준이 있다고 보았다.[209] 그리고 범죄사건 보도에서 논의되는 "진실 입증의 3가지 범주는 수사사실의 증명, 수사를 위한 합리적 근거(혐의)의 증명, 그리고 유죄의 증명이 있다."[210] 이것은 명예훼손적 보도의 통점이 갖는다고 해석되는 3가지 의미에 상응하는 것이다.

[사례] Lewis v. Daily Telegraph Ltd. [1964] A.C. 234 (H.L.)

피고 신문은 경찰 사기수사팀이 원고 경영 회사에 대해 수사하고 있다고 보도하였다. 원고는 그 보도는 원고 회사가 부정직하게 사기수법으로 운영한다는 의미를 전달한다고 주장하였음에 대해, 피고는 이를 부인하고 경찰이 수사하고 있다는 사실만 전달하였다고 하면서 그것은 진실이라고 항변하였다.

귀족원은 범죄사건 보도에 있어서 명예훼손적 의미를 설명하면서 ① 원고가 유죄라는 의미, ② 원고가 범죄의 혐의가 있다는 의미, ③ 원고가 수사받음에 근거가 있다는 의미 등 3가지 수준이 있다고 보았다.

원고가 범죄를 범하였다는 제3자의 진술이나 소문을 보도한 피고가 진실의 항변을 하기 위해서는 유죄의 증거가 요구된다. 진술이 원고가 유죄라는 의미를 전달하는 것으로 인정되지 않거나 원고가 그러한 의미를 갖는다고 주장하지 않으면, 피고는 설사 다수 독자가 그 기사에서 원고가 유죄일 수도 있다고 생각하더라도 원고가 유죄라는 입증을 할 필요가 없다.

한편, 진술이 원고에게 범죄 혐의의 근거가 있다는 의미를 전달하는 경우 또는 수사할 근거가 있다는 의미를 전달하는 경우에는 각각 그 점에 관해 진실이 입증되어야 한다. 이로부터 귀결되는 것은 보도에 이들 의미가 인정되는 경우 피고는 원고가 실제 수사받고 있다거나 혐의자로 간주되고 있다는 점을 들어 진실입증을 할 수 없고, 명예훼손이

---

209) Lewis v. Daily Telegraph Ltd. [1964] A.C. 234 (H.L.). 보고된 대부분의 사례에서 신문 기사는 원고가 유죄라는 의미를 전하지 않는다고 해석되었고, 통상적으로는 원고가 유죄라고 의심할 합리적 근거가 있다는 의미를 전하는 것으로 인정되었다(Kutner, id.).

210) Lord Devlin in Lewis v Daily Telegraph Ltd at p.282.

실질적 진실임을, 즉 그 통점이 진실임을 입증하여야 한다는 것이다. 그보다 낮은 의미의 진실 입증은 충분치 않다.

다. 합리적 혐의의 입증 요건

귀족원은 2003년 혐의의 합리적 근거("reasonable grounds for suspicion")를 내세우는 진실 항변의 요건을 상술하였다.[211] 귀족원에 의하면 그 항변은 ① 혐의를 생기게 하는 피해자 개인의 어떤 행위에 초점을 맞추어야 하고(행위 기준 규칙), ② 그러한 사안에서 피고가 전문진술(傳聞陳述)에 의존하는 것은 허용되지 않으며(반복 규칙), ③ 피고는 당해 보도 후에 발생한 사정을 근거로 제시할 수 없다고 판시하였다.

[사례] Chase v News Group Newspapers Ltd, [2003] EMLR 218

피고 더선(The Sun)지는 2000년 6월 원고 간호사에 관해 "독점: 간호사, 18인 어린이 죽음에 관해 수사받다"라는 제하의 기사에서 정직 상태에 있던 그녀가 말기 청소년 환자 18인에게 모르핀 등 진통제를 과다 투여하여 그들을 죽음에 이르게 한 의혹이 있다고 보도하였다.

피고는 진실 항변으로서 원고가 환자의 죽음을 재촉하는 행위에 연루되었다는 혐의에 합리적 근거가 있다고 주장하면서 피고가 취재한 경위 및 내역을 상술하였다. 그러나 피고들은 제3자가 실제로 그러한 진술을 하였다는 것이 진실임을 주장하였을 뿐, 그 진술 내용이 진실임을 주장 입증하려 하지 않았다. 그런데 경찰은 병원일지나 간호일지, 전문가의 조언 등 많은 수사를 행한 후 원고에 대한 혐의의 근거가 없다고 결론짓고 수사를 중단하였다.

1심 판사는 제3자(익명)의 원고에 관한 느슨한 주장에 근거한 피고의 진실 항변을 배척하였고, 항소심도 피고의 항소를 기각하였다. 항소심은 영국 명예훼손법상 진실 입증이 성공하면 명예훼손 소송에서 절

---

211) Chase v News Group Newspapers Ltd, [2003] EMLR 218.

대적 항변이 되는데, "진실의 항변이 인용되려면 증거능력 있는 증거(admissible evidence)에 의해 명예훼손적 주장의 통점(sting)이 객관적으로 진실하다고 인정되어야 한다"고 하면서 다음과 같이 판시하였다.

① 혐의의 합리적 근거("reasonable grounds for suspicion")에 관한 진실의 항변은 그 자체가 혐의를 생기게 하는 원고의 개인적 행위에 초점을 맞추어야 한다(the "conduct" rule). 귀족원은 "합리적인 혐의 항변의 본질적 요건은 그것이 그러한 혐의를 생기게 하는 원고 측의 어떤 행위에 집중해야 한다"는 선례[212]를 인용하면서, 피고들은 신원이 확인되지 않은 다수 제3자의 막연한 주장을 그 진위 여부에 상관하지 않고 근거로 삼았고, 그 제3자들이 어떤 특정된 기회에 원고가 어떻게 행위했다고 말했는가 하는 세목을 제시하지도 않고 이를 보도한 것이었기 때문에 피고는 그러한 혐의를 위한 객관적으로 합리적인 근거가 있음을 입증하지 못한 것이다.

② 그러한 사례에서 진실 입증은 전문진술에 의존하여서는 안 된다(the "repetition" rule).[213] 만일 피고가 타인에게서 들은 명예훼손을 반복하는 경우에는, 그가 증거능력 있는 증거(admissible evidence)에 의해 그들이 말한 바가 실질적으로 진실임을 입증할 수 있어야만, 진실 입증은 성공할 수 있다.[214] "당신은 … '내가 들은 바에 의하면' 또는 '소문에 의하면'이라는 핑계 뒤에 명예훼손을 돌리면서 당신들이 들은 사실이나 실제 그런 소문이 있다는 점이 진실이라고 주장함으로써, 명예훼손의 책임을 면할 수 없다. 당신은 소문의 주제 사항이 진실이었음을 입증해야 한다."[215]

---

212) Shah v Standard Chartered Bank Ltd [1999] QB 241, 261 (Hirst LJ), 266 (May LJ) and 270 (Sir Brian Neill). 이 사건에서 계쟁 문구는 돈 세탁의 죄책을 고발하는 것이었는데, 귀족원은 원고가 범죄를 범했다고 하는 합리적 믿음에 기초한 정당화 항변은 그 보도가 타인의 진술의 반복이었다고 단순히 말함으로써 입증될 수 없고, 그것은 그 혐의에 기여한 원고의 행위를 직접 지시함으로써 입증되어야 한다고 판시하였다.

213) Shah at pp 241 (Hirst LJ), 269-270 (May LJ) and 270 (Sir Brian Neill); Bennett v News Group Newspapers Ltd [2002] EMLR 860, 869.

214) Shah v Standard Chartered Bank Ltd [1999] QB 241.

215) Lord Devlin in *Lewis v Daily Telegraph Ltd* [1964] AC 234. 다만, 피고가 상황증거에 의존함이 불가피한 예외적인 경우가 있을 수 있다. 예를 들어, 피고는 원고가 개입된 강력한 상황 증거이면서 객관적으로 말해 합리적 혐의의 필수적 근거에 해당하는 상황증거에 의존할 수 있는 경우도 있다. 환언하면, 이론상 증거법의 요건과 보증이 갖추어지고 준수된 경우 피고는 진실 증명을 시도하기 위해 전문증거를 제출할 수 있다는 것이다.

③ 또 범죄 혐의가 있다는 보도의 근거로서는 보도 당시 상황을 기준으로 하며, 따라서 피고는 상정된 근거로서 보도 이후의 사항을 제시할 수 없다.[216] 보도 당시 그러한 혐의의 근거가 있는가 여부만이 문제된다.[217]

결론적으로 법원은 이러한 혐의의 합리적 근거("reasonable grounds for suspicion")에 관한 진실의 항변은 전문진술에 의존하여서는 안 되며, 그 자체가 혐의를 생기게 하는 원고 개인의 행위에 초점을 맞추어야 하고(the "conduct" rule), 그 근거는 보도 당시의 상황을 기준으로 하여야 할 것이지, 사후에 발생한 사정을 참조하여서는 안 된다는 입장을 취하면서, 원고의 평상시 행태나 성품 등에 관한 제3자의 허술한 진술에 기초하여 이를 정확히 보도하였다고 하더라도 진실입증이 되었다고 볼 수 없다고 결론지었다.

이상 살펴본 영국 귀족원의 입장에 비해, 미국에서는 후술하는 바와 같이 범죄 수사 보도가 공정보도의 특권 및 현실적 악의의 규칙에 의해 대체로 허용되는 것으로 취급되고 있다.

(5) 인용과 실질적 진실의 법리 – 미국

타인의 말을 인용하여 보도하는 경우 실제로 피인용자가 진술한 내용과 보도자가 기술한 내용 간에 차이가 있다면 어떤 범위까지 진실한 것으로 인정할 것인가가 문제된다. 미국 연방대법원은 메이슨 잘못 인용 사건[218]에서 그 인용 진술이 진실한가 여부도 상술한

---

216) Bennett [p 877]; Evans v Granada Television Ltd [1996] EMLR 427, 435-6. "객관적으로 말해 원고가 해당 보도에서 지적된 행위를 실행한 의심이 있다는 합리적 근거가 있었다는 점을 뒷받침하기 위해, 피고는 해당 보도 일자 이후에 발생한 사항에 의존할 수 없다."

217) 이것은 원칙이고 예외가 있다. 오랜 규칙에 의하면 보도에 원고의 성품에 관한 일반적 비방이 포함되어 있다면, 진실 항변은 보도 이후 상당한 기간 내에 행해진 추후의 사례에 의존할 수 있다(Lord Denning MR in *Cohen v Daily Telegraph Ltd* [1968] 1 WLR 916, 919F-G). "명예훼손으로 한 사람이 깡패라고 비난한 경우, 진실입증의 세목은 그 표현행위가 행해진 전후를 막론하고 그가 깡패임을 보이는 사실을 포함할 수 있다."

218) Masson v. The New Yorker Magazine, Inc., 501 U.S. 496 (1991).

'실질적 진실 기준'(substantial truth test)에 따라야 한다고 판시한 바 있다. 따라서 최소한 문법적이거나 문맥상의 오류를 없애기 위해 발언 내용을 바꾸는 경우뿐 아니라 의미를 명료하게 하거나 강조하기 위한 다소간의 표현상 변경은 그 내용의 요점과 통점을 바꾸는 것이 아닌 한 문제되지 아니한다. 그러나 피인용자가 언급한 내용이 모호한 경우 그 내용을 인용자의 주관에 따라 합리적으로 해석한 바대로 인용하는 것은 허용될 수 없고, 그러한 인용이 실제로 화자가 뜻하였던 바와 실질적으로 다르게 되었다면 인용은 실질적 정확성을 결여하는 것이 된다. 인용 부호는 "직접적인 사건의 구술"을 의미하는 것인데, 필자의 주관에 의해 화자의 표현에 합리적인 해석(rational interpretation)을 가한다면 뉴스 소스의 말과 기자의 해석 간의 구분은 무너지게 되고, 활자화된 단어의 신뢰성을 크게 떨어뜨려 인용의 진정한 의미를 없애는 결과가 되기 때문이다.

(6) 한국 법제에서 명예훼손의 구성요건과 진실의 항변

한국에서 민사 명예훼손의 구성요건은 ① 특정 개인에 관해(개별적 연관성) ② 허위 여부를 불문하고 명예훼손적 진술을 ③ 공표함을 요하며, 그에 대한 정당화 사유로서 진실의 입증을 피고의 항변으로 하고 있다. 이것은 한국 형법 제307조 제1항이 (진실 여부를 불문하고) 사실적시 명예훼손을 처벌하면서, 제310조가 위법성 조각사유로서 진실의 항변을 규정한 데 기인한다.[219] 그 기본적 구조는 영국 보통법상 전통적인 명예훼손의 소인 및 정당화항변과 같지만, 한국에서는 영국법의 엄격책임규칙과 달리 악의, 허위 및 손해

---

219) 대법원은 1988. 10. 11. 선고 85다카29 판결에서 처음으로 형법 제310조를 민사 명예훼손에 유추 적용한 이래 같은 입장을 취하고 있다.

가 추정되지는 않는다.

또 한국 대법원은 진실의 항변을 적용함에 '실질적 진실의 법리'를 채용하고, 제3자의 명예훼손적 진술을 인용한 경우 그 진술의 진실임을 입증해야 한다고 보는 점에서 영국법제의 반복규칙과 같은 법리를 취하고 있다고 할 수 있다.

우리가 영국 판례에서 참고할 점은 명예훼손적 의미의 확정 방법에 관한 것이다.[220] 그것이 공동체의 평균적 통상인이 이해하는 바에 따라 법원에 의해 결정됨은 같지만, 영국에서 명예훼손적 의미는 자연적·통상적 의미 이외에 독자들이 갖는 특정한 사실의 지식과 결합하여 명예훼손적 의미가 전달되는 경우, 즉 이뉴엔도에 의한 명예훼손의 법리가 확립되어 있는데, 이 점은 우리 판례가 참고할 법리라고 생각된다.

---

220) 우리의 대법원은 표현행위의 해석에 관하여 다음과 같이 판시하고 있다. "언론매체의 어떤 기사가 타인의 명예를 훼손하여 불법행위가 되는지의 여부는 일반 독자가 기사를 접하는 통상의 방법을 전제로 그 기사의 전체적인 취지와의 연관하에서 기사의 객관적 내용, 사용된 어휘의 통상적인 의미, 문구의 연결방법 등을 종합적으로 고려하여 그 기사가 독자에게 주는 전체적인 인상을 기준으로 판단하여야 하고, 여기에다가 당해 기사의 배경이 된 사회적 흐름 속에서 당해 표현이 가지는 의미를 함께 고려하여야 한다"(대법원 1997. 10. 28. 선고 96다38032 판결 등).

4. 절대적 특권

(1) 영미법상의 절대적 면책특권

절대적 면책특권(absolute privilege)이란 정부의 일정한 직무를 행하는 자의 진술로서 일정한 절차 내에서 행해진 것으로 확인되기만 하면, 표현 내용의 공정성, 정확성, 동기 여하를 막론하고 표현 내용에 대한 책임이 면책되는 경우를 말한다. 이렇게 절대적인 면책을 인정하는 보통법의 취지는 국민이 정부의 활동과 관련하여 그에 관여하는 공무원으로부터 거리낌 없이 정보를 제공받을 수 있다는 것이 가장 중요한 공적 이익이라고 하는 사고를 바탕으로 한다.[221]

영미의 판례상 절대적 면책이 되는 직무상의 특권은 ① 사법 절차 또는 준사법 절차(행정심판 절차)에서 법관, 변호사, 법원 직원, 당사자 등이 절차 진행 중 그 절차와 관련하여 행한 진술,[222] ② 행정부 최고위급의 공무원 또는 정책 결정의 직위에 있는 각료나 각급 기관의 장이 그 직무 범위 내에서 직무와 관련하여 행한 발언, ③ 국회나 그 위원회에서 행한 국회의원의 발언 등이다.[223]

절대적으로 면책된다는 것은 위와 같이 일정한 객관적 요건에 해당하면 행위자가 악의였다든가, 발언 내용이 허위라든가, 남용되었다거나 또는 정도가 지나쳤다거나 하는 등의 여부를 불문하고 면책됨을 의미한다. 그러한 문제가 시비의 대상으로 허용되어 그를 문제

---

221) Rodney A. Smolla, Law of Defamation, Chapter 8 pp.8-4.

222) 이 특권은 소송에 현실적으로 관여한 자들 사이에서 행해진 진술에만 적용되며, 소송 제기 전이나 소송 종결 후 또는 소송 계속 중이라 하더라도 법정 외에서 행해진 경우에는 면책되지 아니한다. 다만, 소송 제기 전이라도 예상되는 소송과 관련하여 행해진 변호사와 의뢰인 또는 증인 간의 대화는 절대적으로 면책된다. 소송절차 종료 후 또는 법정 외에서 기자에게 행한 진술은 면책되지 못한다. 기자에 대한 진술은 사법절차의 목적과는 관련이 없으므로 그 특권이 인정될 수 있는 근거를 결하기 때문이다(박용상, 명예훼손법, 348면).

223) 그 상세한 내용은 박용상, 언론과 개인법익, 조선일보사(1997) 385-395면 참조.

삼는 소송이 가능하게 된다면 중요한 공무를 수행하는 자의 활동이 위축되게 되므로 이를 보호하려는 것이 절대적 특권의 취지이기 때문이다.

이 절대적 특권에 해당하는 진술을 전파 보도한 미디어에게는 이른바 공정보도의 특권이 인정된다.224)

(2) 우리 판례와 절대적 면책특권

위와 같이 영미법상의 절대적 면책특권은 입법, 사법, 행정의 절차에서 직무상 행해진 관련자의 발언 및 직무행사 중의 발언에 적용되고 있으나, 우리의 경우에는 헌법상 명문으로 국회의원에게만 면책특권을 인정하고 있을 뿐이다(헌법 제45조).225)

다만, 우리의 경우 사법절차 내에서 관계자의 발언에 관하여는 형법상 업무로 인한 정당행위(형법 제20조)로 보아 그 위법성을 조각하는 법리가 일반적으로 적용되며,226) 그 적용 결과는 절대적 면책을 부여하는 영미에서의 실무와 크게 다르지 않을 것으로 생각된다.

그러나 행정부 고위 공무원의 직무상 발언에 관하여 우리 판례는 위와 같은 면책을 허용하지 않고 있다.227) 우리 판례를 보면 영미법

---

224) "소스가 절대적 특권을 가진 경우 보도의 수단을 제공한 자는 허위이거나 명예훼손적임을 알더라도 마찬가지로 절대적 특권을 갖는다"(RESTATEMENT (SECOND) OF TORTS § 612(1) & cmt. e (1977)).

225) 현행법상 국회의원의 면책특권에 관한 상세한 논의는 박용상, 명예훼손법 (2008, 박영사) 337-347면 참조.

226) 박용상, 명예훼손법, 347면 참조.

227) 그러므로 한국에서는 공무원의 직무상 공표에 관해서도 특권이 없고 일반적 법리가 적용된다. 직무상 공표가 타인의 권리나 명예를 해하는 경우에 그것이 진실한 사실로서 공익을 위해한 것이면 위법성이 조각될 수 있을 것이고, 그 공표 내용에 오류가 있는 경우에는 이를 옳다고 믿음에 정당한 이유가 있는 경우, 즉 상당한 주의를 다한 경우에 한하여 면책될 수 있게 된다. 더욱이, 이에 관하여 대법원은 공권력을 행사하는 공표 주체의 광범한 사실조사 능력, 그리고 공표된 사실이 진실하리라는 점에 대한 국민의 강한 기대와 신뢰 등에 비추어 볼 때 사인의 행위에 의한 경우보다는 훨씬 더 엄격한 기준이 요구된다고 할 것이므로 그 공표사실이 의심이 여지가 없이 확실히 진실이라고 믿을 만한 객관적이고도 타당한 확증과

에서 절대적 면책을 허용하는 정책 및 취지에 관한 고려[228]) 없이 직위 고하를 불문하고 그들의 발언을 일반적 발언과 같이 취급하고 있음을 알 수 있다. 신중하게 재검토를 요하는 부분이다.

근거가 있는 경우가 아니라면 진실하다고 믿는 데 상당한 이유가 있다고 할 수 없다고 한다(대법원 1998. 5. 22. 선고 97다57689 판결).

228) 미국에서 고위 공무원의 직무상 발언에 절대적 면책을 부여한 리딩 케이스(Barr v. Matteo, 360 U.S. 564 (1959))에서 연방대법원은 "절대적 특권의 부인은 현대 정부에서 이미 심각하게 된 문제-일을 행함으로써 개인이나 집단을 규제하여 반발을 사기보다는 오히려 안일(安逸)하게 자리를 지키려는 관료의 경향-를 더욱 악화시킬 뿐이다. 국가의 복리는 법의 위반과 공익에 배치되는 여러 행동들을 솔직하게 말하고 폭로하려는 공무원의 용기에 의존한다. 관련자들이 갖은 적극적인 술책으로 대처할 수 있는 수단과 의도를 갖고 있음을 공무원들이 인식하고 이를 두려워하게 된다면 그들은 그 목소리를 죽일 것이다. 수백만이 규제적인 결정에 영향받게 되는 경우에는 그에 대해 반격을 가하려는 강력한 유인이 있게 된다." "이 특권은 고위직의 상징이나 보상이 아니라 정부의 능률적인 기능수행을 돕기 위해 안출된 정책의 표현이다. ... 그것은 공직의 권리가 아니라 손해에 관해 대응하도록 요청된 특정직에 부여된 의무이다."

5. 제한적 특권

(1) 개관

영미 보통법상 전통적으로 인정되는 일반적인 제한적 특권(conditional or qualified privilege)은 일정한 요건을 충족한 경우 허위이거나 진실입증이 불가능한 경우에도 명예훼손적 진술에 면책을 부여하는 항변이다. 표현행위자 자신이나 상대방 또는 제3자의 중요한 법익 또는 공통의 이익이나 공익이 침해되었다고 믿었고, 그렇게 믿는 데 상당한 이유가 있으며, 그와 같은 이익을 보호할 목적으로, 그 이익에 상당한 관련성이 있는 명예훼손행위는 이 제한적 특권의 보호를 받는다.

(2) 영국 보통법상의 제한적 특권

가. 유래

제한적 면책특권의 법리는 영국에서 19세기 초 판례에 의해 시작되었다. 전술한 바와 같이 원래 영국 보통법상 명예훼손의 불법행위는 모두 '보통법상의 악의'(malice in its common law sense)를 요건으로 하였으나, 불법행위법이 발전함에 따라 이것은 법적으로 추정되는 것(legal mailce)으로 다루어지게 되었다. 즉, 이른바 엄격 책임주의(strict liability rule)에 의해 피해자인 원고가 피고에 의한 명예훼손적 진술을 증명하면 피고의 악의는 추정되는 것으로 다루어져 왔다. 영국에서 제한적 특권의 이론은 이러한 악의의 추정을 배제하여 명예훼손의 책임을 벗어나는 법리로 시작되게 되었다.[229] 즉, 피

---

229) Sack and Baron, id. p.442.

고(표현행위자)가 명예훼손적인 내용을 진술함에 정당한 이익을 갖거나 또는 그렇게 하여야 할 의무가 있음을 주장·입증하면 이러한 법적 악의의 추정을 배제시키는 형태로 특권 이론이 형성되게 되었던 것이다.

{사례} Toogood v Spyring 1 CM & R 181,
        149 ER1045

이 사건은 명예훼손 소송의 항변으로서 제한적 면책특권(qualified Privilege)을 최초로 인정한 판결인데, 엄격책임 규칙에 의한 악의의 추정과 이를 배제하는 항변으로 이 특권이 전개되었음을 이해함에 도움을 준다.

이 사건의 사실관계를 보면 한 농장의 지주가 그의 농장을 수리하게 하려고 한 인부(원고)를 보냈는데, 그 농장의 임차인(피고)은 사후에 그 지주에게 보고하면서 그 인부는 수리를 하기는커녕 임차인의 지하실에 침입하여 사과주를 마셔 취한 채로 일을 망쳤다고 말하였다. 그 인부는 그 임차인을 제소하면서 임차인이 지주에게 고한 내용은 그를 명예훼손한 것이라고 주장하였고, 임차인은 면책특권이 있다는 항변을 제시하였다.

법원은 피고의 항변을 받아들이면서 다음과 같이 판시하였다.

"일반적으로 거짓 사실이면서 타인의 성품에 해로운 진술의 악의적 공표는 제소되며, 법은 법적이든 도덕적이든 어떤 공적 또는 사적 의무의 수행 과정에서 또는 그 자신의 일을 행함에 있어서 자기의 이익이 걸린 사항에 관해 공정하게 행해진 경우 이외에는 그러한 공표를 악의적이라고 간주한다. 그러한 경우 그 기회는, 법이 권한 없는 커뮤니케이션에서 도출하는, 악의의 추론을 막으며, 현실적 악의가 없으면 제한적 항변을 부여한다. 만일 어떤 합리적인 기회나 긴급상황에 의해 공정하게 담보되고 정직하게 행해진다면, 그러한 커뮤니케이션은 공동의 편의와 사회의 복리를 위해 보호되며, 법은 그 권리를 좁은 한계 내에 제한하지 않아 왔다."[230]

---

230) 여기서 '악의'("malice")의 설명으로 "특권적 기회란 법적 관점에서 허위의 명예훼손적 언어

이렇게 피고가 자기의 말과 글이 정당한 이익을 위하여, 또는 의무에 따라 행해진 것을 제시하면 그는 악의로 그러한 표현을 했다고 하는 보통법상의 추정으로부터 벗어날 수 있다. 그러면 원고(피해자)는 피고가 실제로 어떠한 의무도 이행하지 않았다거나 실제로 악의의 동기를 가진 점에 대하여 입증하여야 하며, 그것이 성공하는 경우에는 특권이 배척되게 된다. 이것이 절대적 특권의 경우와 다른 점이다. 소송절차상의 차이를 보면 피고가 제한적 특권을 주장하려면 우선 그 표현행위가 특권적 상황하에서 행해진 것을 입증하여야 하는데, 그것은 '일응의 증명'(prima facie showing)으로 가능하다. 그러면 입증책임이 전환되고 특권을 다투는 원고 측에서 그 표현행위가 특권의 남용이라는 주장과 함께 부당한 목적이나 동기에 의한 것을 입증해야 특권이 배제되게 된다.

나. 요건과 논거

영국 보통법에 의하면, 명예훼손행위가 ① 표현행위자 자신 및 상대방 양측에 해당 정보를 주고받을 이익이나 의무가 있는 경우231) ② 그 이익이나 의무의 이행을 위해 필요하고 적정한 범위 내의 사실을 ③ 직접 정당한 이익을 갖는 인적 범위 내의 사람에게 진술한 것이면, 그러한 조건을 충족한 경우 제한적으로 면책된다.232)

이러한 제한적 특권이 인정되는 주된 이유는 그것이 공동사회의 편의나 복리에 부합하기 때문이다. 이것은 특정인에 대한 명예훼손적 정보를 자유로이 유통시킴으로써 갖는 사회의 이익이 그 명예훼

의 발언에서 만들어지게 될 악의의 법적 의미를 물리친다고 생각되는 것이다"(Lindley LJ in Stuart v Bell [1891] 2 QB 341 at 345).

231) "제한적 특권은 특권적 기회에 악의 없이 행해진 진술에 대한 명예훼손 제소를 허용하지 않는다. 그것은 해당 정보를 알려줄 법적·도덕적 의무가 존재하는 경우 그에 상응하여 이를 알 의무나 이익을 갖는 자에게 공정하게 행해진 진술을 면책하는 법리이다." "특권적 경우란 … 커뮤니케이션하는 자가 그 상대방에게 그리 말할 이익이나 법적, 사회적 및 도덕적 의무를 가지며, 그 상대방이 그것을 받을 그에 상응하는 이익이나 의무를 가지는 경우를 말한다. 이 상호성이 중요하다"(Adam v Ward [1917] AC 309).

232) 그 상세한 내용은 박용상, 언론과 개인법익 (1997) 396-422면 참조.

손을 당하는 개인의 이익보다 높기 때문에 법정책적인 견지에서 이를 면책시키는 것이 보다 공공복리에 적합하다는 사고를 바탕으로 한다.233) 따라서 제한적 특권은 표현의 자유와 개인의 명예권 간에 적합한 균형을 맞추기 위해 고안된 것이다.234)

보통법상의 이 제한적 특권의 법리는 위법성의 본질을 사회적 상당성으로 보는 우리 법제에도 그대로 수용될 수 있을 뿐 아니라 수용함이 바람직하다(후술).

다. 배척 사유 - 악의

그러나 피고가 악의로 행위했음을 원고가 입증하면 제한적 특권은 배척된다. 악의에 의해 소멸될 수 있다는 의미에서 그것은 제한적 특권으로 불린다. 제한적 특권이 인정되는 취지는 표현행위자 측에 법적 또는 도덕적인 공적·사적 의무가 존재하거나, 그 자신을 보호하기 위한 자신의 이익이 존재하여 이를 이행·옹호하기 위한 것이지만, 그러한 이익이 존재하지 않거나 이러한 이익의 이행·옹호를 위해서가 아니라 다른 목적에서 행사되는 경우에는 그 토대가 상실되고 결국 항변이 소멸하게 된다.235) 다른 부적절한 동기가 인정된 가장 흔한 사례는 지배적 동기가 해당 의무를 수행하지 않거나 해당 이익을 보호하기 위해서가 아니라 피해자에 대해 개인적

---

233) "... 공공의 편의와 사회의 복지가 사실 문제에 관해 솔직한 커뮤니케이션을 요구하는 상황이 존재한다. ... 즉, 일정한 사실을 타인에게 말해야 하는 것이 사회의 이익을 위해 권리로 되는 상황이다. 타인이 정직하게 갖는 견해를, 그 견해가 혹자의 명예를 훼손하고 진실로 입증될 수 없다 하더라도, 진술의 상대방이 이를 앎에 특별한 이익을 갖는 경우가 있다. 그 이익이 명예 보호의 필요를 능가하여 충분히 중요성을 갖는 경우 그것은 특권적이라고 간주된다"(Reynolds v. Times Newspapers Ltd and Others [1999] 4 All ER 609, per LORD NICHOLLS OF BIRKENHEAD).

234) Charman v Orion Publishing Group & others (No.3) (CA), [2008] 1 All ER 750.

235) Lord Diplock in Horrocks v. Lowe [1975] A.C. 135, 149.

원한이나 악감정을 표출하려는 경우이다. 나아가 영국 판례는 진술자가 그 진술이 진실이라고 믿지 않았거나 그가 그 진위 여부에 관해 고려하거나 주의함이 없이 무사려하게 진술한 경우(이른바 현실적 악의)에도 특권이 상실되는 것으로 취급한다.[236)

(3) 미국 판례상의 제한적 특권

미국에서도 영국 보통법상 제한적 특권의 법리는 그대로 수용되었다. 리스테이트먼트[237)에 의하면 상대적 면책특권은 ① 화자 자신의 이익, ② 수령인 또는 제3자의 이익, ③ 화자와 타인이 공동으로 갖는 이익, ④ 화자, 수령인 또는 제3자의 근친(近親) 가족이 갖는 이익, ⑤ 공동의 이익 등을 위한 표현행위에 인정되며, ⑥ 중하급 공무원의 직무상 진술도 이 특권을 갖는다.[238) 개개의 사건에서 이 제한적 특권을 인정할 것인가의 여부는 구체적 사례의 사실관계에 의존하지만, 그 발생에는 ① 피고의 선의, ② 보호할 이익 또는 지켜야 할 의무, ③ 그 목적 범위 내에 국한된 진술, ④ 적절한 기회에 ⑤ 적절한 모양으로, 적절한 사람에게 한 표현이라는 요건을 필요로 한다.[239)

다만, 첫째 영국에서 제한적 특권은 명예훼손적 표현행위를 할 화자의 이익이나 의무와 이를 알 수용자의 이익이나 의무가 상호적인 연관을 요구하는 형태로 전개되었으나, 미국에서는 이러한 상호

---

236) Lord Diplock in Horrocks v. Lowe [1975] A.C. 135, 149; Reynolds v. Times Newspapers Ltd and Others [1999] 4 All ER 609, Lord Nicholls.

237) Restatement of Torts는 미국 법조협회(American Law Institute)가 불법행위법에 관한 판례를 요약하여 체계적으로 해설한 서적으로서 이에 관한 미국 판례를 이해하는 중요한 문헌이다.

238) Restatement (Second) of Torts 598A (1977).

239) 그 상세한 내용은 박용상, 언론과 개인법익, 396-422면 참조.

성을 엄격히 요구하지 않고 표현행위자의 입장에서 이를 전달할 의무나 이익이 있었는가 여부만을 주로 문제 삼는다는 점이 다르다.

둘째, 미국에서 특권을 소멸시키는 사유로서 '악의'의 개념은 영국에서와 달리 이해되고 있다.

<보통법상 악의(malice)의 개념>

전통적으로 피고의 면책특권을 소멸시키기 위해 원고가 제시하여야 하는 것은 보통법상의 악의(malice)였고, 이것은 '사실상 함축된 악의'(implied-in-fact malice), '명시적 악의'(express malice) 또는 '현실적 악의'(actual malice) 등의 종류가 논의되어 왔다. 그중 현실적 악의의 개념은 1964년 New York Times v. Sullivan 사건에서 현실적 악의 규칙(actual malice rule)의 핵심 개념으로 헌법적으로 정의되었는데, 그것은 원고에 대한 피고의 감정상의 심리상태가 아니라 단지 표현 사실의 진부(眞否)에 관한 지적 태도(知的態度)만을 의미하는 것으로 정의되었다. 그 이후 함축적 악의와 명시적 악의가 위 특권의 배제 사유로 제시되는 것이 미국 법원의 통례였다. 이러한 의미에서 악의란 원고에 대한 원한, 증오심 또는 가해 의사에 국한되는 것이 아니라 부당하고 정당화될 수 없는 동기(動機)는 모두 포함하는 것이었다.[240] 그럼에도 구체적으로 어떠한 경우에 악의가 인정되어 제한적 면책 특권이 배제되는가에 대하여 명백하지 않았기 때문에 학설은 악의를 불만족스런 용어로서 포기하고, 그 대신 표현행위가 주로 보호 가치 있는 정당한 이익을 실현하기 위한 것이 아니면 특권이 상실되는 것으로 취급하게 되었다.[241] 그에 따라 리스테이트먼트는 악의의 개념을 포기하고 "제한적 특권은 표현행위자, 명예훼손적 표현의 수령인이나 특정한 제3자의 이익 또는 공공의 이익이 현실적으로 또는 명백하게 관련되었거나 명예훼손적 사항을 그 수령인이 앎으로써 만약 그것이 사실이라면 그 이익의 보호에 도움이 될 것이기 때문에 보호되는 것이다. 만약 명예훼손적 사항의 어느 부분도 그 보호를 위한 표현이 아니라면 그

---

240) Bleich v. Ortiz (1985) 196 Conn 498. 493 A2d 236, 291.

241) W. Prosser, Handbook of the Law of Torts, 795 (4th ed. 1971).

특권은 남용된 것이다"라고 하여 같은 입장을 취하고 있다.[242]

미국에서 이러한 보통법상 제한적 특권의 법리는 1974년 거츠 판결[243]에 의해 크게 수정되었다. 동 판결 이후 미디어에 대한 명예훼손 소송에서 악의의 추정은 철폐되었고, 오히려 원고는 피고가 허위의 명예훼손적 진술을 행함에 있어서 과실이 있다는 점을 입증하지 않으면 안 되게 되었다. 그럼에도 피고에게 과실이 있음이 입증된 경우 보통법상의 제한적 특권은 명예훼손 소송에서 의미를 가짐에 변함이 없다.[244]

(4) 제한적 특권 법리의 수용 필요성

영국 보통법에서 명예훼손의 제한적 특권에 관한 이론은 우리가 명예훼손행위의 위법성(違法性)을 판단함에 중요한 참고를 제공한다. 영국에서 장구한 세월 동안 구체적인 사례를 통하여 축적된 판례법이 체계화한 면책특권에 관한 이론은 실천적이고 실용적인 중요한 의미를 갖는다. 실상 우리의 법체제에서는 단지 사회상규(社會常規) 또는 초법규적 위법성조각(超法規的違法性阻却)이라는 추상적인 이론에 의해서밖에 설명될 수 없었던 수많은 사례가 영미 보통법의 판례상 제한적 특권에 구체적이고 상세한 법리로 체계화되었기 때문이다.

---

242) Restatement (Second) of Torts 603 comment a (1977).

243) Gertz v. Robert Welch, 418 U.S. 323, 342-48 (1974).

244) 1974년 Gertz 사건 이전에 보통법상의 엄격책임주의에 의하면 진술의 진실성 여부에 관한 과실(negligence as to statements truth or falsity)만 있으면 바로 제한적 특권의 남용으로 간주되고 특권은 소멸되었다. 그러나 위 Gertz 판결에 의해 명예훼손 소송에서도 과실책임주의가 관철된 결과 위 과실은 피고의 불법행위를 성립시키는 소인의 하나로 되었고, 그러한 입증이 있어도 피고는 제한적 특권의 항변을 할 수 있게 되었다.

<독일 형법 제193조('정당한 이익의 옹호')>

이 점과 관련한 독일의 법제를 비교하여 살펴볼 필요가 있다. 독일의 경우에도 표현행위가 정당한 이익을 옹호하기 위한 경우에는 위법하지 않다고 하는 독일 형법 제193조('정당한 이익의 옹호')의 해석에 의해 영미법에서와 유사한 위법성 판단이 행해져 왔다.

독일 형법 제193조(정당한 이익의 옹호, Wahrnehmung berechtigter Interessen)는 "학문적·예술적 또는 영업적 성과에 관한 비난적 판단, 권리의 실현이나 방어 또는 정당한 이익의 옹호를 위해 행해진 표현행위, 그리고 상사가 부하에 대하여 하는 훈계 및 징계, 공무원에 의한 직무상의 고지 또는 판단과 그에 유사한 경우에는 그 표현행위의 형태 또는 그것이 행해진 사정으로부터 명예훼손의 존재가 두드러지는 경우에 한하여 처벌된다"고 규정한다.

이것은 초법규적 긴급피난의 법리에 근거하여 표현행위의 일반적인 정당화사유를 규정한 것이다. 독일 연방헌법재판소에 의하면 독일 형법 제193조(정당한 이익의 옹호)는 명예권과 표현의 자유가 충돌하게 되어 표현의 자유가 개인의 명예권에 의해 제한되는 경우에도 가급적 표현의 자유를 두터이 보호하라는 헌법적 요청을 반영하는 조항이고, 그 조문은 명예훼손으로 처벌하여서는 안 될 사유로서 광범한 개념을 사용하고 있기 때문에 표현의 자유에 넓은 활동범위를 준다고 하고 있다.[245]

독일에서는 이 조항의 정신에 따라 개별 사례의 특수상황에 비춘 법익 및 의무의 형량원칙을 위법성판단의 기본원리로 하고 있다. 그것은, 요컨대 다른 가능한 선택이 없다면, 본질적으로 우월한 법익이나 이익의 보호는 보다 경미한 법익이나 이익의 침해를 정당화한다는 생각을 바탕으로 한다. 그에 의하면 하나의 표현행위가 충분한 주의를 기울여 정당한 사적 이익 또는 일반적 이익의 적절한 옹호 또는 이행을 위해 이루어졌으며, 침해된 법익에 비해 비례적 관계를 벗어나지 않으면 위법하지 않다는 것이다.

다만, 이 위법성 조각사유는 정당한 이익을 옹호한다는 목적이 인정되는 것을 요건으로 한다. 언론에 의한 공개적인 표현행위에 있어서는 상이한 종류의 가치와 이익이 관계된다고 하더라도 그것은 알 권리에

---

245) BVerfGE 12, 113 (125).

봉사하며 여론형성에 기여한다고 간주된다. 연방통상재판소는 언론이 중대한 알 이익이 있는 사항을 알리고 그에 관하여 태도를 표명하는 때에는 정당한 이익을 옹호하는 것으로 간주된다고 판시한다.[246]

유의할 점은 영국의 판례는 표현행위자의 이익/의무와 그 수령인의 그에 상응하는 이익/의무를 요건으로 함에 반해 독일에서는 표현행위자의 이익만을 염두에 두고 그것이 정당한가 여부를 논의의 초점으로 한다는 데 있다.

이들 위법성 판단의 핵심이 되는 법리를 우리도 도입할 것을 고려해야 하는가? 이 문제에 관해서는 일반 개인의 표현행위와 대중을 상대로 공적 이해사항에 관해 전달하는 언론미디어의 보도를 구별하여야 할 것이다. 우리 판례는 언론보도에 있어서 국민의 알 권리라고 하는 공적 이익과 피해자의 침해되는 권리를 염두에 두고 포괄적 추상적으로 비교 형량하는 기법을 채용하고 있을 뿐이다. 또 개인의 명예훼손행위가 문제된 경우, 우리 판례가 명시적으로 영미의 제한적 특권 법리를 참고로 한 사례나 독일법제의 정당한 이익의 옹호 조항의 취지를 수용하거나 그에 유사한 논증을 한 사례는 찾아볼 수 없다.

다음의 판례는 모두 개인의 명예훼손행위가 문제된 사안에서 피고인의 명예훼손책임을 부인하면서 사회상규에 위반되지 않는다거나 정당행위라는 막연하고 추상적 이유를 들거나 명예훼손의 범의가 없다는 이유를 들고 있으나, 그들 사건에서 제한적 특권 법리를 원용했다면 논증 과정에서 보다 구체적이고 명쾌한 논증이 될 수 있었다고 생각된다.

그리고 우리 판례는 진실이라고 믿음에 상당한 이유가 있는 경우

---

246) BGHZ 31, 308.

이른바 상당성 항변을 인정하고 있는데, 그렇다고 하여 허위로 판명된 명예훼손적 진술이 모두 면책될 수는 없는 것이고, 상당한 이유가 있는 경우에도 정당한 이익을 옹호하기 위한 것이 아니면 면책될 수 없다고 보아야 하는 것이다.

사례 1: 대법원 1976. 9. 14. 선고 76다738 판결

이 사건 원고인 변호사는 피고 조합을 대리하여 약속어음금 청구사건을 이미 수임 처리했음에도 불구하고 다른 조합원이 피고 조합을 상대로 제기한 유사한 사건에서 위 타 조합원을 위해 사건을 수임 처리하였다. 피고 조합은 변호사인 원고의 위 행위가 법률상 허용될 수 있는 것인지의 여부에 대하여 의아심을 가지고 당국에 그 진상을 밝혀 법에 저촉되는 사항이 있다면 처벌하여 달라는 내용의 진정을 제기하였고, 원고는 수사를 받은 끝에 무혐의 불기소결정을 받았다.

원고는 피고 조합의 위 진정행위가 불법행위에 해당함을 이유로 이 사건 손해배상청구 소송을 청구하였는데, 대법원은 피고 조합의 위 행위는 그 조합의 권익보호방법으로 취한 정당한 이유가 있는 경우에 해당하므로 그러한 진정서의 제출로 인하여 원고 변호사가 수사를 받은 끝에 무혐의 불기소결정이 되었다 하더라도 특단의 사정없이 바로 불법행위가 성립하는 것은 아니라고 판시하였다.

사례 2: 대법원 1990. 4. 27. 선고 89도1467 판결

조합장이었던 피해자는 조합의 긴급이사회에서 불신임을 받아 조합장직을 사임한 바 있었는데, 그 후 개최된 대의원 총회에서 새 조합장이 된 피고인 등에 대해 피해자가 그들의 음모로 조합장직을 박탈당한 것이라는 등 대의원들을 선동하여 회의 진행이 어렵게 되자, 새 조합장이 되어 사회를 보던 피고인이 그 회의진행의 질서유지를 위한 필요한 조처로서 이사회의 불신임결의과정에 대한 진상보고를 하면서 피해자는 긴급이사회에서 불신임을 받고 쫓겨나간 사람이라고 발언한 것이라면, 피고인에게 명예훼손의 범의가 있다고 볼 수 없을 뿐만 아니라 그러한 발언은 업무로 인한 행위이고 사회상규에 위배되지 아니한 행위이다.

사례 3: 대법원 1956. 7. 13. 선고 4289형상149 판결

"조합원 회합석상에서 조합장에 대한 업무상 횡령고소사건의 전말을 보고함에 있어 '조합장은 구속당할 것이다', '조합공금을 횡령하고 도피, 구속당하였다'는 등의 언사를 행한 것이 사회통념상 위법하다고 단정하기 어렵다." 이 사건에서는 사회통념을 근거로 명예훼손죄의 위법성이 조각된다고 판단하였으나 여기서의 사회통념은 형법 제20조의 사회상규와 같은 것으로 이해될 수 있다.

사례 4: 서울중앙지법 형사항소1부 2006. 10. 23. 판결

이 사건에서는 피고인이 자신의 누명(陋名)을 벗기 위해 피해자들의 불륜 사실을 공개한 행위가 명예훼손죄로 기소된 사안에서 정당행위에 속한다는 이유로 무죄가 선고되었다.

법원의 인정 사실에 의하면 사립대학 시간강사였던 피고인(여)은 동대학 교수 2인(피해자들)의 요청으로 피고인의 친구(이혼녀)를 불러 함께 음주하게 되었는데, 피해자들은 음주 후 인근 여관에서 동 이혼녀와 번갈아가며 성관계를 가진 일이 있었다. 피해자들은 피고인에게 성관계 사실을 비밀로 하면 교수로 채용되게 해주겠다고 하면서 강압적으로 피고인을 괴롭히자 피고인은 교수 임용을 포기한 바 있었다. 5개월 후 피고인은 자신이 피해자들을 계획적으로 함정에 빠뜨린 뒤 교수 자리를 요구했다는 소문이 유포되고 있다는 말을 전해 듣고, 허위 소문을 바로잡고 억울함을 호소하기 위해 학과 다른 교수들에게 이메일로 사건의 전말을 적은 글('총장님께 드리는 글')을 보냈다.

피해자들은 피고인의 위 행위를 명예훼손 등의 혐의로 고소하여 기소된 피고인은 1심에서 유죄로 인정돼 징역 8월에 집행유예 2년의 형을 받았다. 그러나 항소심은 1심 결론을 뒤집고 공소사실을 모두 무죄로 판단하면서 다음과 같이 판시했다. 재판부는 피고인이 피해자들의 성관계 사실이 담긴 이메일을 다른 교수들에게 보낸 명예훼손행위는 피고인이 자신에 대한 누명을 벗기 위한 것으로서 그 경위와 목적, 수단 등에 있어 위법성이 없는 정당행위에 해당한다고 하여 무죄를 선고하였다.

6. 미디어의 보도 특권(레이놀즈의 항변)

(1) 논의 경위

이상 살펴본 영국 보통법상의 제한적 특권은 미디어가 아닌 일반 사인 간의 관계에서 인정되는 것이었다. 대중 미디어가 일반화되기 전에 전개된 상술한 제한적 특권은 일반 개인의 명예훼손행위를 주로 상정한 것이어서 전달할 이익 내지 의무의 범위를 넘는 전파, 특히 그 전파 범위에 제한이 없는 미디어의 보도를 정당화할 수 없었다. 신문이 공공 일반에게 공적인 사항에 관해 중요한 보도기능을 수행하는 맥락에서 제한적 특권을 적용하기 위해서는 별도의 논거가 필요하였다.

특히, 피고 미디어 측에 진실의 항변이나 공정보도의 특권이 인정될 수 없는 경우 공익 사항에 관한 미디어의 보도에도 위 제한적 특권의 법리에 근거한 면책이 허용될 것인가가 문제된 것이다.247) 이에 관해 1999년 영국 귀족원은 레이놀즈 판결248)에서 기존 보통법의 제한적 특권을 언론 미디어에 확대 적용하는 획기적 조치를 취하였다. 동 판결에 의해 창설된 이른바 '레이놀즈의 항변'에 의하면, 공익사항에 관해 책임 있는 저널리즘 기준에 따라 명예훼손적 사항을 보도한 경우에는 해당 정보가 허위로 판명되게 된 경우에도 미디어는 명예훼손 책임을 면하게 된다.249) 이로써 영국 명예훼손

---

247) "보통법상 기존의 제한적 특권은 명예훼손적 표현이 상대적으로 한정된 수의 사람들에게 행해진 경우 의무/이익의 상호성 요건을 요구하였으나, 공적 중요성을 가진 사안에 관해 알리는 언론 보도에 이를 적용하는 것은 언론의 역할에 부응하지는 못하는 것이었다"(Jameel v. Wall Street Journal Europe [2006]에서 LORD SCOTT OF FOSCOTE의 설시).

248) Reynolds v. Times Newspapers Ltd. [1999] UKHL 45, [2001] 2 A.C. 127.

249) 종래 보통법상 비미디어 상황에서 제한적 특권은 상호적 이익/의무에 기한 기준이 적용되었으나, 레이놀즈 판결은 그 기준을 떠나 미디어가 책임 있는 저널리즘 기준을 준수하였는가 여부에 초점을 두고 있다.

법은 언론의 자유를 위해 획기적인 전기를 맞이하게 되었다고 평가되었다.250) 그럼에도 귀족원은 미국 연방대법원의 현실적 악의의 법리를 도입하여 진실의 입증책임을 원고에게 전도하자는 미디어측의 주장을 배척하였다.251)

레이놀즈의 항변은 2007년 재밀 사건252)에서 재확인되었고, 2013년 개정 명예훼손법에 성문화되었다.

(2) 판례

가. 1999년 레이놀즈 판결

영국 법원이 처음 미디어의 보도 특권을 인정한 것은 1999년 레이놀즈 판결이었다. 이 사건에서 귀족원은 미디어가 공익 사항에 관해 보도함에 있어서 '책임 있는 저널리즘 기준'을 충족하면 오보라 할지라도 제한적 특권에 의해 보호될 수 있다고 최초로 인정하였다.253)

[사례] Reynolds v Times Newspapers Ltd
[1999] 4 All ER 609
사실관계: 1994년 북아일랜드의 평화협상을 주도하던 아일랜드 수상 Albert Reynolds(원고, 피해자)가 의회에서 사임을 발표함으로써 아

---

250) Elizabeth Samson, THE BURDEN TO PROVE LIBEL: A COMPARATIVE ANALYSIS OF TRADITIONAL ENGLISH AND U.S. DEFAMATION LAWS AND THE DAWN OF ENGLAND'S MODERN DAY, CARDOZO J. OF INT'L & COMP. LAW [Vol. 20:771, 782].

251) 이 사건에서 영국 귀족원은 진실의 입증책임을 누가 부담하게 할 것인가에 관해 숙고하였으나, 피고에게 진실입증책임을 부과하는 보통법의 전통을 고수하였고, 그 점에서 미국 판례의 입장을 취하지 않았다.

252) Jameel v. Wall Street Journal Europe [2006] UKHL 44, [2007] 1 A.C. 359.

253) 이 판결 이전 언론보도는 그 명예훼손적인 내용이 오보로 판명된 경우 사인 간에 적용되는 전통적인 보통법상의 제한적 특권이 적용되지 않았으나, 이 판결로 언론이 책임 있는 저널리즘 기준을 충족한 경우 제한적 특권이 적용되어 면책되게 되었다.

일랜드 정부가 붕괴되어 정치위기가 고조되는 가운데, 피고 선데이 타임즈 영국 본토판은 동지 아일랜드판의 기사를 전재하면서 레이놀즈가 아일랜드 의회에서 중요 정보를 묵비함으로써 의회를 고의적으로 오도하였다는 취지로 보도하였다. 그 기사의 통점은 레이놀즈가 아는 정보를 묵비함으로써 의회와 정부 각료에게 거짓말하였다는 점이었고, 그 기사는 레이놀즈가 의회에서 발언한 진술을 보도하면서 아일랜드판에는 게재된 레이놀즈의 해명을 생략하였던 데 치명적 결함이 있었다.

쟁점: 심리 중 배심이 기사의 사실 주장은 진실이 아니라고 판단하였기 때문에 진실의 항변은 불가능하였고, 공정한 논평의 항변은 배심 평결에서 기본적 사실이 진실하게 진술되지 않았다고 판단되었기 때문에 처음부터 포기되었다. 의회절차에 관한 공정하고 정확한 보도의 항변도 레이놀즈가 의회에서 행한 해명을 누락시켰기 때문에 그 적용이 배제되었다. 그런 상황에서 성공할 수 있는 항변은 해당 보도가 보통법상 제한적 특권에 해당하는가 여부뿐이었다.

이 사건에서 주로 논의된 것은 미디어 측에서 주장한 바와 같이 정치적 언론에 관해 원고의 악의 입증에 의해서만 배제되는 새로운 일괄적 특권을 인정할 것인가 여부에 집중되었다. 이것이 긍정되면 이 범주의 범위에 해당하는 모든 사실 진술은 악의 없이 행해진 것으로 추정될 것이고, 그러한 사건에서 악의의 입증책임은 피해자(원고)에게 돌아갈 것이다. 요컨대 미국의 설리반 판결의 현실적 악의 규칙과 같은 취지의 미디어 특권을 새로이 받아들여야 할 것인가가 논란된 것이다.

판결 요지: 귀족원 다수의견은 미디어가 주장하는 새로운 제한적 특권을 거부하였으나, 미디어 보도의 자유를 확대하기 위해 종전 보통법상 일반적인 제한적 특권이 허용되는 기준을 미디어에 적응시키는 어프로치를 채용하였다.

먼저 귀족원은 피고 미디어 측이 주장하는 바와 같이 정치적 언론에 새로운 일괄적 특권을 인정하게 되면, 그에 해당하는 언론은 악의 없이 행해진 것으로 추정될 것이고, 원고는 피고가 허위임을 알았거나 진위 여부에 개의치 않고 무사려하게 보도하였다는 점 또는 피고가 개인적인 원한 기타 부적절한 동기에 기해 보도했다고 하는 등 악의의 입증책임을 지게 되어 기존 보통법이 쌓아온 언론자유와 명예 보호 간의 균형이 깨어질 것이고, 피해자의 명예는 적절하게 보호될 수 없다는 이유를 들어 그 주장을 배척하였다.

동시에 귀족원은 미국에서 전개된 설리번 규칙(현실적 악의 규칙)의 채택을 거부하였다. 귀족원은 배척의 논거로서 악의의 입증은 매우 어려울 뿐 아니라, 미국에서와 달리 영국에서는 취재원이 보호되며, 미국에서는 사전 디스커버리 절차에 의해 원고가 피고의 편집과정에 관한 정보를 알아낼 수 있으나, 영국에는 그러한 절차가 없다는 점을 들었다.

나아가 귀족원은 보통법에서 확립된 전통적인 의무/이익 기준(duty-interest test)에 의존하면서, 미디어가 그 자료를 공표할 의무가 있었는가, 그리고 독자들이 이를 수용함에 이익을 가졌었는가 여부(the right to know test)를 보도의 모든 정황에 비추어 검토한 후 피고에게 공익 사항에 관해 보도할 제한적 특권(이른바 레이놀즈의 항변)이 인정된다고 판시하였다.

즉, 귀족원은 보통법상의 전통적인 의무/이익 기준에 기초하여 특정한 주제사항에 관해 미디어가 보도할 의무가 있고 그에 상응하여 공공의 알 권리가 있는 정보인가를 판단해야 하며, 이 경우 참조되는 것은 언론계에서 정립된 '책임 있는 저널리즘'("Responsible journalism") 기준이고, 이를 충족한 보도에 관해서는 공익사항에 관한 미디어의 제한적 특권이 허용된다고 판시하였다. 판시에 의하면 그 기준은 미디어 종사자 기타 모든 자가 인식할 수 있는 기준이어서 객관적이며, 특정한 주제사항에 관해 보도하고 알 권리가 있는 정보인가 여부는 기사 전체를 그 맥락에 비추어 평가해야 한다고 하였다.

책임 있는 저널리즘 기준: 니콜스 대법관은 미디어가 공공 일반에 보도함에 의무/이익이 있었는지 여부를 결정함에 고려해야 할 10개항의 요인을 다음과 같이 상술하였다.

① 주장의 심각성: 주장이 사실이 아닌 경우, 비난이 중할수록 공공의 오해는 더 크고 개인은 더 큰 피해를 받는다.
② 정보의 성질 및 주제사항에서 공적 관심사인 범위
③ 정보의 소스: 어떤 제보자는 사건에 대한 직접적 지식을 갖지 않는다. 어떤 자는 앙심을 갖거나 그 스토리에 관해 대가를 받는다.

④ 정보의 진위 조사를 위해 취한 조치

⑤ 정보의 위상: 그 주장은 이미 존중받아야 할 조사의 주제였다.

⑥ 사항의 긴급성: 뉴스는 종종 시한부 상품이다.

⑦ 원고에게 문의하였는가 여부: 그는 타인들이 갖지 못하거나 공개하지 아니한 정보를 가지고 있을 수 있다. 원고에 대한 접촉이 언제나 필수적인 것은 아니다.[254]

⑧ 기사에 원고 측의 입장이 포함되었는지 여부

⑨ 기사의 어조: 신문은 의혹을 제기하거나 수사를 요구할 수 있다. 그것은 그 주장을 사실 진술로서 채용할 필요가 없다.

⑩ 공표의 시점 등 상황

이 요인들은 망라적인 것이 아니다. 각 요인은 사건에 따라 달라질 수 있다.

판결 결론: 이들 고려 요소 중 이 사건에서 특히 문제된 것은 레이놀즈 자신이 의회에서 진술한 변명 내용을 생략한 데 있었다. 그의 의회 진술은 그에 대한 비난에 대한 해명을 의도한 것이었으나, 피고 신문이 이에 대해 전혀 언급하지 않음으로써 영국 독자들은 레이놀즈가 아무 변명도 하지 못했다고 생각하게 내버려둔 것이다(동일자 아일랜드 판에는 그 해명 부분이 게재되어 있었다). 일반적으로 중대한 비난에는 이미 주어진 해명의 요점이 수반되어야 하는 것이 기본적인 공정성이다. 그리 하지 않은 기사는, 그 비난이 허위로 판명되고 보도되지 않은 해명이 진실로 입증되는 경우, 특권이 인정되기 어렵다. 이 사건에서 선데이 타임즈의 기사는 의심할 바 없이 공적 관심사였으나, 레이놀즈의 숙고된 해명에 관한 언급을 모두 생략한 채, 사실의 진술로 제시된 중대한 비난은 공공이 알 권리를 갖는 정보가 아니었다. 결국 이 사건에서 피고는 그러한 책임 있는 저널리즘의 기준을 충족하지 못해 그의 항변은 배척되었다.

이 사건에서 귀족원이 피고 미디어에게 허용한 제한적 특권은 '레이놀즈의 항변'으로 불리게 되었고, 다음에서 보는 바와 같이 2006년 재

---

254) 레이놀즈 사건에서는 레이놀즈 측 입장을 보도하지 않았기 때문에 항변이 배척되었으나, 재밀 사건에서는 피해자의 반론이 언제나 필요한 것은 아니고 그것이 생략되었음에도 불구하고 항변이 인용되었다.

밀 판결과 2007년 차먼 판결에서 재확인, 정리를 거친 후, 2013년 개정 명예훼손법에 '미디어의 공익 사항에 관한 보도의 항변'이라는 이름으로 명문으로 수용되었다. 위 판결은 미디어의 자유를 위해 획기적인 기준을 창설하였고 평가된다.

나. 2006년 재밀 판결

이 판결은 레이놀즈 판결에서 새로이 인정된 공적 사항에 관한 미디어의 제한적 특권을 처음으로 적용·인용하면서, '책임 있는 저널리즘' 기준의 범위를 상술하였다.

[**사례**] Jameel & Another v Wall Street Journal Europe (No.2)
(HL) [2006] 4 All ER 1279

사실관계: 2001. 9. 11. 미국 뉴욕 세계무역센터와 국방성에 대한 항공기 납치 테러 사태 직후인 2002. 2. 6. 월스트리트저널 유럽판은 사우디아라비아 금융당국이 미국 정부의 요청에 따라 테러자금과 연계가 있는 계좌를 감시하고 있다고 보도하였는데, 그 계좌 목록에 적시된 사우디의 기업 재밀그룹과 회장 재밀이 명예훼손으로 제소하였다.

피고 저널은 진실의 항변을 하지 않고 레이놀즈의 제한적 특권을 실체적 항변으로 제기하였다. 사실심과 항소심은 피고의 항변을 받아들이지 않았다. 항소심이 항변을 배척한 주된 이유는 피고 기자가 원고의 반론을 구하지 않았다는 데 있었다. 피고 저널이 상고하자 귀족원은 피고의 주장을 받아들여 레이놀즈의 항변을 인용하고 원고 패소로 판결하였다.

판시: 귀족원 다수의견은 미디어 보도의 보호를 확대하기 위한 레이놀즈 판결의 취지를 살리기 위해 전통적인 보통법상의 제한적 특권에 적용되는 의무/이익 기준, 즉 레이놀즈 판결에서 제시된 10개 항의 책임 있는 저널리즘 기준의 요건을 탄력적으로 적용해야 하며, 이들 기준은 기자가 면책되기 위해 극복할 기준이라기보다는 법관이 제한적 특권을 적용함에 고려할 사항이라고 설시하였다. 그리고 이 제한적 특권의 항변을 인정함에는 명예훼손적이라고 생각된 기사의 내용 전체를

볼 것이지 그 개개 항목만을 문제 삼을 수 없으며, 기사의 전체적 취지가 공익 조건이 충족되면, 부정확한 사실이 포함되어 있다 하더라도 허용되어야 한다고 판시하였다.

판결 결론: 이 원칙을 이 사건에 적용하면, 피고가 원고의 코멘트를 얻기 위해 기다리지 않은 채 보도하였다는 한 가지 점만을 이유로 제한적 특권의 항변을 배척한 항소심의 판단은 잘못이다. 그 기사의 주제 사항은 엄밀한 의미에서 지대한 공익이 있는 것이고, 그 기사는 권위 있는 신문의 전문기자에 의해 작성되고 스태프의 승인을 받아 발행되었으며, 선정적 톤 없이 사실을 다룬 것으로서 원고의 코멘트를 얻을 수 없었다는 언급도 포함되어 있다. 이것은 중립적인 탐사보도의 하나에 속하며 레이놀즈 항변이 보호하는 바이다. 이상과 같은 이유로 귀족원은 피고의 상고를 받아들여 항소심 판결을 취소하였다. 또 동 판결은 이 항변이 직업적 저널리스트나 편집인에게뿐 아니라 어떤 미디어에 의하든 공익 사항에 관한 자료를 공개한 자에게 모두 적용된다고 판시하였다(Lord Hoffman).

다. 2007년 차먼 판결

이 사건은 재밀 사건 이후 영국 항소법원이 처음으로 레이놀즈의 항변을 서적에 관해 적용한 판결인데, 주목할 점은 피고가 제기한 중립보도의 항변을 배척하면서 레이놀즈의 항변을 인용하였다는 점이다. 이 판결은 언론계에 승리를 안겨준 획기적 판결로서 앞으로 활발한 탐사저널리즘을 고무할 것이라고 평가되었다.

[사례] Charman v Orion Publishing Group & others (No.3)
(CA) [2007] EWCA Civ 972; [2008] 1 AllER 750

사실관계: 2005년 프리랜스 기자인 피고(Graeme McLagan)는 그가 저술 출간한 '뒤틀린 경찰'('Bent Coppers')이란 서적에서 전직 경찰 간부인 원고(Michael Charman)에 관하여 원고가 경찰 정보원이었던 브레난과 사기 범행을 공모하고 그로부터 5만 파운드의 부패 대가를

받아 경찰관의 지위를 남용하였다고 하는 혐의를 상세히 언급하였다. 그중에서 특히 문제된 부분은 경찰정보원인 브레난의 인터뷰 진술을 보도한 부분이었다.

원고가 제기한 명예훼손 소송에서 피고는 중립보도의 항변과 레이놀즈의 항변을 제기하였다. 제1심은 피고의 서적이 위 브레난의 주장과 원고 차먼의 반응을 공정하고 무사하게 보도한 것이 아니라 경찰 정보원으로서 전과가 많은 브레난의 진술에 근거하여 원고에게 불리한 혐의 사실의 근거로 삼았다는 점을 들어 중립보도의 항변과 레이놀즈의 항변을 모두 배척하고 원고 승소로 판결하였다.

판시: 그러나 영국 항소법원은 법관 3인 전원일치 의견으로 문제 서적이 중립보도로 보호될 수 없다 해도 그것은 전적으로 책임 있는 저널리즘의 작품이었다고 보아 피고의 레이놀즈 항변을 받아들여 원고 패소 취지로 판결하였다. 항소법원은 레이놀즈의 항변의 10가지 기준요인을 판단하면서 경찰 고위 간부의 부패 혐의를 다룬 피고의 서적은 중대한 공적 관심사를 다룬 것이었고, 정보 소스인 브레난의 성품이 신뢰할 수 없어 취약하였다 하더라도 피고는 그 외에 가용적인 많은 자료를 최선의 노력으로 취재한 결과를 평가 분석하여 원고의 부패혐의에 합리적 근거가 있음을 믿었다는 등 이유로 피고의 레이놀즈의 항변을 받아들인 것이다. 이 과정에서 법원은 항변의 인용 여부는 성실하게 취재하여 이를 믿은 기자가 보도 당시에 알거나 믿었던 바를 기준으로 할 것이란 점을 강조하였다. 기자가 충실한 취재의 결과 합리적으로 믿었던 바는 사후에 충분한 시간과 자료를 구사하는(with the benefit of hindsight) 판사에 의해 비판되어서는(second-guess) 안 된다는 것이었다.

평가: 이 판결은 사소한 실수로 엄청나게 복잡하고 고비용이 드는 소송 위협에서 피고가 감행한 탐사저널리즘을 지지한 것이지만, 언론계는 이를 상처뿐인 영광으로 자조하고 있다. 탐사 저널리즘 보도에 대해 승소하는 경우 원고는 수십만 파운드를 배상받을 수 있음에 비해 수년간 막대한 비용과 노력을 들여 승소한 피고에게는 주어지는 것이 전혀 없다는 것이다. 한편, 이 사건에서 피고 저자와 출판사의 소송 대리는 출판사의 보험사가 선임한 변호사에 의해 수행되었으나, 원고는 경찰 노조(Police Federation)의 재정지원에 따라 제소하였는데, 이 사건 패

소 결과 경찰노조는 100만 내지 200만 파운드의 패소 비용을 지급하게 되었다고 한다.[255]

라. 2012년 플러드 판결

이 사건에서 영국 최고재판소는 전국지의 보도에 처음으로 레이놀즈의 항변을 인정하였고, 최고법원의 판결에서 위 항변이 인정된 것은 3번째였다.

{사례} Flood v Times Newspapers Limited (SC)
　　　 [2012] UKSC 11

사실관계: 2006년 영국 수도경찰청에서 러시아 기업인의 추방절차를 다루던 경찰관(원고)이 그 러시아인에게 수사기밀 정보를 제공하고 뇌물을 받았다는 익명의 제보가 접수되었다. 경찰이 위 독직사건을 수사하지 않자, 위 익명의 제보자는 피고 신문(The Times) 기자에게 그 사정을 제보하였으며, 피고 기자는 그 제보를 기초로 여러 정황을 취재한 끝에, 2006. 6. 2. "러시아 추방자로부터 뇌물 수수 혐의 경찰관"이라는 제하의 기사를 피고 발행 신문과 인터넷 웹사이트에 게재하였다. 그 보도 기사에는 익명 제보자의 제보에 의해 원고(실명으로 거명됨)가 범죄인추방절차의 기밀 정보를 제공하는 대가로 러시아 신흥 재벌로부터 뇌물을 받았다는 혐의를 받고 있으며, 그 혐의로 경찰에 의해 수사받고 있는 사실 및 제보의 주장을 뒷받침하는 정보가 들어 있었다.

원고는 피고가 발행한 신문 보도와 웹사이트 보도에 관해 제소하였다.

한편 피고 신문 기자의 취재에 의해 위 제보 혐의를 알게 된 수도경찰은 원고에 대한 자체 수사를 개시하여 그의 집을 압수 수색하고 조사를 마친 후, 원고의 수뢰 혐의에 관해 혐의 없음 처분을 내리고, 그 사실을 2007. 9. 5. 피고 신문에 통고하였다.

제1심 법원은 피고의 레이놀즈 항변을 받아들여 원고 패소로 판결하였고, 항소심은 1심 판결을 취소하였는데, 영국 최고재판소는 전원일

---

255) PressGazette OCTOBER 13, 2007.

치 의견으로 피고의 레이놀즈의 항변을 받아들여 원고 패소 취지로 판결하면서 다음과 같이 판시하였다.

첫째, 이 사건 피고의 보도는 원고의 부패행위가 유죄라고 하는 의미를 전달한 것은 아니고, 원고의 범죄 혐의에 합리적 이유가 있다는 의미를 전달하였다는 점을 전제로 하였다. 이 경우 피고가 레이놀즈의 항변을 제기하려면, 보도가 공익을 위한 것이었다는 점과 원고의 범죄 혐의에 합리적 이유가 있다는 점(원고가 유죄라는 증명을 하여야 하는 것은 아니다)에 관해 레이놀즈 판결 기준에 따른 사정을 주장 입증하여야 한다.

둘째, 공익 여부에 관해, 경찰관의 부패는 공공이 알아야 할 중대한 공적 이익이 있고, 더욱이 영국 국익에 해로운 행위로 추방절차가 진행되고 있는 자에게서 뇌물을 받았다는 혐의에 관한 경찰의 대응 여하는 중대한 공익이 있는 사항이다. 피고 기자는 그러한 혐의 제보에 관해 경찰이 수사를 개시하지 않고 있는 상황에서 그 혐의 주장이 경찰에 의해 적절하게 수사되어야 함을 촉구하는 정당한 목적을 가지고 이 사건 기사를 공표한 것이다.

셋째, 최고재는 레이놀즈 판결과 재밀 판결에서 언급된 책임 있는 저널리즘 기준을 이 사건에 적용하면서 공익에 관한 것 및 그 기준의 당부를 판단할 시점은 기자가 보도한 시점이며, 그 시점에서 기자가 합리적으로 알았던 사정만을 참작해야 한다는 입장을 명확히 하였다. 따라서 사후 경찰 수사에 의해 혐의 없음이 밝혀진 사실은 위 판단의 기초사실에서 배제된다. 다만, 경찰로부터 위 사실을 통보받기 전 웹사이트 기사는 적법하였으나, 그 후에는 위법하다는 것이 1심의 판단이었으나, 그 부분에 관해서는 원고의 상고 취하로 최고재의 판단이 유보되었다.

넷째, 원고의 실명을 적시한 것이 타당한 것이었는가 여부에 관해 원칙적으로 공적 인물이 아닌 경우 실명 사용에 공익이 인정될 수 없지만, 이 사건에서는 중대한 공익이 걸려 있었고, 경찰이 원고를 대상으로 수사에 착수하였으며, 원고를 익명으로 할 경우 수사반의 타인들에게 혐의가 돌려질 수 있었기 때문에 원고를 실명으로 언급하는 것이 불가피하였던 사정을 들어 피고의 주장을 받아들였다.

(3) 2013년 개정 명예훼손법 제4조

가. 법문

1999년 레이놀즈 판결에서 처음 창설된 위 항변은 2007년 재밀 사건256)에서 재확인되었고, 2013년 개정된 영국 명예훼손법은 이를 수용하여 '공익사항에 관한 책임 있는 보도의 항변'(defence of "responsible publication on matters of public interest")으로 명문화하게 되었다(동법 제4조).

<2013년 개정 영국 명예훼손법 제4조>

제4조 공익 사항에 관한 공표(Publication on matter of public interest)

(1) 명예훼손 소송에서 다음을 입증하면 피고를 위한 항변이 된다.

 (a) 불만 대상 진술이 공익 사항에 관한 진술이었거나 그 일부를 이룬 것; 그리고

 (b) 그 불만 대상 진술의 공표가 공익을 위한 것이었다고 피고가 합리적으로 믿었음.

(2) 제3, 4항에 따라 피고가 제1항에 언급된 사항을 입증하였는가 여부를 결정함에 있어서 법원은 사건의 모든 정황을 고려해야 한다.

(3) 불만 대상 진술이 원고가 일방 당사자였던 논쟁의 정확하고 공평한 설명이었거나 그 일부였던 경우, 법원은 그 진술의 공표가 공적 이익을 위한 것이었다고 피고가 믿음에 합리적이었던 여부를 결정함에 있어서 피고가 그에 의해 전달된 비난의 진실을 입증하려는 조치를 취하지 않았더라도 이를 무시해야 한다.

(4) 피고가 불만 대상 진술의 공표가 공익을 위한 것이었다고 믿는 것이 합리적이었는가 여부를 결정함에 있어서 법원은 적절하다고 간주되는 편집적 판단을 참작하여야 한다.

---

256) Jameel v. Wall Street Journal Europe [2006] UKHL 44, [2007] 1 A.C. 359.

(5) 의문을 피하기 위해 본조에 의한 항변은 불만 대상 진술이 사실 또는 의견의 진술 여하를 불문하고 행사될 수 있다.

(6) 레이놀즈 항변(Reynolds defence)으로 알려진 보통법상의 항변은 폐지된다.

2013년 명예훼손법 제4조는 레이놀즈 판결에서 창설된 이른바 레이놀즈의 항변(Reynolds defence)을 폐지하고 그 법리를 요약하여 '공익사항에 관한 보도'의 항변이란 명칭으로 성문화하고 있다. 그 내용은 다음과 같이 종합 요약할 수 있다.

① 동법은 레이놀즈 판결에서 설시된 객관적 요건으로서 공익사항에 관한 요건 이외에 주관적 요건으로서 문제된 진술이 공익을 위한 것이었다고 이성적으로 믿었다는 점을 입증하여야 한다는 점을 추가하였다(동조 제1항 (b)).

② 레이놀즈 판결에서 적시된 '책임 있는 저널리즘 기준'에 관한 10개 항의 요인을 명문으로 규정하지 않는 대신, 사건의 모든 정황을 고려할 것을 요구하며(동조 제2항)

③ 공익 여부의 판단에서 편집적 재량("editorial judgment")을 참조하도록 명문화하였고(동조 제4항)

④ 또 주목할 점은 위 항변과 함께 판례가 인정한 이른바 중립보도의 항변을 위 레이놀즈의 항변의 한 형태로 함께 규정하였다(동조 제3항). 이에 관해서는 중립보도 항목에서 다시 상술한다.

⑤ 보통법상의 레이놀즈의 항변은 동법이 성문화한 공익사항의 보도 항변에 대체되어 폐지되지만(동조 제6항), 기존 판례법의 해석, 특히 레이놀즈의 항변의 10개 항 기준은 새로운 항변을 적용함에 있어서 유용한 지침을 제공하게 된다.

⑥ 주의 규정으로서 "의문을 피하기 위해 본조에 의한 항변은 불

만 대상 진술이 사실 또는 의견의 진술 여하를 불문하고 행사될 수 있다"(동조 제5항)고 규정한다.

나. 현행법상 항변 요건

이상 영국 현행법하에서 공익 사항에 관한 책임 있는 저널리즘 기준에 의한 미디어 보도의 특권이 적용되는 요건을 요약 정리하면 다음과 같다[257]

① 공익 사항: 보도 내용 전체를 보아 공익[258]에 관한 것인가 여부를 판단해야 하며, 이것은 기자의 생각과 상관없이 법관이 결정한다. 다만, 공익 여부 인정은 보도 당시 기자가 알았던 사실을 토대로 해야 한다.[259] 자료의 공익성은 기사의 전체에 비추어 보아야 하지 명예훼손적 진술을 따로 판단하여서는 안 된다. 한 보도에서 정보의 각 항목이 별개로 공익 정당화되어야 하는 것이 아니다.[260]

② 피고가 보도사항의 진실을 입증하면 바로 진실의 항변이 적용되고, 레이놀즈의 항변이 적용될 여지가 없다. 따라서 레이놀즈의 항변은 진실항변이 실패한 경우에 적용된다.

---

257) 유럽인권재판소는 Polanco Torres v Movilla Polanco v Spain [2010] ECHR 1341에서 공적 감시자로서 미디어는 어느 사회에서나 특별한 지위를 가져야 하고 표현의 자유는 정당한 이유 없이 제한받아서는 안 된다고 하면서 레이놀즈 판결과 유사한 책임 있는 저널리즘 기준을 심사 적용한 바 있다.

258) "정보를 전달하고 수령함에는 실재적인 공익(real public interest)이 있어야 한다. 이것은, 우리 모두가 아는 바와 같이, 공공의 관심을 끄는 정보라고 말하는 것과는 사뭇 다르다. 축구 선수의 아내나 여자친구의 행동에 관한 맥 빠진 잡담이 대중의 큰 부분에 관심을 일으키지만, 누구도 이를 들음에 실재의 공익이 있다고 주장할 수는 없을 것이다. 이것은 뉴스가치 기준과도 다르다. 그것 역시 특정한 보도의 타깃 청중, 성향과 관심에 기초한 너무 주관적인 기준이다. 거기에는 공적 영역(public domain)에서 이 정보를 가짐에 어떤 실재적 공익이 존재해야 한다. 그러나 이것은 공공이 필요로 하는 정보로서 너무 제한적인 기준보다는 덜 제한적인 것이다"(Jameel & Another v Wall Street Journal Europe (No.2) (HL) [147] [2006] 4 All ER 1279).

259) Loutchansky v Times Newspapers (No's 2-5) [2002] 1 All ER 652. 이것은 레이놀즈 항변의 기준은 보도 당시 기자가 합리적으로 알았던 바에 의존한다는 판례(Flood v Times Newspapers Limited (SC) 2012] UKSC 11)를 반영한 것이다.

260) Jameel & Another v Wall Street Journal Europe (No.2) (HL) [48] [2006].

③ 진실 확인을 위해 저널리즘 기준에 따른 조사의무를 충실히 이행할 것 및 그 결과 보도내용을 진실이라고 믿었을 것: 이 요건이 법문에는 명시되지 않았으나, 보통법상 레이놀즈의 항변의 중요한 요건이었음은 물론이다. 책임 있는 저널리즘 기준은 사안 전체의 정황에 의존하는 것이나 레이놀즈 판결에서 니콜스 대법관이 설시한 10개 요인이 참조된다. 이들 요인은 기자가 면책되기 위해 항목마다 극복해야 할 요건이 아니고 종합적으로 판단될 사항의 하나이다.261) 즉, '책임 있는 저널리즘' 기준이 충족되는지 여부를 결정함에 법원은 기자들에게 기대되는 행동기준을 실용적이고 융통성 있는 방식으로 적용해야 한다.262)

④ 이 경우 항변의 적용 여부는 보도 당시 기자가 합리적으로 믿었던 바에 의존하며,263) 후일 법관이 기자 대신 이를 회고적으로 판단하여서는 안 된다.264) 따라서 추후에 밝혀진 사실은 그 기준 충족 여하에 의미를 갖지 못한다.265) 즉, 사후적으로 충분한 시간과 능력을 가지고 행위하는 판사가 보도 시점에서 편집인의 판단을 대신하게 되면, 언론의 탐사보도를 위축시키게 될 것이기 때문이다.266)

---

261) Jameel & Another v Wall Street Journal Europe (No.2) [33]. "니콜스경의 리스트는 적합한 편집적 판단에 이르기 위한 가이드일 뿐 그 극복을 위한 장애이어서는 안 된다"(Sara Gale, Qualified privilege in defamation and the evolution of the doctrine of reportage, The Tort Law Review, 23(1), p.15, http://openaccess.city.ac.uk/12424/3/Gale.pdf).

262) Id. [140].

263) Flood v Times Newspapers Limited (SC) 2012] UKSC 11.

264) Flood v Times Newspapers Ltd [2012] 2 AC 273; [2012] UKSC 11. "비판적으로 자료를 분석한 책임 있는 기자는 그의 자료에 대한 평가가 사후에 [충분한 시간을 가지면서] 과거를 되돌아 볼 수 있는 판사에 의해 비판받아서는 안 된다"(Charman v Orion Publishing Group Ltd [2007] EWCA Civ 972 at [43]).

265) "뉴스는 시한부 상품이다. … 기자들은 보도 후에 과거를 되돌아 살피는 능력(light of hindsight)을 가짐이 없이 작업함을 상기해야 한다. 과거를 돌이켜보면 명백한 사안도 현 시점의 열기에서 보면 전혀 명료하지 않을 수 있다"(Lord Nicholls in *Reynolds* at 205).

266) "전체가 공익에 관한 것인가 여부는 법관이 기자의 생각과 상관없이 결정하지만, 기사에 명예훼손적 진술이 포함될 것인가 여부는 그 기사가 제시되는 사항에 관한 것이어서 편집적

이것은 기자들의 편집적 판단("editorial judgment")을 참조하라는 조항(동법 제4조 제4항)과 궤를 같이한다. 그에 의하면 기사가 공익에 관한 것인가 여부는 법률문제로서 법관이 결정하지만, 명예훼손적 진술이 포함될 것인가 여부는 편집적 판단의 문제이며, 탐사적 보도를 위축시킬 것이라는 우려 때문에 법관은 편집자를 사후에 비판하여서는 안 된다.[267] 이것은 표현의 자유를 더 보호하기 위한 것이며, 편집자에게 더 재량을 줌으로써 법관이 특권을 거부하기 어렵게 하는 효과를 갖는다.[268]

위 기준을 충족했음이 입증되면 기자의 악의는 부정된다. 즉, 레이놀즈 특권이 생기면 악의를 인정할 여지는 거의 남지 않는다.[269]

⑤ 위와 같이 책임 있는 저널리즘 기준을 충실히 이행한 사실은 피고가 입증해야 한다(동법 제4조 제1항). 상술한 바와 같이 영국 귀족원은 레이놀즈 판결 및 재밀 판결에서 미국의 현실적 악의 규칙을 도입하는 것을 거부했다.[270]

재량이 허용되어야 한다. 만일 기사가 전체로 보아 공익을 위한 것이라면 그 일반적 메시지를 전달하기 위해 어떤 세목이 필요한가에 관한 의견은 다를 수 있다. 시간을 가지고 후일에 과거를 판단하는 판사가 다른 편집적 결정을 할 수 있다는 사실이 그 항변을 소멸시켜서는 안 된다. 그것은 가설적으로 공익이 있는 기사의 보도를 너무 위험에 빠뜨리고, 탐사보도를 위축시키게 될 것이다"(Lord Hoffmann in Jameel & Another v Wall Street Journal Europe (No.2) [51]).

267) 이것은 유럽인권재판소의 판례(Jersild v Denmark (1995) EHRR 1; [1994] ECHR 33 at [31])를 고려한 것이다.

268) Sarah Gale, id., p.6.

269) Jameel & Another v Wall Street Journal Europe (No.2) [133].

270) 이에 관해 언론계와 일부 학설은 레이놀즈 항변이 미디어의 자유를 위해 획기적인 판결이라고 하나 그 역시 책임 있는 저널리즘 기준을 충족했다는 미디어 측의 입증을 요하는데, 이 입증은 취재실무상 또는 소송 관행상 과다한 비용과 노력이 소요되어 어렵기 때문에 언론의 자유에 충분한 보장이 될 수 없다고 비판하고 있다(영국 의회에서 청취된 전문가 증언에 의하면 이러한 입증에는 10만 내지 20만 파운드가 소요된다는 증언이 있다 (www.parliament.uk/business/committees)).

(4) 우리 법제상 상당성 항변과의 비교

이상 영국 법원에 의해 전개된 언론 미디어의 레이놀즈 항변의 법리는 우리 판례가 확립한 이른바 상당성 항변과 현저히 유사함을 알 수 있다. 우리 판례에 의하면 명예훼손행위는 그 목적이 오로지 공공의 이익을 위한 것이고 적시된 사실이 진실이라는 증명이 있으면 위법성이 조각되고(진실의 항변), 그 증명이 없더라도 그것을 진실이라고 믿었고, 그 믿음에 상당한 이유가 있음을 입증하면 역시 위법성이 조각된다는 것(상당성 항변)이 확립된 입장이다. 우리 판례가 1988년 판결 이래 위 법리를 적용하고 있음에 비하면, 1999년 비로소 창설된 영국의 레이놀즈 항변의 법리는 뒤늦은 것이다.

다만, 우리 판례가 정립한 이른바 '상당성 항변'은 언론 보도에 한정하지 않고 일반 개인의 명예훼손적 표현에도 적용되는 범용적 면책사유이며, 그것은 진술 내용의 진실을 입증하지 못한 피고가 진실항변을 대체하여 주장할 수 있는 것으로 사실주장에 관해서만 적용된다. 그에 비해 레이놀즈의 항변은 단지 진실이라고 믿은 경우에 한정되지 않고, 널리 언론의 자유와 명예보호 간의 적절한 비례적 형량을 위한 기준으로 이해되고 있으며, 사실 주장뿐 아니라 의견표현인 경우에도 적용되고 있다(2013년 개정 명예훼손법 제4조 5항).

우리가 참고할 점은 레이놀즈 판결의 논증이다. 우리의 경우 상당성 항변의 요건으로 주장 입증될 사항과 그 취재원 여하에 관해서는 다수의 개별 사건에서 산만하게 다루어져 왔으나, 영국 귀족원은 그 항변의 논거로서 저널리즘의 확립된 윤리기준을 제시하면서,271) 이를 근거로 언론의 자유와 명예 간의 비교 형량 기준을 체

---

271) "보통법은 언론인 자신들이 주장하는 책임 있는 저널리즘보다 더 높은 수준을 추구하지 않는다. 그것 이상을 요구하지 않는 신문에 대한 제한은 과도하거나 비례에 반하지 않는다. 따라서 탐사 저널리즘도 적당한 보호를 받게 된다"(Lord Nicholls in *Reynolds* [49]); "책임

계적 항목으로 나누어 상세하게 제시하고 있는 것이다.

특히, 주목할 점은 영국 판례가 공익 인정 여부나 책임 있는 저널리즘 기준 충족 여부를 판단함에 있어서 보도 당시를 기준으로 기자가 인식한 바에 의존한다는 점을 강조한 점이다. 보도 후 밝혀진 사정이 그 항변 인용 여부의 판단에 고려될 수 없는 것이다. 사후적으로 과거의 사태에 관해 충분한 시간과 수집·제출된 증거자료를 가지고 판단하는 법관이 보도 당시 기자의 판단을 대신한다면 기자의 편집적 판단의 여지는 좁아지고 그 결과 언론의 자유는 크게 위축될 것이기 때문이다.

이에 비추어 우리 판례를 보면, 상당성 항변을 적용함에 있어서 위와 같은 판단 기준 시점에 관해 명시적으로 언급하지 않으며, 오히려 실무에 있어서는 보도 후 밝혀진 사실, 특히 혐의 보도 후 무죄로 판명된 사정이 상당성 항변의 인용에 장애 요인으로 취급되고 있음에 주목할 필요가 있다.

다만, 영국에서 레이놀즈의 항변은 주로 명예훼손으로 인한 손해배상청구 소송에서 제기되는 것이고, 그 인용 여부는 보도 당시의 정황을 기준으로 하기 때문에 그 항변이 인용되면 원고의 배상청구가 기각되지만, 기사의 진위는 계속 미결로 남을 수 있다. 그러나 원고의 입증 노력으로 기사가 허위임이 밝혀진 경우 법적 처리 여하가 문제될 수 있다. 이 경우 영국 법원은 동일 기사가 온라인으로 발행된 경우 허위로 판명된 이후 당해 기사는 위법하기 때문에 이를 제거하지 않은 피고에게 그에 상응하는 배상책임을 지우고 있다.272)

있는 저널리즘 기준(standard of responsible journalism)은 객관적인 것이고, 다른 법분야에서 사용되는 합리적 주의 기준("reasonable care")보다 더 모호한 것이 아니다. 여기에는, 첫째 다수의 판례법이 구축되어 있고, 둘째 … 신문들이 채용하여 언론불만처리위원회가 인가한 행동전범(Code of Practice)에 더 상세한 내용이 있다. 이것은 법원를 구속하지 않지만 가치 있는 지침을 제공할 수 있다"(LORD BINGHAM in Jameel [55]).

제3장

미국 판례의 전개
사실적시에 의한 명예훼손

1. 서론

앞서 본 바와 같이 영국의 전통적인 보통법(common law)은 명예훼손
에서 타인의 명예를 훼손하는 진술을 허위로 추정하였으며, 그 때문에 원
고(피해자)는 그의 명예를 훼손한다는 피고의 진술이 허위임을 입증할 필
요가 없었고, 피고(표현행위자)가 그 진술된 사실이 진실임을 입증하여야
만 패소를 면할 수 있었다(진실의 항변). 이렇게 명예훼손적 진술의 진실
입증책임을 피고(표현행위자)에게 부담시키는 체제는 뒤에서 보는 바와
같이 미국 이외에 세계적으로 공통된 현상이다.

그러나 미국에서는 1964년 설리번 판결 이래 원고가 피고의 진술이 허위
이며, 동시에 피고가 허위임을 알거나 경솔히 무시하여 공표하였음을 입증해
야 한다고 하여(이른바 현실적 악의 규칙), 종전 피고가 부담하던 입증책임을
원고에게 전환하였다. 위 판결은 처음 원고(피해자)가 공무원 등 공적 인물인
경우에만 입증책임을 전환하였으나, 추후의 판결들은 사인의 경우에도 공적
사항에 관한 보도에서는 피고의 진술이 허위임을 입증하지 않으면 배상받
을 수 없도록 하고 있다.[1] 결국 공익이 관련되는 사항에 관하여 진실은 피고가
그 책임을 벗어나기 위하여 입증할 항변 사항이 아니라 원고가 명예훼손 책임

---

1) Gertz v. Robert Welch, Inc.(418 US 339-40 (1974); Philadelphia Newspapers, Inc. v.
Hepps, 475 U.S. 767 (1986).

을 추궁하기 위해 그 진술이 허위임을 스스로 입증하여야 할 사항으로 변환되게 된 것이 오늘날 미국의 법적 상황이라고 할 수 있다.

이것은 명예훼손법의 법적 구조에 근본적인 변화를 가져온 중대한 사건이었다. 명예훼손 소송에서 원고가 허위 입증책임을 지는가, 아니면 피고가 진실 입증책임을 지는가는 소송의 승패에 결정적인 것이기 때문이다. 위 판결로써 그 이후 미국의 명예훼손 소송에서 미디어 피고는 패소하는 사례가 현저하게 적어졌다.

2. 1964년 설리번 판결

(1) 개관

미국에서 명예훼손법은 1964년 설리번 판결[2]에 의해 중대한 전기를 마련하게 되었다. 이 판결의 핵심 요지는 장구한 세월에 걸쳐 확립 적용되어 온 보통법의 전통을 벗어나 명예훼손적 보도 사실의 허위 입증책임을 원고에게 전환한 것이었다.

이 판결은 충분하고 활발한 공적 토론을 보증하기 위해 허위일 수 있는 명예훼손적 언론도 헌법적 보호를 받을 자격이 있다고 선언하여 명예훼손법을 헌법화하였다고 논의되었다.[3] 연방대법원은 공적인 쟁점에 관한 토론이 구속 없이, 건강하게 널리 개방되어야 한다는 심오한 국가적 소명을 강조하면서 "자유토론에는 잘못된 진술이 불가피하며, 표현의 자유가 생존하기 위해 ··· 필요한 숨 쉴 여지를 가지려면 허위의 언론도 허용되어야 한다"고 판시하였다.[4]

(2) 요지 – 진실입증책임의 전도 및 현실적 악의 규칙

연방대법원은 언론 자유를 보장하기 위한 목적에서 미디어의 보

---

2) New York Times v. Sullivan, 376 U.S. 254, 299 (1964).

3) 설리번 판결 직후 Garrison v. Louisiana, 379 U.S. 64 (1964) 판결은 허위임을 알거나 이를 경솔하게 무시한 진술은 헌법적 보호 범위 밖에 있다고 한다.

4) 연방대법원은 공적 쟁점에 관한 토론은 구속 없이, 건강하고 널리 개방되어야 한다는 헌법적 요청을 강조하고, 명예훼손의 경우 수정헌법 제1조의 명령은 진실이 처벌되거나 저지되지 않도록 보장하기 위해 약간의 허위를 보호하는 규칙을 요구하며, 따라서 선의의 실수는, 공표자가 적어도 공적 이슈와 공인에 관해 그들이 아는 사실을 공표하는 것이 저지되지 않도록 면책되어야 한다고 판시하였다(연방대법원에 의하면 자유롭고 구속 없는 표현행위는 자치에 관한 사항과 사회의 구성원이 그들 시대의 긴박한 문제에 대처하기 위해 필요하고 적절한 모든 정보에 미쳐야 한다고 하였다). 요컨대 보통법상 피고가 입증해야 하는 진실의 항변은 진실 입증이 실패할 것을 우려하는 언론이 공적 관심사에 관해 보도하는 것을 위축시키기기 때문에 언론의 자유 보호에 충분한 보장이 될 수 없다고 하여 피해자의 명예 보호보다는 언론의 자유의 우월성이 강조된 것이다.

도에 대한 명예훼손 소송에 적용되는 일정 세트의 헌법적 특권을 창설하였다.5) 그 특권의 기본적인 3 요지는, 첫째 모든 명예훼손 소송에서 원고는 진술이 허위임을 현실적으로 입증해야 하고, 둘째 그 진술이 과실(negligence)에 의해, 즉 그 진위에 관해 공표자가 알았거나 알았어야 한다는 점에 비추어 그 공표가 부당함을 입증해야 하며, 셋째 공적 지위를 갖거나 또는 논쟁적인 공적 쟁점에 연관되어 공적 인물로 분류된 원고는 과실(negligence)보다 높은 수준의 현실적 악의(actual malice)를 입증해야 한다는 것이다.

여기서 현실적 악의란 피고가 허위임을 알았거나 공표 당시 그 허위에 관해 현실적으로 중대한 의문을 가졌음에도 경솔하게 공표함을 말하며,6) 더구나 그 입증에는 명료하고 설득력 있는 증거(clear and convincing evidence)를 요한다. 이것은 공표 당시 피고의 주관적인 심적 상태에 초점이 맞춰진 것이고, 이를 입증하는 것은 매우 어렵다고 지적된다.7)

---

5) 이하 Randall P. Bezanson, THE LIBEL TORT TODAY, Washington and Lee Law Review, Volume 45 Issue 2(http://scholarlycommons.law.wlu.edu/cgi/viewcontent.cgi?article=2343& context=wlulr) p.540 이하 참조.

6) '현실적 악의'(actual malice, "constitutional malice"라고도 함)란 피고가 명예훼손적 사실이 허위임을 알거나 경솔하게 무시하는 것을 의미한다. 이 현실적 악의는 보도된 사항의 진위 여부에 관한 피고의 태도를 의미하는 것이어서, 원고에 대한 피고의 태도를 문제시하는 나쁜 의사(ill will)란 의미의 보통법상 악의(common law malice)와는 다른 것이며(Letter Carriers v. Austin, 418 U.S. 264 (1974)), 피고에게 보통법상의 악의가 있다는 입증만으로는 원고가 승소할 수 없게 된다.

7) St. Amant v. Thompson, 390 U.S. 727 (1968)에서 연방대법원은 헌법적 악의의 요건에 관한 중대한 지침을 마련하였다. 그에 의하면 피고가 진실이라고 정직하게 믿었다는 것만으로는 승소가 보장되지 않고, 그 명예훼손이 선의로 행해지지 않은 경우에는 책임을 면할 수 없다고 하면서, 피고의 기사나 이야기가 날조된 경우, 그의 상상의 산물인 경우, 확인되지 않은 익명의 전화 통화에만 전적으로 의존한 경우, 본질적으로 있음직하지 않아서 오직 경솔한 사람만이 (그 허위 진술을) 유통시키게 될 경우 또는 제보자의 진정성이나 그 보도의 정확성을 의심할 명백한 이유가 있는 경우 등에는 선의라는 주장이 실패하게 된다고 판시하였다(390 U.S. 727, 732 (1968)).

(3) 적용

연방대법원은 1964년 설리번 판결에서 현실적 악의 규칙을 천명한 후, 이어진 판결에서 이를 더 무겁게 적용하면서 피고에게 유리한 방향으로 적용하고 있다.[8]

첫째, 진실에 관한 경솔한 무시 기준은 객관적이 아니라 주관적으로 판단된다. 피고가 비이성적으로 또는 직업윤리에 반하여 행동하였다는 등 객관적으로 요구되는 바의 입증이 요구되는 것이 아니라, 피고가 진술을 공표함에 개연적 허위를 의식적으로 무시하였다는 점이 입증되어야 한다.[9]

둘째, 현실적 악의의 입증에 관해, 민사소송에서 일반적으로 통용되는 증거의 우위("preponderance of the evidence")만으로는 충분치 않고, 명백하고 설득력 있는 증거("clear and convincing evidence")에 의한 입증이 요구된다.[10]

셋째, 현실적 악의는 진실 여부에 대한 피고의 태도를 의미하는 것이고,[11] 피고의 원고에 대한 태도는 문제시하지 않는다. 따라서 피고의 진술의 동기나 의도로서 명시적 악의나 보통법상의 악의(원한, 해의 또는 복수심 등)가 증명되더라도 그것만으로는 현실적 악의가 성립되지 않는다.[12]

넷째, 명예훼손 소송에서 항소심은 하급심의 판단에 불구하고 현

---

8) Vincent R. Johnson, Comparative Defamation Law: England and the United States, 24 U. Miami Int'l & Comp. L. Rev. 1 (32-36), http://repository.law.miami.edu/umiclr/vol24/iss1/3

9) 공무원은 당해 보도가 "고의적으로 조작되었다든가 공표자가 개연적인 허위를 알았음에도 불구하고 경솔하게 보도했다는 점을 입증할 수 있는 경우에만" 명예훼손으로 배상을 받을 수 있다(Curtis Pub. Co. v. Butts, 388 U.S. 130, 153 (1967)).

10) Harte-Hanks Commc'ns, Inc. v. Connaughton, 491 U.S. 657, 661.

11) Harte-Hanks Commc'ns, Inc. v. Connaughton, 491 U.S. 657, 665 (1989).

12) Garrison v. State of La., 379 U.S. 64, 73 (1964).

실적 악의 기준의 충족 여부를 다시 평가할 수 있다.13)

다섯째, 가장 주목할 점은 애초에 1964년 설리번 판결은 피해자(원고)가 공무원인 경우에 한하여 이른바 '현실적 악의의 규칙'(actual malice rule)을 적용하여 원고에게 허위의 입증책임을 부과하였으나, 이후의 판결들은 공무원 이외의 모든 공적 인물14)에 이를 확대 적용하고 있다는 점이다.15)

<미국 연방대법원의 공인 관련 판례>

미국 판례에서 공적 인물로 인정되는 부류에는 ① 공무원(public official), ② 전방위적 공적 인물("all-purpose" public figure), ③ 제한적인 공적 인물(limited-purpose or 'vortex' public figure) 등 3가지 범주가 포함된다. 이들 공적 인물에 관한 보도에 현실적 악의 규칙을 적용하여 특별 취급하는 논거로서는 ① 정부의 직을 보유하여 공적인 정책에 영향을 미칠 수 있기 때문이라는 입장(government affiliation test) ② 공인은 자의(自意)에 의해 자신을 공적인 비판의 대상으로 만들었기 때문에 명예훼손의 위험을 감수하여야 한다는 위험인수론(assumption-of-the-risk rationale) ③ 통상적으로 공인은 사인보다 미디어에 대한 접근 및 대응의 기회가 용이하고 많다는 점(access to channels of self-help) 등이 지적되고 있다.16)

미국 법원들이 공적 인물로 판시한 사례를 개관하면 다음과 같다.
① 공무원: 공적 인물로 취급되는 공무원은 실질적으로 책임을

---

13) Bose Corp. v. Consumers Union of the U.S., Inc., 104 S. Ct. 1949, 1967 (1984).

14) 연방대법원은 1967년 저명한 공적 인물에 현실적 악의 규칙을 적용하였고(Curtis Publishing Co. v. Butts, 388 U.S. 130 (1967)), 1974년 판결(Gertz v. Robert Welch, Inc., 418 U.S. 323 (1974))은 이를 확인하면서 사인에 대한 명예훼손에는 과실만이 요구된다고 판시하였다.

15) 공적 인물의 정의와 범주 및 그에 대한 특별 취급에 관한 상세한 논의는 박용상, 명예훼손법(현암사 2008), 249-258면 참조.

16) Bruce W. Sanford, Libel and Privacy, Second Edition, Prentice Hall Law & Business (1993), p.253.

지고 정책 결정에 참여하는 자이어야 한다. 판례는 연방이나 주의 선거직 공무원(지위 고하를 막론함), 공직 입후보자, 법관, 경찰 및 군의 고위 간부, 대통령과 지방의 정책결정 위원, 교육계 고위행정 관, 연방 및 주의 중요 정책결정기관의 집행관리를 이러한 공무원으로 본다.17) 이러한 기준에 따라 판례는 단지 정부와 연관이 있고 뉴스가치가 있다는 두 요건의 결합만으로는 위 공무원으로서의 요건을 충족하지 못한다고 한다.

②　전방위적 공적 인물("all-purpose" public figure): 여기에는 뉴스밸류 있는 저명성(celebrity) 또는 공적인 관심사에 대한 영향력에 의해 언론의 큰 주목을 받는 자, 예컨대 저명인사, 전국적 인기를 갖는 연예인, 운동선수, 백만장자, 전국적 인기프로의 앵커맨, 대기자 등을 들 수 있다. 판례에 나타난 전면적 공적 인사로서는 Johnny Carson, Ann Margaret, Ralph Nadar, Burnett 등이 있으나, 인기도가 높지 않은 연예인, 운동선수 등은 이에 해당되지 않는다. 그리고 상습적인 파렴치범 전과자 또는 민권운동가인 Martin Luther King 목사의 살해범 등 악명 높은 전력 때문에 전면적 공적 인사로 취급되는 경우도 있다(이른바 libel-proof doctrine).18) 이들 전면적 공적 인사에 관하여는 공적 이해와 전혀 무관한 일부의 프라이버시 사항을 제외하고는 모든 목적에서 또는 모든 맥락에서 공적 인물로 취급된다. 모든 측면의 공적 인물("all-purpose" public figure)이란 말은 개념적으로 수수께끼 같은 범주이다. 마이클 조단이나 마돈나 같이 생의 모든 국면에서 공인으로 간주되는 메가 저명인의 경우 연계 요건은 무시되고 이들 유형의 저명인에게는 사생활 영역이 전혀 존재

17) David A. Elder, Defamation: A Lawyer's Guide, Clark Boardman Callaghan, Deerfield, Il. (1993), Chapter 5: Public Status, p.3.
18) Sanford, id. p.348.

하지 않게 된다.

③ 제한적 공적 인물(limited-purpose or 'vortex' public figure): 이 개념은 공적 인물로서 가장 빈번히 문제되지만 가장 논란되는 모호한 개념이다. 이 부류의 공적 인물로 인정되기 위해서는 ① 이미 존재하는 공적 논쟁(public controversy)에 관해 ② 그 논쟁에 자발적으로 참여하여 ③ 그 논쟁의 결과에 영향을 미치려고 노력했을 것의 3가지 기준이 요구된다. 공적 주목을 추구함으로써 경력을 쌓으려고 하는 사람은 그들의 공적 업무 수행(performance)에 관한 보도에서 공적 인물이 된다. 연예인이나 운동선수 기타 가시적 경력 때문에 주목을 받는 인물이 이에 해당한다.

그러나 단지 뉴스 가치가 있다는 점만으로는 무거운 설리반 부담을 정당화하기에 충분하지 않다. 따라서 지역적으로 잘 알려진 인권변호사는 의문사 사건을 수임하여 소송을 수행하였다 하여 공인이 될 수 없고,[19] 저명한 사교계 명사가 여러 차례 기자회견을 가졌다 하더라도 그 이혼과 관련하여 공인으로 취급되지 아니하며,[20] 연방보조금 수령자인 과학자,[21] 대배심 소환에 불응하여 법정모욕 혐의를 받은 사람은 그가 그리함으로써 보도를 격발하게 될 것으로 알았더라도 공인으로 취급되지 않았다.[22]

상술한 바와 같이 연방대법원은 공적 인물의 요건을 엄격하게 정하고 있으나, 하급심 법원들은 이러한 기준을 충실히 따르지 않아 비판받고 있다. 주목할 것은 이들 공적 인물로 인정된 자는 시간이

---

19) Gertz v. Robert Welch, Inc., 418 U.S. 323, 351-52 (1974).

20) Time, Inc. v. Firestone, 424 U.S. 448, 453-55 (1976).

21) Hutchinson v. Proxmire, 443 U.S. 111 (1979), 이 사건에서 법원은 명예훼손으로 피소된 자는 그 자신의 행위에 의해 원고가 공인으로 된다고 항변할 수 없다고 판시함.

22) Wolston v. Reader's Digest Ass'n, Inc., 443 U.S. 157, 166-69 (1979).

경과하여도 그가 공적 인물로 인정된 사안과 관련하여 공적 인물의 속성을 잃지 않는다는 점이다.

나아가 1974년 연방대법원은 사인인 원고의 경우에도 피고의 보도가 허위임과 동시에 허위 사실을 보도함에 과실이 있음을 입증해야 한다는 입장을 천명하였다.[23]

위 판결 이래 민사상 명예훼손의 소인에는 ① 원고에 관한 ② 허위의 ③ 명예훼손적 진술의 공표가 ④ 일정한 정도의 과오(과실 또는 현실적 악의)로써 ⑤ 명예에 대한 손해의 발생을 요건으로 하게 되었다.

이상 미국 판례를 종합하자면, 명예훼손 사건에는 (1) 공무원 또는 공인에 관한 사건, (2) 사인의 공적 사안에 관한 사건, (3) 사인 원고의 미디어 피고에 대한 공적 사안에 관한 사건, (4) 사인 원고의 비미디어 피고에 대한 사적 사안에 관한 사건 등 최소한 4가지의 부류가 존재할 수 있다. 이 중 (1) (2) 유형의 사건에서는 현실적 악의의 규칙이 적용되고, (3) 유형에서는 과실의 입증이 요구되며, (4) 유형의 사건에서는 기존의 엄격책임 규칙이 적용되게 된다.[24][25]

---

23) Gertz v. Robert Welch, 418 U.S. 323, 342-48 (1974). 동 판결에 의하면, 공적 관심사에 관한 보도로 피해받은 사인의 경우 보상적 손해(원고가 입은 현실적 손해(actual damages)를 그가 입증한 범위 내에서)를 배상받으려면 단순한 과실 기준이 요구될 뿐, 현실적 악의의 입증이 요구되지 않으나, 추정적 손해(presumed damages)나 징벌적 손해(punitive damages)를 배상받으려면 현실적 악의를 입증해야 한다. 다만, 순수한 사인의 비미디어 피고에 대한 비공익 사항의 명예훼손소송에서는 기존의 보통법상 진실에 관한 피고의 입증책임이 그대로 적용된다(허위 사실의 신용보고 사건: Dun & Bradstreet v. Greenmoss Builders, 472 U.S. 749, 760-61 (1985)). 이어 Philadelphia Newspapers v. Hepps, 475 U.S. 767, 771 (1986) 판결은 공적 관심사에 관한 보도가 문제된 경우에는 피고에게 적극적 진실입증 의무가 없고, 사인인 원고가 실체적 허위의 입증책임을 부담한다고 판시하였다.

24) Id. 결국 미국에서 종전 보통법상의 전통적인 진실항변의 법리가 적용되는 경우는 사인 원고의 비공적 사안에 관한 보도에 국한된다(Elder, Defamation: A Lawyer's Guide, Ch. 2. p.11). 즉, 사인 원고는 비공적 사안에 관한 보도에 대해 제소하는 경우 허위임을 입증할 필요가 없고, 피고가 진실임을 입증하여 항변해야 한다.

25) JULIE C. SIPE, "OLD STINKING, OLD NASTY, OLD ITCHY OLD TOAD": DEFAMATION LAW, WARTS AND ALL (A CALL FOR REFORM), INDIANA LAW

1964년 뉴욕타임스 사건에서 선언된 현실적 악의 규칙은 민사 및 형사 명예훼손뿐 아니라 프라이버시 침해 소송26)에도 적용되었다. 명예훼손 원고의 불이익은 헌법적 악의 규칙뿐 아니라 뒤에서 보는 바와 같이 공정보도의 이론에 의해 가중된다. 미국의 주류 판례는 공정보도에 해당하면 헌법적 악의를 배제하는 것으로 취급한다.

(4) 영향 및 비판

1964년 설리번 판결은 수정헌법 제1조를 근거로 널리 적용되는 새로운 헌법적 특권(constitutional privileges)을 창설하였고, 이에 의해 명예훼손의 보통법은 극적으로 변화하였다.27) Bezanson 교수에 의하면 동 판결은 명예훼손의 불법행위를 혁명적으로 바꾸었고, 이후 미국 명예훼손법은 보호법익, 배상, 공표 및 특권 등 불법행위의 모든 중심 요소에서 근본적으로 변화하였다고 한다.28)

대부분의 미국 학자들은 개인의 명예권에 대해 언론의 자유를 우선시킨 설리번 판결을 긍정적으로 보고 있지만,29) 일부 학자들은

REVIEW [Vol. 41:137(144)] (2008). https://mckinneylaw.iu.edu/ilr/pdf/vol41p137.pdf

26) 연방대법원은 왜곡적 프라이버시 침해(false light tort)의 경우에도 공인인 원고는 공익이 관련된 사건에서 피고가 허위임을 알거나 경솔하게 무시한 점을 적극적으로 입증해야 한다고 판시하였다(Cox Broad., 420 U.S. at 490 (dictum)).

27) Randall P. Bezanson, THE LIBEL TORT TODAY, Washington and Lee Law Review, Volume 45 Issue 2, p.539http://scholarlycommons.law.wlu.edu/cgi/viewcontent.cgi?article=2343&context=wlulr

28) Bezanson, id., p.536.

29) Harry Kalven, Jr., The New York Times Case: A Note on "The Central Meaning of the First Amendment", 1964 SUP. CT. REV. 191; Arthur L. Berney, Libel and the First Amendment – A New Constitutional Privilege, 51 VA. L. REV. 1 (1965); Robert C. Post, The Social Foundations of Defamation Law: Reputation and the Constitution, 74 CAL. L. REV. 691 (1986). 염규호 교수는 "설리번 판결은 지난 50년간 미국의 참여 민주주의를 구현하는 대표적인 상징이었"고, "군림하는 정부가 아니라, 언론과 시민의 감시를 정치의 불가결한 메커니즘으로 가능케 한 것이"었고, "이 때문에 설리번 판결은 크게는 미국의 민주주의를, 적게는 미국민의 언론 표현의 자유를 재탄생시켰다고" 설술한다(염규호, 설리번 판결 50주년과 언론의 자유: 제1 수정헌법의 국제적인 영향, 언론중재, 2014년 봄호 56면 이하.

보통법에 장기간 형성되어 온 양자의 세심한 균형을 무너뜨리고 명예 보호를 포기하게 되었다고 격렬하게 비판한다.30)

동 판결이 영국의 신분사회적 전통에 얽매인 고루한 보통법의 명예훼손법을 헌법적 관점에서 조명하여 새로운 관점을 개척하고 민주사회에서 언론 자유의 소명과 보호 필요성을 장쾌한 어조로 피력하고 있어 그 영감적 호소력은 강력하다. 그 때문에 언론이 억압받는 권위주의적 체제하의 여러 국가에서 이 판결은 선망과 칭송의 대상이 되었고, 실제로 많은 국가의 법원은 언론의 자유를 강조하거나 언론인의 노력을 평가함에 그 판결의 장쾌한 문장을 자주 인용한다. 그러나 1960년대에 설리번 판결에서 개진된 언론 자유의 소중한 가치는 이미 현대 제국에서 의심 없이 받아들여지고 있다. 이제 그 판결의 법리가 법적 관점에서 명예훼손법의 지상 목표인 언론과 명예 간의 정의로운 균형을 이루게 한 것인가에 관해서는 법리상 세밀한 분석과 비판을 요한다.

가. 입증책임 전도의 영향

첫째, 설리번 판결에 의해 미국의 명예훼손법은 고도로 헌법화하였고, 수백 년간 전개되어 온 보통법의 상부구조(superstructure)에서 벗어나게 되었다. 그 대표적 변화가 진실 입증 책임의 전도였다. 그것은 전통적 보통법에서는 단지 명예훼손적 진술만으로 소인이 인

---

http://www.pac.or.kr/kor/pages/?p=60&magazine=M01&cate=MA02&nPage=2&idx=619&m=view&f=&s=).

30) 현실적으로 보아 미국에서는 사회적 정치적으로 보나 경제적 면에서 언론의 힘이 강력하게 법에 영향을 미치고 있으며(David S. Ardia, Reputation in a Networked World: Revisiting the Social Foundations of Defamation Law, Harvard Civil Rights-Civil Liberties Law Review, Vol. 45, p.261, 303 [2010] http://ssrn.com/abstract=1689865), 더구나 미국에서 미디어 명예훼손 전문가는 거의 미디어를 대변하며, 명예훼손 원고를 위한 변호사는 많지 않다는 지적이 있다(RUSSELL L. WEAVER ET AL., THE RIGHT TO SPEAK ILL: DEFAMATION, REPUTATION, AND FREE SPEECH (2006)).

정되었으나, 입증책임의 전환으로 미국법에서는 '허위의' 명예훼손적 진술이 명예훼손의 소인의 구성요소로 되었음을 의미한다.

영국 보통법의 엄격책임주의가 명예훼손적 진술을 일단 허위로 추정하고 그 명예훼손적 진술자에게 그 진실임을 입증하도록 한 것은 오랜 경험을 반영한 것이었고, 이러한 법리는 영국에서 수차의 논란에도 불구하고 그대로 유지되어 오고 있다. 영국 보통법을 계수한 영연방국가와 기타 대륙법계 국가도 영국과 같은 입증책임 분배 원칙을 채택하고 있으며, 미국 이외의 국가에서 명예훼손 소송의 진실의 입증 책임을 원고(피해자)에게 전도한 사례는 희소하다.[31] 유럽인권재판소는 허위의 추정과 피고에게 진실의 입증 책임을 부과하는 것은 유럽인권협약에 위반되지 않는다고 판시하였다.[32]

영국, 그리고 같은 보통법 체제를 이어받은 커먼웰스 제국(호주, 캐나다, 뉴질랜드 등)에서도 미국의 설리번 판결의 취지를 도입할 것인가 여부가 논란된 바 있지만, 보통법상 명예훼손법의 근간을 바꾸는 그 판결의 변혁적 판지와 그 심대한 영향 때문에 그 도입이 거부된 바 있다. 이들 국가는 다년간 발전 형성되어 온 보통법이 명예와 언론의 자유 간에 세심하고 공정한 균형을 도모하고 있다는 이유를 근거로 이러한 보통법의 법적 전통을 일거에 파괴하는 설리번 규칙의 도입을 거부한 것이다.

먼저 영국은 상술한 바와 같이 2001년 레이놀즈 판결[33]에서 미디어의 보도의 자유를 확대하기 위해 보통법상의 제한적 특권을 미디어에 적용하는 조치를 취하여 '공적 사안에 관한 보도의 제한적 특권'을 도

---

31) 염규호 교수에 의하면 설리번 판결에서 형성된 현실적 악의의 법리는 1999년 필리핀 대법원 (Borjal v. Court of Appeal, 301 SCRA 1 (1999)), 1987년 아르헨티나 대법원(Argentina Supreme Court of Justice, Fallos: 310:508 LA Ley-1987-B269 (1987))에 의해 채택되었다고 한다(염규호, 설리번 판결 50주년과 언론의 자유: 제1수정헌법의 국제적인 영향, 언론중재, 2014년 봄호 56면 이하:http://www.pac.or.kr/kor/pages/?p=60&magazine=M01&cate=MA02&nPage= 2&idx=619&m=view&f=&s=).

32) Wall Street Journal Europe Spr v. UK (2000); McVicar v. UK (2002).

33) Reynolds v. Times Newspapers [2001] 2 A.C. 127, 204 (appeal taken from H.L.) (U.K.).

입하였으나, 입증책임을 전환하는 설리번 규칙은 취하지 않았다. 영국 귀족원은 레이놀즈 사건에서 미국에서와 같이 미디어 피고를 위해 현실적 악의의 법리를 채용할 것인가 여부를 검토하였는데, 귀족원은 악의의 입증책임을 원고(피해자)에게 전가하는 것이 부당한 이유로서 악의는 그 입증이 매우 어렵다는 점, 미국과 달리 영국법에서는 취재원이 보호된다는 점(정보의 취재원이 밝혀지지 않으면 악의 입증은 불가능하거나 매우 어렵다),[34] 그리고 미국에서는 사전 디스커버리 절차에 의해 피고의 악의를 입증할 가능성이 있다는 점[35]을 들고 있다.

캐나다 최고법원은 1995년 공적 사안의 보도에 관해 설리번 스타일의 항변을 거부하였다.[36] 호주 최고법원은 1997년 판결[37]에서 발행인이 합리적 판단으로 정부 및 정치적 사안에 관한 자료를 공표하는 경우 제한적 특권에 의해 보호된다고 판시하였고, 뉴질랜드 항소법원 역시 1997년 판결[38]에서 보통법상의 제한적 특권을 의회 의원이나 입후보자의 공직 적합성 등 정치적 사안의 보도에 적용하는 데 그쳤다.[39]

---

34) Reynolds v. Times Newspapers [1999] UKHL 45. 위 사건 판시에서 니콜스경은 "명예훼손적 사실의 … 주장을 듣는 독자들은 그것이 진실인지 아닌지를 알 수단을 갖지 못한다. 그러한 비난에 관해 원고가 악의를 입증할 수 있어야 구제받을 수 있다면 충분한 보장이 될 수 없다. 악의는 입증이 극히 어렵다. 만일 신문의 취재원 공개 거부권이 인정된다고 이해하면, 원고는 실질적으로 필요한 입증 방법이 없고, 신문이 더 이상 진실조사 없이 무사려하게 행동했다고 주장할 수도 없다. 이렇게 명예에 관한 추가적 보장이 없는 경우 신문은 특종 욕심에서 실제로 아주 빈약한 자료에 기해서도 중대하게 훼손적인 오류 진술을 자유롭게 발행하게 될 것이다. 신문이 추후 그 주장을 철회하지 않으면 피해 정치인은 그의 이름을 깨끗이 하게 할 수단을 갖지 못할 것이고, 공공은 무엇이 진실인가를 알 수단을 갖지 못할 것이다. 표현의 자유에 대한 과도한 침해 없이 달성될 수 있다면, 명예 보호를 위한 추가 수단이 필요하다"고 강조하였다.

35) "미국에서는 심리전 문의절차(pre-trial enquiry)에서 기사의 소스 및 편집 결정에 관해 원고가 질의할 권한이 있다(Herbert v. Lando (1979) 441 U.S. 153). 영국에서는 원고가 그러한 정보 없이 명예훼손 제소를 함에는 실질적으로 장애가 있다. 이러한 절차적 제약 때문에 영국에서 정치적 언론에 대해 일괄적인 제한적 특권을 인정한다면 허위사실 주장에 의한 피해자가 진실에 관한 무사려한 무시를 입증하는 것은 매우 어려워질 것이다"(Reynolds v. Times Newspapers [2001] 2 A.C. 127 LORD STEYN의 설시).

36) Hill v. Church of Scientology of Toronto (1995) 126 D.L.R. (4th) 129.

37) Lange v. Australian Broadcasting Corp. (1997) 189 C.L.R. 520, 521 (Austl.).

38) Lange v. Atkinson, [1997] 2 N.Z.L.R. 22 (H.C.).

39) 인도 최고법원만이 미국의 설리번 규칙을 도입하고 있는 것으로 보고되고 있다. 동 법원은 1994년 공무원이 그 직무수행에 관한 비판에 대해 배상받으려면 피고가 진실에 관해 무사려하게 행동하였음을 입증하여야 한다고 판시하였다(Rajagopal v. State of Tamil Nadu (1994) 6 S.C.C. 632, 650).

이들 국가에서 미디어는 공적·정치적 사안에 관해 제한적 특권을 부여받고 있지만, 그러한 제한적 특권은 그 요건에 관해 미디어가 주장 입증을 요하는 항변에 머물고 있다. 유럽인권재판소도 명예훼손 소송에서 허위의 추정과 피고에게 진실의 입증 책임을 부과하는 것은 유럽인권협약에 위반되지 않는다고 판시한다.[40]

나. 명예 경시 경향

둘째, 가장 큰 변화는 동 판결 이후 현저한 경향으로 나타난 명예 보호의 경시문제이다. 동 판결은 명예훼손법을 헌법화한다는 관점에서 진실 입증책임을 원고에게 전도하고 종전 보통법상의 각종 특권 이외에 새로운 헌법상의 특권[41]을 도입함으로써 언론에게는 강력한 힘을 주었으나 피해자의 명예는 무시되는 결과를 초래하였다. 동 판결은 원고(피해자)가 진술의 허위성과 함께 피고의 잘못(과실 또는 현실적 악의)을 입증하게 함으로써[42] 원고의 승소가능성을 현저하게 축소시킨 반면,[43] 미디어 피고는 거의 모든 소송에서 승소하게 되었다. 이렇게 설리번과 후속 판결은 미디어에 거의 절대적 특권을 허용하여 원고의 구제를 거의 불가능하게 함으로써 미디어 통제 형태인 명예훼손과 프라이버시 책임을 효과적으로 제거하였다고 비판받고 있다.[44]

---

40) Wall Street Journal Europe Spr v. UK (2000); McVicar v. UK 2002.

41) '현실적 악의 규칙'은 명예훼손에서 헌법적 초특권으로 인정된다. David A. Anderson에 의하면 1964년 설리번 판결에 의해 명예훼손에 대한 헌법의 간섭이 중복으로 행해졌음에도 불구하고 명예훼손의 불법행위법에는 실제 거의 보완이 없었다고 한다. 예를 들어 표현행위자를 보호하는 수많은 보통법상의 특권이 있음에도 그에 더해 현실적 악의 법리가 일종의 헌법적인 초특권으로 적용되었다는 것이다(id. at 1053).

42) 원고가 입증해야 하는 피고의 현실적 악의는 피고의 내적인 심적 상태에 관한 것이어서 입증이 쉽지 않음에도 미국 판례는 그에 관해 명백하고 설득력 있는 증거(clear and convincing evidence)를 요구하고 있다.

43) Bezanson, id. p.540. 일반적 관측에 의하면 미디어 피고를 상대로 한 소송에서 원고의 승소율은 10%에 불과하다고 한다.

44) LAURENCE H. ELDREDGE, THE LAW OF DEFAMATION 7-8 (1978); Gerald G.

다. 명예훼손법제의 기본 취지

셋째, 동 판결은 명예훼손법의 사회적 존재의의와 기본적 틀을 벗어나게 하였다는 점이다. 설리번 판결의 현실적 악의 규칙은 보통법상 전통적인 진실의 항변, 공정보도의 특권 기타 여러 제한적 특권의 요건과 그 적용에 중대한 변화를 초래하였다. 보통법상의 여러 제한적 특권은 복잡하지만, 그 공통된 특징을 보면 각개의 특권은 한정된 상황에 개별적으로 적용되는 것이어서, 한정된 상황에서 특정 진술의 사회적 가치에 관한 판단을 반영하고 있다. 그러나 설리번 판결과 후속 판례들에 의해 범주적으로 적용되는 헌법적 특권은 보도의 한정된 상황이나 내용을 무시한 채 공표사항이 허위임을 요건으로 원고가 공인인가 사인인가 여부에 따라 적용될 특권이 현실적 악의인가 과실인가를 각각 결정하게 된다.[45] 그것은 보도 사실의 진실 여부에 집착하여 공동체 기반의 외적 명예를 보호한다는 명예훼손법의 기본적 틀을 떠나게 된 것을 의미한다.[46] 과거 수백년간 경험에 따른 기존 보통법상의 형량 기준은 적용될 수 없었고, 결국 언론과 인격권의 조화적 절충에 의한 형량은 등한시되게 되었다.

라. 분쟁의 격화 및 장기화

넷째, 동 판결은 이미 복잡하고 어려운 보통법의 명예훼손법을

Ashdown, Journalism Police, 89 MARQ. L. REV. 739, 750-51 (2006), https://scholarship. law.marquette.edu/cgi/viewcontent.cgi?article=1118&context=mulr; David A. Logan, Libel Law in the Trenches: Reflections on Current Data on Libel Litigation, 87 VA. L. REV. 503, 519-20 (2001).

45) Bezanson, id. p.550.

46) 명예는 타인에 의해 인식된 명예로서 성질상 관계적인 것이고 그에 대한 손해는 타인들의 눈에 의한 것인데, 허위는 공동체 기반의 이슈가 아니기 때문에 이러한 상황과 외적 인식은 원고 입증의 주된 요인이거나 피고의 가용적 항변이 되지 않게 된다(Randall P. Bezanson, THE LIBEL TORT TODAY, 548).

더욱 복잡하고 어렵게 하였으며,47) 이후 명예훼손 소송은 복잡성과 혼란 속에서 더 큰 시간과 비용을 요하는 제도로 변하였고, 그 사회적 효용을 잃게 되었다.

특히, 1964년 설리번 판결 이후 소송의 실무를 보면, 모든 명예훼손 소송에서 공방의 주된 초점은 보도내용의 진위에 관한 피고의 잘못(과실 또는 현실적 악의) 여부에 집중되었고, 특히 공인이 그에 대한 비판적 보도를 제소하는 경우에는 문턱 요건(threshold requirement)으로서 기초되는 허위에 관해 헌법적 악의("constitutional malice")의 입증이 요구되었고, 그로 인해 사건의 실체심리에 들어가 원피고 간의 이익 형량이 행해지기 전에 당사자들의 자원과 시간이 소모되었으며 그만큼 효율적인 분쟁해결에는 불리한 영향을 갖게 되었다.48)

전술한 바와 같이 복잡하고 뒤얽힌 보통법상 명예훼손의 소인(訴因)과 특권에 관한 법리는 법관이나 변호사뿐 아니라 피해자나 미디어에게 판결 결과에 대한 예측을 어렵게 하고,49) 때로 거액의 징

---

47) 야서 교수는 "판사들이 애써 보통법의 미궁에서 길을 찾는다 하더라도 그들은 단지 혼동만을 더한 잘못된 또는 부분적 통로만을 찾는 데 성공할 뿐이었다. 그런데 1964년 연방대법원은 고심한 끝에 대담하게 미국식 해법을 찾았다고 자신했으나, 그 노고의 결과는 미궁에서 가장 혼란스런 시험적 통로를 찾았을 뿐이었다"고 비판한다(Ray Yasser, Defamation As a Constitutional Tort: With Actual Malice for All, Tulsa Law Review Volume 12 | Issue 4 Article 1, 601, 602 (1977).https://digitalcommons.law.utulsa.edu/cgi/viewcontent.cgi?article=1388&context=tlr).

48) 피고의 내적 심리상태인 현실적 악의의 입증은 극히 어려울 뿐 아니라 그 조사에는 피고의 편집과정에 관해 많은 간접 증거가 요구되었으며, 설사 미국 소송법 상 허용되는 사전 디스커버리 절차에 의해 그 증거조사가 가능하다 하더라도, 그것은 피고 미디어의 편집과정을 노출시킬 뿐 아니라 소송이 장기화하고 노력과 비용을 증가시키는 폐단을 가져왔다. 명예훼손 소송은 위와 같은 문턱요건에 관한 심사에 장기간에 걸쳐 막대한 소송비용을 소요하게 되고, 그 입증의 어려움 때문에 결국 원고 패소로 귀결되는 비율이 높았다. 그 때문에 피해자들 입장에서는 큰 불만이 야기되고 명예훼손 제도의 무용론까지 제기되게 되었다. 그럼에도 위 입증이 성공하는 경우에는 징벌적 배상을 포함한 고액의 배상액이 명해지므로 이를 막연히 기대하는 원고나 그 패소를 피하려는 피고 간에 고비용이 드는 치열한 대결이 행해지게 되었다.

49) "그 얽히고 정치한 법리적 구조는 변호사나 법관들이 어떤 법리를 적용하여 어떠한 결론을 낼 것인가에 혼란을 주고 어렵게 한다. 소송비용은 막대하고 이렇게 표현행위에 중대한 부담이 되지만 그것은 명예의 손해를 거의 구제하지 않는다"(David A. Anderson, Rethinking Defamation, Arizona Law Review, Vol. 48, p.1047, 1057 [2006]); "당사자들은, 명예훼손 시스템의 해결이 너무 모호해 양 당사자들이 승소할 수 있다고 생각하기 때문에, 소송을 고

벌적 배상이 인용되는 사례를 보는 원고들로 하여금 제소를 남발하게 할 뿐 아니라 미디어 피고들 역시 거의 승소하게 된다는 기대와 심급을 거듭할수록 인용액이 줄어드는 법원 실무 관행에 비추어 끝까지 소송을 수행하려는 유인을 뿌리칠 수 없게 된다. 결국 남소의 폐단과 더불어 소송상 화해에 의한 해결을 어렵게 하여 소송을 장기화 고비용화하는 사회적 피해를 키우게 된다.

이 때문에 미국의 판례는 피해자 개인의 이익뿐 아니라 미디어의 언론 자유를 보호함에도 실패하였으며, 명예훼손제도가 목적으로 하는 사회적 이익을 보호함에도 실패하였다는 비판이 제기된다.[50] 심지어 David Anderson 교수는 미국의 명예훼손법은 개혁할 가치가 없고, 폐지할 것을 주장하였다.[51]

마. 진위 불명의 경우

다섯째, 보도의 진위 여부가 입증되지 않는 경우에는 원고에게 현저히 불리한 결과가 생길 수 있다. 소송 실무상 진술이 진실 또는 허위 어느 쪽으로도 입증이 불가능한 상황("unknowably true or false")이 적지 않게 나타나는데,[52] 예를 들어 아무 증거도 없는 사

집하려는 법적 인센티브가 크다"(Bezanson, THE LIBEL TORT TODAY, p.553).

50) "설리번 판결에 의해 창설된 특권을 신뢰한 자들에게 오늘날의 명예훼손 불법행위는 그것이 언론의 자유 보장에도 실질적으로 부족하며, 개인의 명예보호에도 실패하였기 때문에 실망을 준다"(Bezanson, id., p.553); Marc A. Franklin, *A Declaratory Judgment Alternative to Current Libel Law*, 74 CAL. L. REV. 809, 810 (1986)).

51) "현 상태에서 명예훼손법은 지킬 필요가 없다. 우리는 대부분의 청구가 값비싼 소송 후에 법원에 의해 거부되는 시스템을 가지고 있다. 그것은 거대한 횡재의 망상을 주며, 피고들에게는 침입적이고 장기화된 소송의 악몽을 주고, 공공은 법이 허위보다 진실을 선호한다는 점에 확신을 주지 못한다. 만일 우리가 더 낫게 할 수 없다면 명예훼손법을 폐지하는 것이 정직과 효율의 요구이다"(David A. Anderson, Rethinking Defamation, Arizona Law Review, Vol. 48, p.1047, [2006]). 그럼에도 그는 언론의 가치가 얼마나 크든 문명사회는 명예보호를 거부할 수 없다고 한다(David A. Anderson, Is Libel Law Worth Reforming? 140 U. PA. L. REV. 487, 497 (1991)).

52) 리스테이트먼트는 입증도 반증도 어려운 일반적인 비난의 문제를 다음과 같이 설명하고 있

안에 관한 보도 또는 제출된 모든 증거에 의해서도 진위가 판명될 수 없는 경우가 있을 수 있고, 더욱이 피고가 취재원의 신원 공개를 거부하는 경우 이러한 상황은 쉽게 야기되기도 한다. 이 경우 입증책임의 분배가 결정적인 의미를 갖는데, 피고가 진실입증 책임을 부담하는 전통적인 보통법에서는 그것이 허위로 추정되고 따라서 원고가 승소함에 반해, 원고가 허위 입증책임을 부담하게 하는 미국 판례에서는 그것이 진실로 추정되어 원고가 패소하는 효과를 갖게 된다. 이렇게 진위 판명이 불가능한 경우 피고가 작심하고 악의적으로 이야기를 날조한다면 심각한 피해를 받은 원고에게는 아무 구제수단이 주어질 수 없다는 데 심각한 문제가 생긴다.

미국 연방대법원은 1986년 판결에서 진위 입증이 불가능한 경우 언론에 유리하게 형량할 것을 요구하면서 원고에게 입증책임을 부과할 것을 선언하였으나, 그 판결에는 강력한 반대의견이 개진되었다.

[사례] Philadelphia Newspapers v. Hepps, 475
U.S. 767 (1986)

이 사건에서 연방대법원은 사인(private figure)이 공익사항에 관한 언론 보도에 대해 명예훼손으로 제소하는 경우에는 피고의 과실을 입증하는 이외에 그 보도사실이 허위라는 점도 입증하여야 한다고 판시하였다. 이 판결에서는 명예훼손적 진술의 진실 입증책임을 누구에게 부담시킬 것인가에 관해 대법관 간 치열한 논쟁이 전개되었는데, 연방대법원의 5인 다수의견은 명예훼손에서 원고에게 허위의 입증책임을 부과하는 데 찬성하였으나, 4인의 대법관을 대표한 Stevens 대법관은

다. "없음을 주장하는 당사자에게 입증책임을 부담하게 하는 것은 필연적으로 어려움을 생기게 하며, 그러한 문제는 명예훼손적 비난이 그 용어상 구체적이 아니라 성질상 일반적인 경우 더 강조된다. 예를 들어, 신문이 한 점원에 관해 기회가 있으면 고객에게 거스름돈을 주지 않는다고 비난한 경우를 상정해 보자. 피고가 구체적 기회를 지적하지 않은 경우 원고는 그가 고객에게 거스름돈을 주었다는 점을 어떻게 증명하도록 기대될 수 있는가?"(RESTATEMENT (SECOND) OF TORTS § 613 cmt. j (1977)).

강력한 반대의견을 내었다.

사안을 보면, 피고 신문은 음료 판매상 체인의 프랜차이즈를 경영하는 원고(공인이 아님)에 관해 그가 범죄조직과 연계되어 있고 이를 이용하여 주정부에 부당한 영향력을 행사하였다고 보도하였는데, 그 사실의 진위 어느 쪽으로도 입증될 수 없었다. 피고의 기사에서는 연방 당국이 원고와 범죄조직과의 연계를 찾아냈다거나, 연방 공무원이 그에 관한 증거를 확보하였다는 등의 기술이 있었으나, 사실심에서 원고는 피고 기자들을 반대신문하였지만, 그들은 주방패법을 근거로 그 취재원의 신원공개를 거부하였다.

5인의 다수의견은 진술이 진실 또는 허위 어느 쪽으로도 입증이 불가능한 경우("unknowably true or false" statement) 입증책임 부담이 결정적임을 양해하면서도 그러한 사례에서 헌법은 언론에 유리하게 형량할 것을 요구하며, 따라서 공적 사안에 관한 진실한 언론이 저지되지 않도록 보증하기 위해 명예훼손적 언론이 허위라고 하는 보통법의 추정은 유지될 수 없다고 판시하였다.[53] 또 미디어 피용자에게 그 취재원의 진술을 거부할 수 있게 하는 펜실베이니아 방패법이 원고들에게 무거운 부담을 주지만, 그 법률의 적용범위는 불분명하고, 그러한 상황에서 그러한 법의 존재가 기존의 헌법적 기준을 변경하도록 요구하는 것은 아니라고 하였다.

그러나 Stevens 대법관은 반대의견에서 명예의 보호는 모든 인간의 본질적인 존엄과 가치라는 기본 개념을 반영하는 것으로서 질서 있는 자유의 품격 있는 시스템의 뿌리를 이루는 것이라고 하면서, 원고가 이미 최소한의 과실이나 헌법적 악의를 입증한 경우에도 허위의 입증책임을 다시 부담시키는 것은 허위로 훼손당한 원고의 명예를 중대하게 저평가하는 해로운 결과를 갖는다고 주장하였다. 첫째, 진술의 진실성에 관해 의심이 있는 경우에는 언론에 유리하게 해결되어야 한다는 다수의견은 국가가 특정한 언론이나 견해를 처벌하는 입법을 하는 경우에 진실이 저지되지 않도록 하기 위해 통용되는 것이고, 그러한 결론이 공인에게는 타당할지라도 사인인 원고의 경우에는 그렇지 않다. 둘째, 입증책임이 결정적인 사건에서 다수의견에 의해 혜택을 받을 수 있는

---

53) 이 판시에 의하면 공익사항에 관한 명예훼손적 언론은 진실이라고 추정하는 효과를 갖게 된다.

자는 오직 과실 또는 악의로 행위한 피고뿐이다. 원고가 보통법상의 악의 및 헌법적 악의를 입증하였으나 허위를 입증할 수 없는 경우 피고가 반박할 수 없는 수단 방법으로 원고를 명예훼손한다면 원고에게는 구제수단이 없다. 즉, 피고가 고심하여 입증될 수 없는 비난을 하는 경우 인격 살해("character assassin")는 헌법적 허가를 갖게 된다는 것이다.[54] 셋째, 그러한 입증불능은 단지 억측인 것이 아니다. 그 이유로 스티븐즈는 "제3자에 관한 앎의 결여, 결정적인 기록의 상실, 오래전에, 아마도 특별한 스트레스 기간 동안, 발생한 사건에 관한 불확실한 기억, 증인의 부재 등 다수의 요인들은 존경받을 인사가 그의 과거의 행위, 그의 친족, 친구, 사업 동료에 관한 악의적 가십에 대한 반증을 불가능하게 할 것이다"라고 논하였다.[55]

(5) 한국 대법원의 입장

한국에서도 언론계와 학계 일각에서는 미국의 현실적 악의 규칙을 도입할 것을 주장하는 견해가 있었으나, 대법원은 1997년 이러한 주장을 명시적으로 배척한 바 있다.

　　"언론의 특성상 공직자의 윤리 및 비위 사실에 관한 보도에 있어서는 특별히 보도의 내용이 허위임을 알았거나 이를 무분별하게 무시한 경우에만 상당한 이유가 없다고 보아야 할 것이라거나 상당한 이유에 대한 입증책임을 피해자가 부담하여야 할 것이라는 등의 상고이유의 주장은 독자적인 견해에 불과하여 받아들일 수 없다."[56]

이후 대법원은 진실의 입증책임(立證責任)은 피해자가 공적 인물인 경우에도 가해자(표현행위자)가 부담한다는 입장을 확립하고 있다.[57]

---

54) Id. at 785 (Stevens, J., dissenting).

55) Id. at 785-86 (Stevens, J., dissenting).

56) 대법원 1997. 9. 3. 선고 97다24207 판결.

"언론매체가 사실을 적시하여 개인의 명예를 훼손하는 행위를 한 경우에도 그것이 공공의 이해에 관한 사항으로서 그 목적이 오로지 공공의 이익을 위한 것일 때에는 적시된 사실이 진실이라는 증명이 있거나 그 증명이 없다 하더라도 행위자가 그것을 진실이라고 믿었고 또 그렇게 믿을 상당한 이유가 있으면 위법성이 없다고 보아야 할 것이나, 그에 대한 입증책임은 어디까지나 명예훼손행위를 한 방송 등 언론매체에 있고 피해자가 공적인 인물이라 하여 방송 등 언론매체의 명예훼손 행위가 현실적인 악의에 기한 것임을 그 피해자 측에서 입증하여야 하는 것은 아니다."[58]

---

57) 대법원 1996. 10. 11. 선고 95다36329 판결; 대법원 1997. 9. 30. 선고 97다24207 판결, 논픽션 드라마 명예훼손 사건 대법원 1998. 5. 8. 선고 97다34563 판결 [공1998.6.15.(60), 1575] 등.

58) 대법원 1998. 5. 8. 선고 97다34563 판결 [(논픽션 드라마 명예훼손 사건)]; 대법원 2003. 9. 2. 선고 2002다63558 판결; 대법원 2004. 2. 27. 선고 2001다53387 판결 등.

3. 공정보도의 특권

(1) 보통법상의 재공표 책임과 공정보도의 특권

전술한 바와 같이 영국 보통법상 '반복규칙'(repetition rule) 또는 미국법상 '재공표 책임의 법리'(republication doctrine)에 의하면 제3자의 명예훼손적 진술을 정확하게 인용한 것만으로는 항변이 되지 아니하며, 그 제3자의 진술 내용 자체가 진실임을 입증하지 않으면 안 된다.

이상과 같은 보통법의 전통적인 반복규칙(재공표 책임 규칙)이 언론 보도와 관련하여 불리하게 작용하는 폐단을 가져왔음은 물론이었다. 피고의 입증을 요하는 진실의 항변도 미디어가 재공표한 타인의 진술이 진실임을 입증할 수 없는 경우에는 면책될 수 없으므로 뉴스가치 있는 사건과 논쟁의 보도가 위축될 수밖에 없었다. 더욱이 기자가 직접 체험한 것보다 다른 소스(취재원)의 진술을 인용하는 데 더 큰 비중을 갖는 미디어 보도의 경우 소스의 진술의 진실성을 입증하는 것은 쉽지 않았기 때문에 보통법은 재공표 책임을 벗어나는 미디어의 특권으로서 공정보도의 특권을 개발하게 되었다.

공정보도의 특권은 미디어가 일정한 공개적·공식적 절차에서 행해진 진술이나 기록을 공정하고 정확하게 보도하는 경우 그에 포함된 명예훼손적 진술의 진실성 여하에 불구하고 보도에 면책을 주는 특권을 의미한다. 이것은 공적 절차의 공정하고 정확한 보도에 포함된 사실이 후에 허위로 밝혀진 경우에도 이 특권에 의해 면책되기 때문에 그만큼 명예보호에는 불리한 제도이지만, 공개적 공적 절차에서 행해지는 바를 아는 공공의 이익이 그로 인한 명예훼손 피해자의 이익을 상회하는 것으로 보는 보통법의 정책적 판단이 작용하고 있는 것이다.

공정보도가 특권으로 면책되는 이유로 제시되는 논거는 ① 공적 감시 논거("public supervision" rationale)[59] ② 대리인 논거("agency" rationale)[60] 및 ③ 알 권리 논거("informational" rationale)가 있다.[61] 그중에서 미국의 주류 판례가 취하는 주된 논거는 공적 감시 논거 및 대리인 논거이다. 그에 반해 일부 판례는 공공의 알 권리를 충족시킨다는 더 포괄적인 정당화 논거("informational" rationale)를 사용하여 비공식적·비공개 절차에 관해서도 이 특권을 확대하려고 한다. 그러나 이러한 어프로치는 공정보도라는 본래의 취지에 반하여 명예의 이익을 무시하게 되는 결과가 나올 수 있어 비판받고 있다.[62] 양 어프로치의 차이는 법률에 의해 공개할 수 없는 비공개정보(confidential information) 또는 공식적 절차이지만 비공개절차에서의 진술에 명예훼손적 정보가 포함된 경우 이를 보도한 미디어에 특권을 적용할 것인가에 관해 차이를 가져온다. 이 경우 정보 논거에 의거하면 이를 허용하게 되지만, 공적 감시 및 대리인 논거에 의하면 부인되게 된다.

---

59) "공정보도는 공공의 일원이 공적인 절차와 행위를 관찰하고 이를 아는 데 명백한 이익을 갖는다는 이론에 터잡는 것이다. 공적 대의자의 행동에 관한 시민들의 액세스는 그 대표에 의해 취해진 행위의 감시와 평가에 중요하다. 모든 공무원의 행위를 모니터할 수 없음이 명백한 시민들은 제3자의 설명에 의존한다. … 만일 공식적 행위의 정확한 설명이 명예훼손 소송의 대상이 된다면 기자들은 공적 절차의 설명을 보도하는 데 위축될 것이다"(Wynn v. Smith, 16 P.3d 424, 430 (Nev. 2001)).

60) "공정보도를 재공표 책임에서 면제하는 역사적 정당화는 해당 사안이 이미 공적 영역에 있어("already in the public domain") 미디어는 단지 공공의 분신으로서 기자의 눈을 통해 정부의 업무가 어떻게 처리되고 있는가를 관측하도록 허용하는 데 있다"(Schiavone Constr., 847 F.2d at 1086 n.26).

61) David A. Elder, Defamation: A Lawyer's Guide, Ch. 3. §3-1 p.2; Jonathan Donnellan & Justin Peacock, Truth and Consequences: First Amendment Protection for Accurate Reporting on Government Investigations, 50 N.Y.L. SCH. L. REV. 237, 248 (2005). http://www.nylslawreview.com/wp-content/uploads/sites/16/2013/11/50-1.Donnellan-Peacock.pdf

62) Elder, id., p.762, 765, 800, 828.

(2) 공정보도의 요건

가. 영국

영국에서 판례로 확립된 미디어의 공정보도 특권은 제정법에 수용되었다. 그에 의하면 ① 정부 절차와 공식적 행위 등 공적 관심사항에 관한 보도나 진술이 ② 공정하고 정확할 것, 그리고 ③ 그 공표가 공공 편익을 위한 것이고 ④ 악의 없이 행해졌음을 요건으로 한다(영국의 1996년 명예훼손법 제15조 및 별표 1).

원래 공정보도의 특권은 18세기 영국에서 법원의 재판에 관한 정확한 보도를 위해 인정된 것이 입법 또는 행정 절차에까지 확대되었다. 공정보도의 특권은 여러 차례 개정된 제정법에 의해 그 범위가 확대되어 왔다.[63] 1888년 개정 명예훼손법(Law of Libel Amendment Act 1888)은 한정된 범위의 공적 회의(public meetings)에 관해 신문에 공표된 공정하고 정확한 보도에 제한적 특권을 승인하였다.[64] 1948년 명예훼손법에 관한 조사위원회의 보고서는 이 제한적 특권이 부여되는 보도의 부류를 확대할 것을 권고하였고, 그 권고에 따라 1952년 명예훼손법은 ① 설명이나 반박 없이 특권이 되는 진술과 ② 서신이나 성명에 의한 요청에 따라 설명이나 반박이 게재될 것을 조건으로 한 특권 등 2부류로 세분하여 규정하게 되었다.

나아가, 1991년 Neill 조사위원회는 국내에서 부여되는 제한적 특권

---

63) 이하 설명은 Reynolds v. Times Newspapers Ltd and Others [1999] 4 All ER 609에서 LORD NICHOLLS OF BIRKENHEAD의 설시에 따른 것이다.

64) 1888년 개정 명예훼손법(LAW OF LIBEL AMENDMENT ACT 1888)은 공적 회의(public meeting) 기타 적법하게 설치된 합의제 기관의 절차에 관한 공정하고 정확한 보도(fair and accurate report) 또는 공공에 알리기 위해 정부 기관의 요청에 따른 보도는 악의가 없고 다음의 조건을 충족한 경우 특권적이라고 규정하였다. 그 조건은, 첫째 신성모독적이고 저속한 자료가 아닐 것, 둘째 피고가 원고로부터 합리적인 서면이나 진술에 의해 요구받은, 그 보도에 대한 반박이나 설명을 게재하였을 것, 셋째 공적 관심사나 공공의 편익을 위한 것이어야 한다. 또 여기서 공적 회의란 적법한 목적을 위해 진정하고 합법적으로 개최되고 공적 관심사의 촉진 및 토론을 위해 행해지는 경우를 말한다.

을 해외의 진술과 절차의 보도에 확장할 것을 권고하였다.[65] 위 Neill 위원회의 권고를 받아들여 1996년 명예훼손법은 제정법상 제한적 특권의 범주 리스트를 확대하고, 공정보도의 특권이 적용될 절차에 관해 구체적·개별적으로 정의하였다. 1952년 법(제7조)과 1996년 법(제15조)에 규정된 제정법상의 특권은 보통법상의 특권에 추가된 것이었으나, 공적 관심사안이 아닌 사항에 대한 공표와 공적 편익을 위한 것이 아닌 공표는 보호하지 않았다.

최종적으로 2013년 개정된 명예훼손법은 1996년 개정법을 이어받아 이를 다음과 같이 확대하고 있다.

① 첫째 '절대적 특권'이 적용될 절차로서, 영국뿐 아니라 외국의 법률에 의해 설립된 법원의 절차 및 유엔 안보회의 또는 국제협정에 의해 설립된 국제 법원 및 법정에서의 절차에 관한 공정하고 정확한 보도가 명시되고 있다(동법 제7조 제1항).

② 둘째, 원고의 설명이나 반박을 게재할 필요 없이 제한적 특권을 갖는 진술(1996년 법 별표1 제1부)에 관한 보도로서, 이 특권들은 세계 어느 곳이든 (국가 및 지방 양자의) 입법부, 법원, 공적 조사, 국제 조직이나 회의, 그리고 이들 주체에 의해 공표된 문서, 고지 및 기타 사항의 공개된 절차에 대한 공정하고 정확한 보도(fair and accurate reports of proceedings in public)에 적용된다(2013년 법 제7조 제2항).

③ 셋째, 피고가 원고의 요구에 따라 그의 설명과 반박을 보도할 것을 조건으로 제한적 특권을 갖는 진술(별표 1 제2부)의 보도로서, 정부 또는 (경찰 등) 정부기능을 수행하는 당국 또는 법원에 의해 공공을 위해 공표되는 정보의 복사 또는 발췌; (지방 당국 등의) 공

---

65) 동 위원회는 주의의무 기준이 현대의 조건에서 너무 엄격하고 불확실성을 야기한다고 보았으나, 미국 연방대법원의 공적 인물 항변의 도입에 대해서는 반대하였다.

적 회의 및 영국 공기업의 일반 회의 절차에 관한 보도; 그리고 영국 또는 EU 내에 설립된 협회(예술, 과학, 종교 또는 학습, 상거래, 산업, 직역단체 등의 협회, 스포츠협회 및 자선단체협회 등)의 사실 확인이나 결정(findings or decisions)에 관한 보도가 포함 확대되었다(2013년 법 제7조 제3항 내지 제10항).

또 영국에서 공정보도의 특권은 공적 관심사가 아닌 사항의 공공에 대한 공표, 그리고 공공의 편의를 위한 공표가 아닌 경우에는 적용되지 않으며(1996년 법제15조 제3항), (a) 법률에 의해 금지된 사항의 공표를 보호하거나 (b) 본조와 별도로 존재하는 특권을 제한하거나 축소하는 것으로 해석되어서는 안 된다(동 제4항).[66]

이상 영국에서 적용되는 공정보도의 특권은 뒤에서 언급하는 미국의 법리에 비해 상당히 절제된 것임을 알 수 있다. 즉, 공정보도가 적용되는 공적 절차나 행위를 구체적으로 명시하면서 일정한 경우에는 피해를 볼 수 있는 원고의 반박이나 해명을 함께 게재할 것을 요구하고 있다는 점에서 공정보도에 있어서 소홀하게 될 수 있는 피해자의 이익을 고려하고 있는 것이다.

나. 미국

미국에서는 각주마다 제정법으로 공정보도의 특권을 도입하고 있으나, 그 구체적 입법규정이 상이하여 효력과 적용범위에 혼란이 있다.[67] 공정보도의 특권에 관한 일반적 설명으로서 1977년 발간된 리

---

66) 영국의 1974년 범죄자 재생법(Rehabilitation of Offender Act of 1974) 제8조에 의하면 피고가 집행종료된 유죄판결('spent conviction')에 관해 악의로 진술한 경우에는 공정보도로서 정당화되지 않는다. 동법에 의하면 비행자가 2년 6월 이하의 기간 복역을 완료하였고, 범죄 종류에 따라 3년 내지 10년이 경과하면 그는 법적으로 범죄가 없었던 것으로 취급되며 비행자는 재생되었다고 본다.

67) Jonathan Donnellan & Justin Peacock, Truth and Consequences: First Amendment Protection

스테이트먼트68) 불법행위편 제2판에 의하면 "공적 관심사를 다루는 것으로서 공식적 행위나 절차 또는 공개된 집회에 관한 보도에서 타인에 관해 명예훼손적 사항을 공표하는 것은 그 보도가 보도된 사안의 정확하고 완전한, 또는 공정한 축약인 경우에는 특권을 갖는다."69) 그에 의하면 공정보도는 ① 공식적인 공개된 절차의 ② 공정하고 정확한 보도에 국한된다. 미국에서 공정보도의 특권은 명예훼손뿐 아니라 프라이버시 침해 소송에서도 적용된다. 뒤에서 보는 바와 같이 법원 기록에서 취재하였다 하여 강간 피해자나, 미성년 피의자의 신원공개 보도가 허용되는 주된 논거도 이 법리에 의한 것이다.

1) 공식적·공개된 절차

첫째, 상술한 리스테이트먼트나 판례의 주류는 이미 공공에 공개되고 공공이 접근할 수 있는 정부70)의 공식적 행위와 절차에 대해서만 공정보도를 적용하고 있다.71) 공식적 절차로서 공정보도가 적

---

for Accurate Reporting on Government Investigations, 50 N.Y.L. SCH. L. REV. 237, 251 (2005).http://www.nylslawreview.com/wp-content/uploads/sites/16/2013/11/50-1.Donnellan-Peacock.pdf

68) Restatement of Torts는 미국 법조협회(American Law Institute)가 불법행위법에 관한 판례를 요약하여 체계적으로 해설한 서적으로서 미국 판례를 이해하는 중요한 문헌이다.

69) RESTATEMENT (SECOND) OF TORTS § 611 (1977).

70) "비정부절차에서는 험악한 비난의 전파를 억제하는 등 공식적인 절차에 적용되는 여러 규제가 없거나 덜 효과적이다. 그 토론은 공식적 보고나 절차가 통상적으로 행하는 변론적인 토론이나 입법적·행정적 숙고나 결정을 행하지 않으며; 그 참여자들은 정치적 절차 또는 선거절차의 정상적인 규제에 종속되지 않으며; 피해자의 직·간접적 대응 기회는 효과나 의미가 없고; 많은 공식적 절차에 적용되는 전문직적 윤리적 규제나 제재가 비정부 맥락에서는 적용되지 않으며; 그러한 회합에서 주재권은 질서유지 및 토론 주제의 한계를 제한할 권한을 갖지 못할 것이며; 그러한 회합은 공식적 보고나 절차와 달리 절차 규칙이나 증거규칙 하에 운영되지 않고 주장이 선서 등 어떠한 형식적 매너에 따라 행해질 것을 요구하지도 않는다. 이들 이유 때문에 법원들은 리스테이트먼트에 의해 공적 회합에 확대된 절대적 특권을 거부할 것이다"(David A. Elder, Truth, Accuracy and Neutral Reportage: Beheading the Media Jabberwock's Attempts to Circumvent New York Times v. Sullivan, VANDERBILT J. OF ENTERTAINMENT AND TECH. LAW [Vol. 9:3:551] p.800).

71) 그 대표적인 리딩케이스인 Bufalino v. Associated Press, 692 F.2d 266 (2d Cir. 1982)에 의

용되는 대표적인 것은 사법절차이다. 여기에는 각종·각급 법원에서 행해지는 모든 종류의 절차가 포함되며, 그 진행 상황은 물론 그에 관해 작성된 기록이나 그 절차에서 행해진 참여자의 진술을 보도 대상으로 한 경우라면 공정보도가 적용된다.[72] 다음 연방, 주, 지방의 각 입법부에서 시행된 절차, 그리고 행정부의 각종 기관 및 공무원이 행한 공식적·공개적 절차나 진술 역시 공정보도의 대상이다. 그러나 각 주의 다수 판례는 이 특권을 비공식 절차 및 비공개 절차에까지 확대하고 있어 혼란이 가중되고 있다.

2) 공정하고 정확한 보도

둘째, "공정하고 정확한"(fair and accurate) 보도라 함은 공식적 절차·행위의 설명에 관한 보도이며, 거기서 행해진 진술의 실체적 진실 여부는 문제시하지 않는다.

> 보도가 공정 보도의 특권에 의해 보호를 받으려면 분명하게 정확(正確)하고 공정(公正)해야 한다. 보도가 일반 평균 독자나 시청자의 인상에 대한 가능한 효과에 비추어 절차의 실체를 언급한 것이면 공정한 것으로 간주된다.[73] 어떤 주에서 위 특권은 공적인 기록에 근거한 것으로 독자에게 명백히 확인될 수 있는 진술에만 적용되고, 통상의 독자가 보기에 배경 정보라든가 또는 사실의 진술이라고 생각될 진술에는 적용되지 아니한다.[74]

하면 공적 기관에 의해 작성되거나 배포된 공식적인 진술이나 기록의 보도만이 리스테이트먼트 제611항의 보호를 받고, 공식적인 기관 행위를 반영하지 않는 하급 피용자의 진술은 특권을 뒷받침하지 못한다고 하면서 관리에 관한 미확인 비공개 비난을 정확하게 보도한 피고에 대해 공정보도를 부인하였다.

72) David A. Elder, Defamation: A Lawyer's Guide, Ch. 3. §3-1 pp.10-11. 다만, 민사소송의 기록에 관해서는 후술 논의 참조.

73) Murray v. Bailey, _ F. Supp. _, Med. L. Rep. 1369 (N.D. Cal. 1985).

74) Levine v. CMP Publications, 738 F.2d 660 (5th Cir. 1984).

정확해야 한다는 것은 명예훼손적 내용 자체가 아니라 공개 절차에서 행해진 진술 내용과 보도된 내용이 부합(符合)함(substantial accuracy)을 의미한다.[75] 실제 진술된 것과 문구적으로 일치함을 요하는 것은 아니고, 그 절차에 관하여 실질적(實質的)으로 정확하게 기술한 것이면 된다.

공정성(fairness)은 사실관계가 왜곡됨이 없이 중립성과 균형성의 요건을 갖추어야 함을 말한다. 따라서 행해진 절차나 공적인 기록에 관하여 요약 보도하는 경우 그에 포함되어 있지 않은 자료를 언급하거나 일방적으로 편집하거나 불공정하게 취사(取捨)한 경우에는 공정성의 요건을 충족하지 못하게 되어 특권이 배제될 수 있다.[76] 법적인 책임이 추궁되는 사실을 보도하면서 동시에 그 면책 사유에 해당하는 사실을 누락한 보도의 경우에는 공정치 못한 보도로서 특권이 상실된다.[77]

공정보도의 법리는 피고가 공식적 절차나 행위를 공정하고 정확하게 보도했는지 여부에 관한 표면적 공정성과 정확성(facial fairness and accuracy)에만 초점을 맞출 뿐,[78] 기초되는 허위(underlying falsity)는 문제 삼지 않는다. 그 때문에 공표자가 진실하다고 믿지 않은 진술도 면책시키며, 현실적 악의 기준에 의해 보호받지 않을 수도 있는 자료까지도 보호하게 된다. 따라서 이 특권을 남용하

---

75) Mathis v. Philadelphia Newspapers, Inc., 455 F. Supp. 406 (E. D. Pa. 1978).

76) Sanford, id. p.483.

77) Doe v. Doe, 941 F.2d 280, 19 Med. L. Rep. (BNA) 1705 (5th Cir.), modified and reh'g denied, in part, 949 F.2d 736 (5th Cir. 1991).

78) 공적 절차에 관한 실제의 바른 설명과 대비하여 실질적으로 다른 의미나 결함(stigma)을 지적하는 것이 아니면 공정보도의 요건은 충족된다(이른바 실질적 부정확성(substantial inaccuracy) 요건). 공정보도가 부인되는 경우는 공적 기록에 포함된 범죄와 질적으로 다른 범죄를 범하였다거나 혐의를 기술한 경우, 그리고 특히 절차에서 단지 주장된 사실을 기자의 판단으로 그 사실이 존재하는 것으로 보도한 경우(Elder. id. §3-6 p.62), 법원에서 행해진 바를 보도한다는 핑계로 절차의 전부 또는 일부를 보도하면서 그에 관해 명예훼손적 관측과 논평을 곁들이는 경우, 범죄행위 기타 부도덕적이거나 전문직윤리에 반하는 행위의 주장을 채용하거나 동조하는 경우, 절차에서 관계자가 주장한 사실을 기정사실로 간주하여 설술하는 경우, 특히 피해자의 성품과 지위에 크게 해로운 사실을 유추할 수 있는 제목이 사용된 경우 등이다(Elder, id., pp.65-68). 또 절차나 기록의 정확한 보도에 덧붙여 자신이 취재한 별도의 사실을 추가한 경우에도 그것이 입증되지 않으면 책임을 면치 못한다.

여 가해하려는 의도를 가진 보도가 면책될 우려가 있고, 이 법리를 적용한 판결 중 적지 않은 판결이 이러한 문제를 안고 있다.

3) 취재원

셋째, 공정보도는 상술한 공적 절차나 공적 기록에 근거하여 보도하는 경우에 한한다. 따라서 피고가 공적 기록에 의존하지 않고 스스로 취재하여 안 사실을 보도한 경우 설사 그것이 실제 공적 기록에 의한 것과 일치한다 하더라도 공정보도로 될 수 없다.[79] 이 경우 공정보도임을 주장하는 피고는 간접적 또는 제2차적 소스로서 일반적 신빙성을 갖는 매개자(intermediary of general trustworthiness)를 근거로 하는 경우에만 공정보도로 인정받을 수 있다(doctrine of indirect or secondary source reliance). 여기서 매개자란 해당 절차에 참석했거나 그 참여자였던 자 또는 그 절차의 권한 있는 대변인 등 책임 있는, 정통한 매개자를 의미한다.[80] 그것은 매스미디어의 승인되고 정당화된 관례와 관용, 그리고 현대 자유 공개사회에서 저널리즘의 의심 없는 필요를 반영하는 것이다.[81]

다수 판례는 공정보도의 요건으로서 그 취재원을 적시(source attribution)할 수 있어야 한다고 한다.[82] 독자들로 하여금 기자의 개인적 취재의 결과가 아니라 공적 기록이나 절차의 설명임을 알게 할 필요가 있고, 취재원 명시가 없으면 독자들은 기자가 자신의 권위로 작성된 역사적 사실로서 받아들이게 되기 때문이다.[83]

---

79) Bufalino v. Associated Press, 692 F.2d 266 (2d Cir. 1982).

80) Id.

81) Bufalino v. Associated Press, 692 F.2d 266 (2d Cir. 1982); David A. Elder, Truth, Accuracy and Neutral Reportage, p.755; ELDER, DEFAMATION: A LAWYER'S GUIDE, § 3:2, at 3-8.

82) Elder, DEFAMATION, id., pp.7-8; Dameron v. Washington Magazine, (1985) 250 US App DC 346.

83) Elder, DEFAMATION, id., p.9.

4) 악의

피고에게 원한(spite), 악의(ill-will) 등 보통법상의 의미에서 악의(malice) 또는 가해의 의도(purpose to harm)가 있었다든가 또는 헌법상의 의미에서 현실적 악의(actual malice)가 있었음이 증명되면 특권은 배제된다.[84]

5) 종합

다수의 미국 학자들은 혼란스럽고 남용적인 공정보도의 법리를 바로 이해하려는 입장에서 다음과 같이 주장한다. 첫째, 공정보도는 공식적이고 동시에 공개된 절차에서 행해진 진술을 대상으로 국한되어야 한다. 즉, 공공이 참석할 수 없는 공개되지 않은 절차에는 미디어도 공공의 대리인으로 참석할 수 없고(대리인 논거), 미디어는 공공이 갖는 감시 권한을 넘어 감시기능을 행사할 수 없기 때문이다(공적 감시논거). 공정보도의 법리를 뒷받침하는 논거가 결여하면 이를 인정할 수 없다는 것이다.

둘째, 정상적인 사법적, 입법적 및 행정적 채널 밖에서 진술·전파된 명예훼손 사항은 공정보도에서 제외되어야 한다고 한다. 자기들의 공식적 행위에 법적·정치적 책임을 갖는 권한 있는 결정자의 부재 등 공식적 절차가 갖는 절차적 보장이 결여하기 때문이다.

셋째, 정부나 입법부가 공개하지 않기로 결정한 정보, 즉 법령상 기밀정보(confidential information)에 포함된 명예훼손적인 정보를 넓은 공중에게 재공표하여 폭로하는 것을 허용하는 것은 시민들의 명예를 무책임하게 침해하는 강력한 도구가 될 것이다.[85] 비공식적

---

84) Sack, id. p.47.

85) 공정보도의 목표는 이미 공공이 접근가능한 진술에 관한 보도에 대한 위축효과를 미연에 방지하기 위한 것이다(Wynn v. Smith, 16 P.3d 424, 430 (Nev. 2001)).

인, 표준 이하의, 실증되지 않은 사항에 공정보도를 적용하는 것은 명예훼손법의 보호 취지에 직접 충돌하고 공정보도 특권의 기초를 허무는 것이다.[86] 사실의 진위 여부나 거기 포함된 정보의 신뢰성에 상관없이 공개되지 않은 정보를 폭로하려는 충동은 무죄 추정의 원칙 및 명예의 이익 등 기본적 가치에 반하는 것이며, 소중한 민주주의적 이상에 역행하는 것이다.[87]

(3) 수사절차에 관한 공정보도

미국에서 공정보도의 특권 법리가 적용되는 가장 현저한 분야는 범죄 수사절차에 관한 보도이다.[88] 리스테이트먼트에 의하면 수사와 소추에 관한 보도는 초기의 공식적인 입건 단계에서부터 구속[89] 및 기소에 이르기까지 전 과정에 관해서 공식 기록에 편철된 것이면 모두 공정보도의 특권이 적용된다. 정부의 공무원이 문서를 기록화하거나 기관의 보고를 기록화하는 것은 정부의 보고에 관한 보도를 면책 범위에 가져오게 하는 행위이다.[90] 특히, 소추 이후 형사소

---

86) Elder, Truth, Accuracy and Neutral Reportage, p.773.

87) Elder, id., p.766. Elder 교수는 공정보도의 특권을 공인에 대해서만 허용하자고 주장한다(Id. 828).

88) 법집행은 가장 중요한 정부 기능의 하나이며 공공은 성공적인 기소에 관해서 뿐 아니라 정부가 어떻게 범죄를 수사하는가를 앎에 깊은 이익을 가지며, 이들 사항은 고도로 뉴스가치를 갖는다(Jonathan Donnellan & Justin Peacock, Truth and Consequences: First Amendment Protection for Accurate Reporting on Government Investigations, 50 N.Y.L. SCH. L. REV. 237, 246 (2005) http://www.nylslawreview.com/wp-content/uploads/sites/16/2013/11/50-1.Donnellan-Peacock.pdf).

89) Restatement (Second) of Torts §611, comm. h (1977): 그중에서 공식적인 정부 행위로서 공정보도가 확대되는 전형적인 예는 체포 보도이다. 이에 관해 리스테이트먼트는 공무원에 의한 체포는 공식적 행위이며, 체포 사실 또는 공무원이 체포를 행하면서 말한 범죄 혐의에 관한 보도는 공정보도의 대상이지만, 경찰, 고소인, 기타 증인 또는 기소 검사의 사건이나 제출될 증거에 관한 진술은 아직 사법절차의 일부도 체포 자체도 아니며, 특권의 대상이 아니라고 기술한다. 다만, 체포에 관한 보도는 면책되나 사안이 체포 단계 이후에 진전되지 않았음에도 주장된 범죄 사실의 상세한 내용을 보도하는 것은 특권에 속하지 않는다(Rouch v. Enquirer & News of Battle Creek, 137 Mich. App. 39, 357 N.W.2d 794 (Ct. App. 1984)).

90) Restatement (Second) of Torts 611, comment b(1977).

송에 관한 보도에 관해서는 전면적으로 특권이 적용된다.

그러나 리스테이트먼트에 의하면 경찰 또는 고소인, 고발인이나 참고인에 의한 비공식적인 진술 또는 사건의 사실관계나 예상되는 증거에 관한 검사의 진술에 관해서는 면책이 되지 않는다.[91] 그럼에도 많은 미국 판례는 특히 범죄 수사와 관련하여 수사 담당자의 비공식적 발언은 물론 피해자 등 참고인의 진술이 수사기록에 기록되었다는 이유만으로 그것을 정확하게 보도한 경우 이 법리에 의해 면책시키고 있다.[92] 그 때문에 미국에서는 실제로 혐의자나 수사 대상자에 관한 보도가 일상적으로 행해지고 있으며, 실증 없는 비난이나 소문까지도 보도되고 있다. 이어서 이들 잡다한 의혹을 보도하여 기소 필요성을 암시하고 그 보도에 영향받아 수사가 본격화되면 이를 다시 상세보도하는 관행이 허용되어 관계인의 명예보호에 어려움을 주고 있다.[93]

또 일부 판결은 단지 수사가 진행 중이란 정확한 사실의 입증만으로 보통법상 실질적 진실의 항변이 충족된다고 판시하여 혼란이 가중되기도 하였다.[94] 이러한 취급은 보통법상 재공표책임 규칙을

---

91) Restatement (Second) of Torts 611, comment h(1977).

92) 그 대표적 판례로서 연방제3항소법원은 Medico v. Time, Inc. 사건에서 FBI 감청 테이프에 의해 원고가 마피아 두목이라는 취지의 인사파일카드 내용을 보도한 데 대해 공정보도를 확대하였고(643 F.2d 134, 137 & n. 8 (3d Cir. 1981)), 이러한 판지를 따르는 다수의 판례가 선고되었다. 그러나 그에 반대하는 판결도 있다. 예를 들면, Schiavone Construction v. Time, 847 F.2d 1069, 1072 (3d Cir. 1988)에서는 원고가 피해자 실종에 관련되었음을 함축하는 FBI의 내부 메모 내용을 보도한 사안에서 위와 같은 메디코 판지를 거부하면서, 첫째 공정보도를 재공표 책임에서 면제하는 역사적 정당화는 해당 사안이 이미 공적 영역에 존재하여 ("already in the public domain") 미디어는 단지 공공의 분신(分身)으로서 기자의 눈을 통해 정부의 업무가 어떻게 처리되고 있는가를 관측하도록 허용하는 데 있고, 둘째 그러한 기밀 정보를 재공표함으로써 피고 타임은 정부가 내놓을 의도가 없던 명예훼손적일 새로운 정보를 광범한 공공에게 주었고, 이 무단 누설은 언론이 책임지지 않고 시민을 해하는 강력한 도구가 될 수 있다고 판시한 것이다.

93) 이 경우 미디어를 상대로 제소할 자력과 용기가 있는 피해자는 소수에 불과하며 제소한 경우에도 승소 가망은 거의 없기 때문이다.

94) McIlvain v. Jacobs, 794 S.W.2d 14, 15-16 (Tex. 1990); KTRK v. Felder, 950 S.W.2d 100,

무력화하는 것이며, 그만큼 피해자의 구제는 어렵게 될 것이다.

요약하면, 미국에서는 범죄 수사 보도가 공정보도의 특권 및 현실적 악의의 규칙에 의해 대체로 허용되는 것으로 취급되고 있다. 이 점에서 미국 법원의 취급은 전술한 영국 법원의 취급과 판이하게 다르다.[95] 미국 판례 중에도 일부는 보도의 취지가 유죄라는 의미인가, 아니면 단지 원고가 혐의를 받거나 수사받고 있다는 의미인가를 구별하고, 전자인 경우 유죄의 입증이 요구되나, 후자인 경우 피고가 보도한 바와 같이 원고가 혐의받거나 수사받고 있음을 입증하면 승소하는 것으로 판단한 경우도 있으나, 다수 판례의 입장은 아니다.

(4) 민사사건의 변론 내용 보도

리스테이트먼트에 의하면 "사법적 행위가 취해지기 전에 소장이나 항소장과 같은 준비서면 등의 주장 내용을 전파하는 것은 공정보도의 특권에 해당되지 않는다."[96] 이전의 판례에 의하면 민사소송의 단순한 변론 내용은 민사기록에 편철되었다 하더라도 법원에 의해 아무 조치가 취해지지 않은 한 공정보도의 대상에서 제외되었다(이른바 "mere pleading rule").[97][98] 그것은 민사사건을 제기함으로써 악의적인 공개 보도를 유발하고 이를 악용하여 상대방의 제소

---

106 (Tex. Ct. App. 1997); Dolcefino v. Randolph, 19 S.W.3d 906, 918, 919, 922 (Tex. Ct. App. 2000).

95) 전술 영국 귀족원의 범죄사건 보도와 진실의 항변에 관한 논의 참조. 영국 귀족원은 범죄 보도의 3가지 의미를 ① 유죄라는 취지 ② 합리적 혐의가 있다는 취지 및 ③ 단지 수사할 근거가 있다는 취지로 구별하고, 그에 상응하는 실질적 진실의 입증의무를 부과한다.

96) Restatement (Second) of Torts 611, comment c.

97) Elder, id., p.13; Restatement (Second) of Torts §611 comm. e (1977). 법원 서기의 송달이나 상대방이 제출한 답변서의 접수만으로는 법원의 조치로 인정되지 않는다.

98) Cowley v. Pulsifer (1884) 137 Mass 392, 394 (단순한 변론은 사법의 운영을 설명하는 바가 없지만, 사법적 조치 여부는 공적 관심 사항으로서 사법부의 공적 책임에 관한 감각을 구성하는 것이라고 설명함).

를 패소시키려는 시도를 막기 위한 것이었다. 즉, 중상적(中傷的) 진술을 퍼뜨리기 위한 책략으로 소송을 제기함으로써 보통법상의 특권을 남용하는 자에 대한 대책이었다.

그러나 1927년 판결[99] 이래 미국에서 위와 같은 입장은 번복되었고, 이후 판례는 공적 기록에 편철된 내용이면 모두가 위 면책범위에 속한다는 입장을 취하고 있다.[100][101] 그 제시되는 논거를 보면, 특정한 분쟁을 해결하기 위해 법원의 개입을 바라는 개인의 결정은 뉴스가 될 수 있고, 공적인 기록에서 취할 수 있는 자료가 자유로이 보도될 수 있다는 것은 공정보도의 핵심 논거인 '공공의 눈'의 법리('public eye' rationale)에 부합한다는 것이다. 그것이 야기하는 명예훼손적 결과에 대한 책임은 이를 보도한 자보다 근거 없이 악의로 행위한 그 당사자나 변호사에게 추궁되어야 하는 것이기 때문이라는 것이다.[102]

그러나 영국 판례에 의하면 진행 중인 소송의 변론에서 진술된 주장 내용을 요약하여 보도하는 경우에는 보호받지 못하며, 법원 기록에 포함된 주장도 공개 법정에서 진술되기 이전에는 공정보도의

---

99) Campbell v. New York Evening Post, (1927) NY 320, 157 NE 153, 52 ARL 1432: 이 사건에서 법원은 악의적 제소를 억제하기 위해 위와 같이 법원의 조치를 요구하는 것은 실제상·이론상 의미가 없고, 사회의 광범위한 중요한 논쟁이 점차 민사소송에 의해 해결되는 사정에 비추어 변론 사항의 공정보도는 그에 대한 미디어의 공적 심사를 촉진하게 된다는 이유를 들어 민사소송의 변론도 사법절차 과정 중의 공개적 공식적 행위로 인정되어야 한다고 판시하였다.

100) Paducah Newspapers, Inc. v. Bratcher (1938) 274 Ky 220, 118 SW2d 178, 180에 의하면, "그것[제소와 소환]이 행해지면 그 분쟁은 더 이상 2 개인 간의 사적인 것이 아니며, 어떤 관점에서 보아도 사법적 절차임이 분명하다"고 한다.

101) First Lehigh Bank v. Cowen, 700 A.2d 498, 500-02 (Pa. Super. Ct. 1997)에 의하면, "변론은 정부 건물 안에서 보존되는 공적 기록이며 일반인의 열람에 공개된다. 우리는 신문 기타 미디어가 명예훼손 소송에 노출됨이 없이 사법적 조치 이전에 변론 내용을 보도할 수 없다는 것은 잘못이라고 생각한다. 진행 중인 소송과 세금에 의해 운영되는 법원에 의해 수행된 관련 사실을 공공에 알리는 것은 미디어의 일이며 과업"이라고 한다.

102) Sack & Baron, id. p.377.

대상이 될 수 없고, 공개된 법정에서 변론한 내용이라 하더라도 오직 X남, Y녀 간의 추문에 관한 보도는 허용되지 않는다고 한다.[103]

(5) 공정보도의 법리와 우리 법제

우리의 경우 영미법상 공정보도의 법리에 관해 언급한 판례는 보이지 않고 이를 자세히 다룬 문헌도 드물다. 우리의 명예훼손법 운영에 영미법의 공정보도의 법리를 참고할 수 있는가, 그렇다면 어떤 범위에서 어떤 요건하에서 이를 참조할 것인가?

영미에서 공정보도의 법리는 보통법상의 반복규칙(재공표 규칙)을 완화하고, 입증이 어려운 진실의 항변만으로는 공익사항의 보도를 보호하기에 미흡하다는 점을 고려한 것이었다. 그렇다면 우리 명예훼손제도의 운영에 있어서도 공정보도의 법리가 갖는 기본적 취지가 간과될 수는 없을 것이다. 공적 주체의 공개된 공식적 절차에서 논의된 바로서 공익을 위해 공개가 필요한 사안에 관한 보도를 활성화하여 공공의 알 권리를 촉진하기 위해 공정보도의 법리의 기본적 취지는 존중될 필요가 있는 것이다. 우리의 언론중재 및 피해구제 등에 관한 법률은 "국가, 지방자치단체 또는 공공단체의 공개회의와 법원의 공개재판절차의 사실보도"는 정정보도청구권이나 반론보도청구권이 인정되지 않는다고 규정하여 이러한 법리의 일부를 입법화하고 있다(동법 제15조 제4항 5호, 제16조 3항).

그러나 원래 프라이버시의 권리가 인정되지 않았던 영국에서 명예훼손에 대한 언론 미디어의 항변으로 형성된 공정보도의 법리는 프라이버시 침해에 무관심하였고, 이러한 경향은 진실에 절대적 면

---

103) Webb v Times Publishing Co. Ltd. [1960] 2 QB 535; STERN V PIPER AND OTHERS [1997] QB 123, [1996] 3 All ER 385.

책을 강조하는 미국에서 더 심화되고 있다. 특히, 미국에서 공정보도의 법리는 상술한 미국 법원의 판결에서 보는 바와 같이 일관성과 통일성이 없이 과도하게 확대 적용되고 있으며, 언론 자유의 보호라는 명목하에 남용되고 있다. 그 극단적 예가 미성년 피의자나 성범죄 피해자의 신원도 수사기록이나 공개재판절차에서 언급되었다는 이유로 무분별하게 공개하는 사례이다. 그러나 우리의 경우에는 소년법, 가사심판법 등이 이러한 보도를 제한하고 있으며, '특정강력범죄의 처벌에 관한 특례법'이나, '성폭력범죄의 처벌 및 피해자보호 등에 관한 법률' 등에는 피해자의 신원을 알 수 있는 보도를 금하고 있다. 그뿐 아니라 우리 판례는 범죄 및 사건보도에 있어서 익명보도의 원칙을 추구하고 있다.

또 미국에서 행해지는 바와 같이 공정보도의 법리를 전면적으로 도입한다면 아무리 보호되어야 할 사적인 사항이라 할지라도 공적인 절차에서 논의되었다는 사유만으로 언론 보도의 대상이 되고 개인의 법익 보호는 소홀해질 수 있다. 특히, 대부분의 민사소송에서는 사적인 재산상 또는 신분상의 분쟁이 다루어지고, 그 심리에서는 프라이버시에 속하는 사항이 논의되는 이외에도 당사자나 소송관계자의 행태에 관한 비난 등 공방이 행해지게 되므로 이들은 선정적인 언론의 좋은 소재가 될 수 있다. 그 결과 개인의 명예 등 인격권에 대한 공격적 진술이 보도의 이익을 위한다는 명목하에 그대로 복제되어 전파될 수 있다. 이렇게 공정보도의 특권을 기화로 또는 그러한 절차를 계기로 타인을 공격하려는 시도가 행해지는 경우 피해자의 명예는 구제되기 어렵다.[104]

---

104) 공정보도 논리에 의하면 애당초 명예훼손이 될 사실을 공식적 행위나 절차에 관한 공정보도의 형식으로 보도하면 면책되게 된다. 엘더 교수는 "미디어 피고가 탐욕스런 선정주의적 욕구 충족을 위해 정부의 홈통을 따서 온갖 종류의 시험적, 예비적, 혐의적, 실증되지 않거

다만, 우리의 현행 판례법리에 비추어 보면 공정보도의 특권 이론은 진실로 오인함에 상당한 이유가 있는가를 판단함에 있어서 신뢰할 수 있는 취재원으로 고려될 수 있다고 생각된다. 특히, 영국 명예훼손법에 반영된 바와 같이 공정보도의 대상이 되는 절차와 행위에 관한 상세한 열거 규정은 우리의 실무에서도 신뢰할 수 있는 취재원으로 인정함에 중요한 참고가 된다고 할 수 있다. 그리고 공적인 공개적 절차에 관한 보도에서도 영국에서 요구되는 바와 같이 그 보도로 피해받을 수 있는 자의 반론과 해명을 함께 보도하여야 한다는 요건이 참조되어야 할 것이다.

공식적·공개적 절차가 실시된 바 있는 한, 이들 절차에서 특정한 진술이 행해졌다는 점에는 그 신뢰성에 의문이 없다고 하더라도,[105] 거기서 행해진 제3자의 진술 내용이 진실한지 여부나 그것이 타인의 명예를 훼손하는가 여부는 별개의 평가를 요하는 문제이고, 만일 거기에 허위 사실 주장이 포함되어 있다면, 이를 알면서 보도한 미디어를 면책시킬 수는 없을 것이다.

(6) 통신뉴스의 항변

재공표 책임을 면책하는 또 하나의 법리가 미국 판례에서 개발된 '통신뉴스의 항변'(wire service defense)이다. 그에 의하면 언론미디어의 보도가 뉴스통신 서비스에 의해 전달된 정보를 재공표한(republish) 것이고, 그 자료가 명예훼손적임을 알지 못했거나 알 근거가 없는 경우에는 명예훼손의 책임을 지지 아니한다. 이것은 명예

나 투기적인 혐의와 수사를 보도하더라도 이를 저지할 아무 한계도 없게 된다"고 우려한다 (Elder, Truth, Accuracy and Neutral Reportage, p.743).

105) 범죄 혐의자에 대한 수사기관의 수사에 관한 정확한 보도에는 출처가 알려지지 않은 소문 잡담을 보도하는 경우 야기되는 바와 같은 해로운 영향이 적다(Donnellan & Peacock, id., p.249).

훼손적 진술을 재공표한 자에게 재공표의 책임(republication liability)을 지우는 엄격한 보통법의 법리에 대한 예외로서, 미국 판례에 의해 미디어에 인정되는 특권이다.106) 여기서는 명예훼손의 피해자가 공인인지 사인인지 상관이 없다.107)

이 항변은 1933년 플로리다 최고법원의 판결에서 최초로 언급된 이래 현재 미국의 20개 주에서 통용되고 있다.108)

> **[사례]** Layne v. Tribune Co., 146 So. 234,
> 237-38 (Fla. 1933)
> 이 판결은 통신뉴스의 항변("wire service defense")과 그 논거를 최초로 언급하였다. 이 사건에서 피고 일간지는 통신사가 제공한 기사를 전재한(republish) 것 때문에 원고로부터 명예훼손으로 피소되었는데, 법원은 신문이 일반적으로 신뢰할 수 있는 일상의 뉴스원으로부터 통신기사를 전재하는 경우 그가 재작성에 과실 있고, 무사려하며, 부주의하게 행위했다는 증거가 없으면 명예훼손의 책임이 없다고 판시하였다. 법원은 이 항변을 채택하는 논거로서 신문들이 전국의 뉴스를 그에 관심을 갖는 독자들에게 전달할 수 있게 하기 위한 것이며, 신문마다 그 전파사항에 관한 사실 확인의무를 부과한다면 뉴스의 전달은 제한받을 것이란 점을 들었다.

위 사건 이후 미국 판례는 이 항변의 요건으로서 재공표자는 그 기사에 모순이 없는가를 검토해야 하고, 모순된 내용에 설명이 없거나 허위임을 안 경우에는 재공표할 수 없다는 요건을 추가하였다.109) 항변이 적용되기 위해 통신 보도내용을 축어적으로 전파하

---

106) Jennifer L. Del Medico, ARE TALEBEARERS REALLY AS BAD AS TALEMAKERS?: RETHINKING REPUBLISHER LIABILITY IN AN INFORMATION AGE, 31 FDMULJ (Fordham Urban Law Journal, November, 2004) 1409.

107) Id., p.1410.

108) Del Medico, id., p.1411.

는 것을 요하는 것은 아니지만, 새로운 실체적 사실을 추가하는 경우에는 적용되지 않는다.[110] 또 항변자는 그가 의거한 통신보도 기사를 정확하게 지적할 수 있어야 한다.[111]

추후 판례에 의하면 통신뉴스의 항변은 뉴스 속보나 원격지의 뉴스에 국한되지 아니하고, 향유 주체가 지방 미디어에 국한되지 않으며,[112] 신문에 대하여 적용한 이 항변을 방송과 잡지에도 그 적용을 확대하였다.[113]

나아가 '역통신뉴스의 항변'(reverse wire service defense)은 통신사가 배포한 기사가 통신사 자체의 기자가 아니라 명망 있는 뉴스원(reputable news source)의 작업인 경우에도 통신사를 명예훼손 책임으로부터 면제하였다.[114] 이 경우에도 통신사는 기사의 진위 여부를 독립적으로 조사할 의무를 부담하지 않으며, 그것이 명예훼손적 자료임을 알지 못했거나 알 이유가 없었다면 이 항변을 제기할 수 있다.

우리 법제에서도 통신뉴스의 항변의 법리는 적용될 수 있다고 생각된다. 다만, 우리 판례가 뉴스통신사의 보도를 전재한 기사에 관해 이를 적극적 명시적으로 적용한 사례는 보이지 않고, 1966년의 판례는 다른 언론매체의 보도를 참작하여 보도한 경우 진실로 믿음에 상당한 이유가 없다고 판시한 바 있다.[115]

---

109) Howe v. Detroit Free Press, Inc., 555 N.W.2d 738, 740-42 (Mich. Ct. App. 1996).

110) O'Brien v. Williamson Daily News, 735 F. Supp. 218, 224 (E.D. Ky. 1990).

111) Jewell v. NYP Holdings, Inc., 23 F. Supp. 2d 348, 371-74 (S.D.N.Y. 1998).

112) Appleby v. Daily Hampshire Gazette, 478 N.E.2d 721, 726 (Mass. 1985).

113) Del Medico, id., p.1421.

114) Reilly v. Associated Press, Inc., 797 N.E.2d 1204, 1217 (Mass. App. Ct. 2003); see Mehau v. Gannett Pac. Corp., 658 P.2d 312, 322 (Haw. 1983); Winn v. United Press Int'l, 938 F. Supp. 39, 44-45 (D.D.C. 1996); Winn v. Associated Press, 903 F. Supp. 575, 579 (S.D.N.Y. 1995).

4. 중립보도(Neutral Reportage)의 특권

(1) 의의

누차 언급한 바와 같이 영미의 보통법상 타인의 명예훼손적 주장을 재전달하는 경우에는 그 전파자가 진실 입증하지 못하는 한 그 명예훼손적 주장에 관해 책임을 지는 것이 원칙이다(repetition rule 또는 republication rule). 중립보도의 특권(doctrine of neutral reportage, Neutral Reportage Privilege)은 공익사항에 관한 토론이나 논쟁의 당사자가 행한 명예훼손적 주장을 중립적으로 보도한 경우 그 전파자의 명예훼손 책임을 면책시키는 법리이다. 그것은 재공표자가 해당 명예훼손적 주장을 사실로 채용하거나 제시하면서 반복하여서는 안되고, 단지 공익을 위해 스토리의 한 부분으로 그러한 주장이 있었음을 보도하는 경우이어야 한다.116) 중립보도는 미디어의 도관 및 메신저 기능에 중점을 두고 있다.

중립보도의 특권은 미국 연방항소법원의 1977년 판결에서 처음

---

115) "언론매체가 다른 언론매체의 보도내용을 참작하여 보도하였다 하더라도 자신의 보도로 인한 책임은 면할 수 없으므로(더구나 이 사건과 같이, 다른 언론매체의 보도내용을 명시적으로 인용하는 것이 아니라 직접 취재한 양 작성하는 경우에는 더욱더 그러하다), 자기 책임하에 그 내용의 진위 여부를 직접 확인하려는 노력을 다하여야 하며, 특히 일간신문이나 방송의 보도내용은 취재시간이 제한된 탓에 보도내용의 진위 여부가 불확실하거나 과장 보도되는 경우가 적지 않아 그 진실성이 객관적으로 담보되어 있다고 보기도 어려우므로 이를 진실로 믿기 위하여는 더욱더 진위 여부의 확인에 노력을 기울여야 할 것이다"(대법원 1996. 5. 28. 선고 94다33828 판결); "일간신문사 기자가 타 신문사의 기사 내용과 피의자에 대한 구속영장 사본만을 열람한 것만으로는 위 기자가 기사 내용의 진실성을 담보하기 위하여 필요한 취재를 다한 것이라고 할 수 없고, 더욱이 피의자가 범행혐의를 받고 있을 뿐임에도 불구하고 마치 자신의 직접 취재에 의하여 그 범행이 확인된 것처럼 단정적으로 기사를 게재한 경우, 일간신문에 있어서의 보도의 신속성이란 공익적인 요소를 고려한다고 하더라도, 이러한 기사를 게재한 것이 피의자에 대한 명예훼손행위의 위법성을 조각하게 할 정도에 이른 것이라고 볼 수 없다"(대법원 1999. 1. 26. 선고 97다10215,10222 판결).

116) Jason Bosland, Republication of Defamation under the Doctrine of Reportage – The Evolution of Common Law Qualified Privilege in England and Wales, http://papers.ssrn.com/sol3/papers.cfm?abstract_id=1619735

그 법리가 형성되었으나, 미국에서는 거의 활용되지 못하여 사장되고 있다. 그러나 중립보도의 법리는 언론의 자유를 위해서 뿐 아니라 공공의 알 권리를 넓히려는 데 근본 취지가 있기 때문에 그 법리는 영국 등 타국에 수입되어 굳건한 법리로 그 적용을 넓히고 있다.[117] 특히, 영국에서는 2001년 영국 항소법원이 처음 중립보도의 특권을 인정하는 판결을 내린 후 확립된 법리로 널리 적용되고 있으며, 2013년 개정 명예훼손법에 레이놀즈의 항변의 특수한 형태로 성문화되었다.

공정보도는 공식적인 공개적 절차나 행위에 대한 보도에 국한되는 반면, 중립보도는 그러한 범위를 넘어 공적 쟁점에 관해 공인간의 논쟁이 벌어지고 있는 경우 그 당사자의 공방 사실 주장을 중립적 입장에서 보도하는 경우에 적용된다는 점에서 양자는 구별된다. 따라서 공정보도로 인정되지 아니한 경우에도 중립보도의 항변은 성립될 수 있다.

(2) 미국 – 1977년 뉴욕타임스 중립보도 사건

중립보도의 특권은 미국 연방항소법원의 1977년 판결에서 처음 그 법리가 형성되었다.

> {사례} Edwards v National Audubon Society 556
> F. 2d 113 (1977)
> 이 사건은 1977년 연방제2순회항소법원이 중립보도의 특권을 처음 언급한 사건이다.

---

117) "이론적으로 중립보도특권은 사상의 자유 공개시장에 부합한다는 것을 부인할 수 없다. 뉴스 미디어 보호뿐만 아니라 공적인 관심사에 대한 활발한 토론을 보장하기 때문이다. 그리고 공개된 민주사회를 그 중심 가치로 이해하는 국가들의 선택이기도 하다"(염규호, 전게 논문). 영국 이외에 중립보도의 법리를 수입한 나라는 스페인과 캐나다이다(Id).

살충제(DDT) 사용 문제를 에워싸고 이를 반대하는 환경단체(전국
오두본협회, 피고1)와 이를 지지하는 일단의 과학자들 간의 논쟁이 15
년간 계속되고 있었다. 오두본협회는 살충제 사용을 반대하는 증거로
그로 인해 조류의 수가 감소한 통계를 제시하였는데, 일부 과학자들이
그 통계가 잘못된 증거라고 반박하자, 오두본협회는 그들 과학자들이
살충제 제조회사의 돈을 받고 거짓말한다는 취지로 비난하였다. 뉴욕타
임스(피고2)는 양자 간의 논쟁이 뉴스 가치가 있다고 보고 그 논쟁의
전말을 중립적 입장에서 보도하였다. 그 보도에는 협회의 주장에 따라
거짓말하고 있다는 과학자들의 실명이 적시되었고, 그중 원고를 비롯한
다수의 과학자들이 협회와 신문을 상대로 이 사건 명예훼손 소송을 제
기하였다. 제1심은 원고들 승소로 판결하였으나, 연방제2순회항소법원
은 이를 파기하면서 뉴욕타임스의 보도는 중립보도로서 면책되어야 한
다고 하면서 다음과 같이 판시하였다.

"요약하건대 저명하고 책임 있는 단체가 공인에 대해 중대한 비난을
하는 경우 그 비난을 정확하고 공평무사하게 보도하는 것은 그 기자가
개인적으로 타당하다고 생각하였는지 여하에 불구하고 헌법에 의해 보
호받는다. 뉴스가치가 있는 것은 그러한 비난이 행해졌다는 점이다. 우
리는 언론이 진위 여부에 관해 심각한 의심을 가졌다는 이유만으로 뉴
스가치 있는 진술을 억압하도록 수정헌법 제1조에 의해 요구될 수 없
다고 믿는다. … 민감한 이슈를 에워싸고 자주 야기되는 논쟁에 관해
충분히 알아야 하는 공적 이익은 그러한 비난을 책임지지 않고 보도하
는 자유가 언론에 부여되기를 요구한다."

피고가 책임 있는 저명한 단체였고, 원고는 공인이었으며, 신문의
보도는 정확하고 공평무사했고, 당시 민감한 이슈에 달하는 논쟁의 맥
락에서 행해진 것이기 때문에 그 비난 자체는 뉴스가치가 있었다는 것
이다.

위 판결에서 중립보도로 판단된 요건은 ① 피고가 책임 있는 저
명한 단체였고, ② 원고는 공인이었으며, ③ 신문의 보도는 정확하
고 공평무사했고, ④ 당시 민감한 이슈에 달하는 논쟁의 맥락에서

행해진 것이기 때문에 그 비난 자체는 뉴스가치가 있었다는 점이었다.[118]

이후 미국 법원에 의해 상술된 중립보도의 요건을 정리하면 다음과 같다.

① 공인 요건: 대부분의 판결은 명예훼손 피해자(원고)가 공인인 경우에 한하여 중립보도를 인정하고 사인은 제외한다.

② 취재원: 중립보도는 소스의 확인 및 명시를 요한다.[119] 다수 판례는 취재원의 신뢰성을 요하는 것으로 판시하나, 저명한 자로서 논쟁 당사자이면 신뢰성은 불필요하다고 하는 판례도 있다.[120]

③ 중립성 요건: 피고의 설명이 공정하고 정확하지 않으면 중립보도는 인정될 수 없다. 그러므로 피고가 재공표된 비난을 지지, 동의하거나[121] 개인적 인신공격을 위해 고의적으로 왜곡한다면 중립보도가 인정되지 않으며, 기초된 비난에 관해 책임을 지게 된다. 또 피고는 이성적으로, 그리고 선의로("reasonably and in good faith") 그 보도가 정확하게 그 비난을 전달한다고 믿어야 한다.[122] 다수 판례에 의하면 중립성 요건이 논쟁 당사자 쌍방의 주장을 함께 고르게 다루어야 하는 것은 아니지만, 원고에게 반론의 기회를 주고 그 변명을 실어야 한다는 입장이다. 이 점에서 중립보도의 중립성 요건은 공정보도의 공정성 요건보다 더 엄격한 것이다.[123]

④ 격렬한 논쟁("Raging Controversy") 요건: 중립보도는 이미 존재하는 논쟁에 관한 것으로서 단순한 뉴스가치 이상의 격렬한 논쟁

---

118) Sack, On Defamation, vol. 1, 3rd ed.

119) Elder, Defamation, id. p.74.

120) Elder, Defamation, id. pp.72-73.

121) 동의 또는 지지로 판단된 예는 분식, 피고의 취재에 기초한 추가, 소스의 신뢰성의 변호 등이 행해진 경우이다.

122) Edwards, 556 F.2d at 120.

123) Elder, Defamation, id. p.76.

이 있어야 한다. 따라서 논쟁을 안내한 것이 아니라 논쟁을 야기한 기자는 이 특권을 주장하지 못한다. 이미 과거사가 된 사안에 관해 탐사보도를 하면서 기자가 비난을 유발한 경우 또는 피고가 처음으로 논쟁을 만들어내고 이를 전파한 경우에는 이 특권이 인정되지 않는다.[124]

1977년 판결 이래 미국에서 중립보도의 특권이 인정되는 곳은 플로리다 주 등 소수 주에 국한되었고, 나머지 대다수 주에서는 인정되지 않고 있다.[125] 연방대법원은 중립보도가 인정될 가능성이 있는 유사한 사안에서도 동 법리에 관한 언급을 회피하였고, 다른 연방항소법원들은 압도적으로 이를 거부하였다.[126]

이렇게 처음 미국 법원이 창설한 법리는 미국에서 거의 사장되고 있다.[127] 그 이유는 현실적 악의 규칙이라는 강력한 언론보호 장치가 있음에도 그에 조화되지 않는 중립보도의 특권을 논의하는 것은 의미가 없다는 데 있는 것으로 보인다.[128]

---

124) Elder, Truth, Accuracy and Neutral Reportage, pp.680-683.

125) 중립보도의 법리를 반대하는 강력한 비판에 관하여는 David A. Elder, Truth, Accuracy and Neutral Reportage: Beheading the Media Jabberwock's Attempts to Circumvent New York Times v. Sullivan, https://papers.ssrn.com/sol3/papers.cfm?abstract_id=1004582

126) Dickey v. CBS Inc., 583 F.2d 1221 (3d Cir. 1978); Medico v. Time, Inc., 643 F.2d 134 (3d Cir. 1981).

127) 염규호 교수에 의하면, 중립보도의 법리는 2010년을 전후하여 10년간 미국 법원에서 적용된 사례가 없었다고 한다(염규호, 설리번 판결 50주년과 언론의 자유: 제1수정헌법의 국제적인 영향, 언론중재, 2014년 봄호 56면 이하 (67-8면).

128) 중립보도의 특권은 논쟁 중인 공인들 간의 공방에서 허위임이 알려진 사실에 관해서도, 즉 미디어에 현실적 악의가 있는 경우에도 면책을 주기 때문에 현실적 악의 규칙에 반하는 결과를 가져올 수 있다(Justin H. Wertman, Newsworthiness Requirement of the Privilege of Neutral Reportage is a Matter of Public Concern, 65 Fordham L. Rev. 789 (811) (1996), http://ir.lawnet.fordham.edu/flr/vol65/iss2/12; Dickey v. CBS Inc., 583 F.2d 1221 (3d Cir. 1978)).

(3) 영국 - 중립보도의 제한적 특권

1999년 영국 귀족원이 레이놀즈의 항변을 미디어의 공익사항 보도에 적용한 이후 2001년 영국 항소법원은 미국 법원이 창설한 중립보도의 특권을 도입하는 판결을 내렸다.

가. 판례

영국 법원이 중립보도를 제한적 특권으로 처음 인정한 것은 2001년 판결이다.

> **{사례}** Mark v Associated Newspapers Limited {2002} EWCA
> Civ 772; {2002} EMLR 839
>
> 이 판결에서 영국 법원은 중립보도의 항변을 보통법상 제한적 특권으로 처음 인정하였다.
>
> 사실관계: 영국 내에서 활동하는 사우디 반정부단체의 저명한 간부인 런던사무소 관리책임자(원고)와 그 대변인(AM) 간에 불화가 있어 서로 공방 논쟁을 벌이고 있었는데, 친사우디정부 신문인 피고는 양자 간의 주장을 연일 집중 보도하였다. 그러는 와중에 피고 신문은 원고가 근거 없이 AM의 성추문을 유포하였다는 주장을 보도하자, 원고는 이 사건 명예훼손 소송을 제기하였고, 제1심 판사는 피고의 인용 보도가 레이놀즈의 제한적 특권에 의해 보호받지 못한다고 하면서 6,500파운드의 손해배상을 명하였다.
>
> 쟁점: 타인의 진술을 인용 보도한 경우 적용되는 반복규칙에 의하면 그 진술이 행해졌다는 사실만으로는 항변이 되지 않고 그 진술의 내용이 진실함을 밝혀야 하지만, 이 사건에서 피고 신문이 보도한 명예훼손적 주장은 정치적 라이벌 간에 주고받은 것이고 신문에 의해 채용된 바 없는 것인데 이를 영국에서도 제한적 특권으로 면책시킬 것인가 여부가 쟁점이 되었다.
>
> 판시: 이 사건에서 영국 항소법원은 미국 법원의 중립보도 특권과 유사한 항변을 인정하였으나, 미국의 전례를 참고함이 없이 독자적인

입장에서 레이놀즈 항변의 한 형태로서 중립보도의 특권을 제한적 특권으로 인정하였다.

"이 보도는 정치적 논쟁의 과정에서 생긴 것이다. 한 정치단체 내에서 분열된 이들 정치적 라이벌들은 상호 공방주장을 벌였다. 피고는 그 보도에서 일방의 주장을 채용하거나 그것이 진실하다는 의미를 전달하지도 않았다. 그 보도는 단지 당사자 간에 그러한 상호적 비난이 있었다는 것 자체를 보도하였을 뿐이다." 이 경우 기자는 보도 내용의 진실을 입증할 필요가 없다. "정치적 논쟁의 양측이 그들의 상호적인 주장과 대응에 관해 완전하고, 공정하며 공평무사하게 보도되는 상황"에서는 "공공은 기자들이 진실 입증 시도 후에 그 어느 일방을 지지하는가를 기다림이 없이 그러한 논쟁에 관해 알 권리가 있다"고 하면서, 항소를 인용하여 1심의 배상판결을 취소하고 제한적 특권 주장을 받아들였다.

2001년 Al-Fagih 사건 이후 영국 법원은 2개의 사건에서 중립보도의 특권을 적용하였다.129)

[사례] Mark v Associated Newspapers Limited [2002] EWCA Civ 772; [2002] EMLR 839 (2002. 5. 29. 영국 항소법원 판결)

이 사건에서 영국항소법원은 중립보도의 법리를 재확인하면서, 동시에 '독과 해독'(bane and antidote)의 법리를 설명하고 있다.

사실관계: 영국 수상 블레어의 자녀를 4년간 돌봐주던 전 유모(이 사건 원고)는 그가 근무 당시 블레어 가족에 관한 이야기를 저서로 출간하려고 하였는데, 그 카피를 입수한 한 주간지(Mail on Sunday, MoS)가 2000. 3. 주말판에서 원고의 저술 초록과 출판 계획을 보도하자, 블레어는 법원에 동 주간지를 상대로 제소하여 간이절차에 의한 인정선 명령(추후 보도금지명령)을 받아내게 되었다.

동 주간지(MoS)의 자매지인 Daily Mail(양자 모두 피고가 발행하고

---

129) 2001년 Al-Fagih 판결 이후 영국법원은 *Mark v Associated Newspapers Ltd* [2002] E.M.L.R.와 *Galloway v Telegraph Group Ltd* [2006] E.M.L.R. 221에서 중립보도의 법리를 적용한 바 있다.

있다)은 위 사안을 보도하면서 "블레어 전 유모의 저술에 관한 법적 투쟁 전개"라는 제하의 이 사건 계쟁 기사에서 "원고가 블레어와 그 자녀의 프라이버시에 관한 저서를 발간하는 것은 블레어와의 신뢰의무를 위반하는 것이며, 그럼에도 그녀는 그 발간을 출판사에 제안하였고, MoS에 그 서적 내용에 관한 보도를 허용하면서 신뢰위반 문제는 없다고 말했다. 그러나 MoS의 보도 계획을 알게 된 블레어는 MoS를 상대로 잠정적 인정션을 구하여 이를 얻어냈고, MoS는 그 법원 절차와 결과에 불만을 가지고 있다"는 취지의 내용을 보도하였다.

원고는 위 Daily Mail의 보도는 원고가 거짓말하였다는 의미를 갖는다고 주장하면서 Daily Mail의 발행인인 피고를 상대로 이 사건 명예훼손 소송을 제기하였다.

제1심 판사는 계쟁 보도가 원고가 거짓말하였다는 의미를 전달하는 것이라 할지라도 그 명예훼손적 의미는 원고가 이를 부인하였다는 말을 함께 보도하였기 때문에 '독과 해독의 법리'에 의해 그 해(害)가 제거되었다고 보았다. 그리고 계쟁 보도는 원고와 MoS의 상반된 주장만을 보도하였을 뿐이고 어느 편도 들지 않았기 때문에 중립보도의 법리에 의해 면책된다고 하여 원고의 청구를 기각하였다.

판시: 그러나 항소심은 3인 법관 전원일치로 제1심을 취소하면서 다음과 같이 판시하였다.

첫째, 계쟁 기사는 원고가 그 저서 내용의 보도를 허용하여 거짓말하였다는 MoS의 주장과 이를 부인하는 원고의 주장을 동시에 보도하고 있는데, 이렇게 상호 모순된 진술을 보도하고 있는 경우 명예훼손적 기술 부분(毒)이 동시에 보도된 완화적 기술 부분(解毒濟)에 의해 완전히 제거될 것을 요하는데, 원고가 거짓말하였다는 피고의 보도 부분은 원고가 이를 단순히 부인하였다는 주장을 함께 실었다 하여 그 독이 완전히 제거되지 못한다고 판단하였다.

둘째, 중립보도의 항변은 정치적 논쟁의 양측에 귀속되고 채용되지 않은 진술의 보도에 한정되지 않고 더 널리 받아들여야 한다는 입장을 취하면서도, 이 사건 계쟁 보도는 전체적으로 보아 논쟁 당사자 중 일방인 피고의 자매지 MoS의 편을 들고 있기 때문에 중립보도에 해당하지 않는다고 결론지었다.

이 사건에서는 블레어와 MoS 간의 논쟁을 다루는 피고의 보도에서 원고에 관한 명예훼손적 언급이 문제된 사안이었고, 원고(유모였던 저술자)가 논쟁의 직접 당사자가 아니었음에도 중립보도가 적용됨을 시사하였다는 점에 주목할 필요가 있다.

그러나 **Al Fagih** 판결에 의한 중립보도 항변의 본질 및 인용 범위는 불명확하였다. 중립보도의 법리는 타인 간의 공방 진술을 인용 보도하는 것이어서 반복규칙과 관련하여 그 예외가 되는 이유, 즉 그 진술의 진실성 입증 요부의 문제 및 이것이 미디어의 책임 있는 공익 사항 보도에 면책을 부여하는 레이놀즈의 항변과 어떠한 관계에 있는가가 풀어야 할 문제로 제기되었다. 2007년 Roberts v Gable 판결은 이를 상세하게 분석 정리하고 있다.

[**사례**] Roberts v Gable (12 Jul 2007) [2008]
2 WLR 129; [2007] EWCA Civ 721

이 사건에서 영국 항소법원은 중립보도의 성질과 범위 및 명예훼손법 내에서의 위치에 관해 상세하게 설명하였다.[130] 이 사건에서 영국 법원은 중립보도의 특권을 정치적 토론의 공방에 한정하지 않고 공적 관심사에 관한 논쟁에 관해서도 적용하고 있다.

사실관계: 영국 국민당(British National Party) 내에서 당권을 장악하려는 양 파벌 간의 다툼에 관한 보도에서 피고는 2003년 10월 그가 발행한 잡지에서 원고가 국민당 대회에서 모금된 돈을 횡령하였고, 다른 국민당원을 살해하겠다고 위협하였으며 경찰 수사를 받게 될 것이라는 취지로 보도하였다. 원고가 제기한 명예훼손 소송에서 피고들은 진실의 항변과 레이놀즈의 중립보도의 항변을 선택적으로 제기하였다.

---

130) 이 사건에서 영국 항소법원은 참조를 위해 미국 판례(*Edwards v National Audubon Society* 556 F. 2d 113 decided in May 1977)를 언급하였으나, 미국과 영국의 법제는 언론의 자유와 명예 보호간의 형량에서 다르다는 점을 지적하면서 중립보도의 법리가 표현 자유를 원칙 없이 확대한다는 비판을 피하기 위해 그 요건과 효과를 명확히 한정하여야 한다고 설시하였다.

1심판사는 항변을 인용하였고 원고들이 항소하였다.

판시: 항소심은 항소를 기각하면서 다음과 같은 요지로 판시하였다.

항소법원은 중립보도는 타인 간의 공방 진술을 인용 보도하되, 그 진술 내용이 진실임을 말하는 것이 아니라 그러한 발언이 행해졌다는 점만을 전달하는 것이기 때문에, 그 진술 내용이 진실임을 입증할 필요가 없는, 제한적 특권의 일종임을 명백히 하였다.

영국 항소법원은 중립보도의 요건에 관해, 공익에 관한 것일 것, 공정하고 사심 없이 보도하고, 자기의 생각으로 채용하여 표현하거나 의견을 곁들인 경우 상실되는 등 미국의 경우와 다름없는 입장을 취했으나, 중립보도를 위해 피고가 책임 있는 저명한 사람이거나 미국에서 요구되는 바와 같이 원고가 공적 인물임이 사전 조건으로 고수될 필요가 없다고 판시하였다.

이 사건 법원 판시에 의하면, 중립보도는 레이놀즈의 제한적 특권의 한 형태로서 책임 있는 저널리즘의 특수한 종류이지만, 자체 분명한 특징을 갖는다고 하면서, 양자의 차이에 관해 레이놀즈의 항변은 비리의 조각을 냄새 맡고 이를 추적하는 사냥개(bloodhound)의 역할과 같이 탐사보도에 적용되지만, 중립보도의 특권은 이미 존재하는 스토리를 경고하려고 짖는 감시견(watchdog)으로서 역할을 수행한다고 설명하였다.[131]

비판: 위 판시 중 레이놀즈의 항변과 중립보도의 관계를 설명한 부분은 학설의 강력한 비판을 받고 있다.[132] 레이놀즈의 항변은 진실의 항변과 관련하여 그것이 실패하는 경우에 제기될 수 있는 것이고, 그 성립에는 피고가 진실을 담보하기 위해 충분한 조사의무를 다하였고, 진실이라고 믿음에 상당한 정황을 입증할 것을 요하나, 중립보도는 진술 내용의 진위 여부와 무관하게 오직 진술이 있었다는 사실 자체를 공공이 알 필요가 있다고 하여 인정되는 것이고, 그 때문에 진실 입증 의무가 면제되는 것임에도 (이 점에서 중립보도는 공정보도의 법리에서

---

131) "(신문 자신에 의해 채용되지 않은 타인에 귀속되는 중립적 보도인) 르포("Reportage")는 신문이 자신의 주장으로 행한 레이놀즈 항변보다 더 쉽게 제한적 특권으로 인정될 수 있다. 양자 간의 본질적 구별은 공적 관심사에 관해 감시견으로서 보도하는 신문의 역할과 탐사저널리즘에 의해 추구되는 수색견으로서의 역할에 있다"(Id. at [6]).

132) Jason Bosland, Republication of Defamation under the Doctrine of Reportage – The Evolution of Common Law Qualified Privilege in England and Wales, Oxford Journal of Legal Studies, Volume 31, Issue 1, 1 March 2011, Pages 89–110, file:///C:/Users/user/Downloads/SSRN-id1619735.pdf

유추될 수 있다) 위 판결은 중립보도가 레이놀즈 항변의 특수한 형태라고 보면서 중립보도의 인정에 레이놀즈 기준의 여러 요인을 검토하고 있기 때문이다.

유럽인권재의 판결: 위 항소법원의 판결에서 패소한 원고는 유럽인권재판소에 위 판결에 의해 명예권을 침해당하였다고 주장하면서 청원을 제기하였다.[133] 즉, 청원인(당해 사건의 원고)은 진실의 입증이 없이 공표된 기사에 의해 명예를 손상당했음에도 원고 청구를 기각한 영국 법원의 판결에는 유럽인권협약 제8조 위반이 있다고 주장하였으나, 유럽인권재판소는 이를 배척하면서 그 기사는 영국 국민당 내에 갈등이 고조된 시기에 보도된 것이어서 공익이 있었고, 대부분의 독자들은 정치적 논쟁의 과정에서 행해진, 진실의 주장이 아닌, 일련의 주장과 반대주장을 보았을 것이 명백하다고 판시하였다. 결국 유럽인권재판소도 중립보도의 법리를 채용하고 있는 것이다.[134]

나. 영국 2013년 명예훼손법의 중립보도 규정

2013년 개정 명예훼손법 제4조는 공익사항의 보도 항변을 새로 창설하면서 거기에 이전의 레이놀즈의 제한적 특권과 중립보도의 항변을 함께 규정하였다.[135] 이것은 상술한 Roberts v Gable의 판지를 따른 것이지만, 그 판결에 대해서는 위에서 본 바와 같이 학설의 강력한 비판이 제기되고 있다. 이러한 2013년 개정법의 태도는 중립보도를 공정보도의 법리와 같은 맥락을 가진 것으로 취급하는 미국과도 다른 것이다.[136] 또 레이놀즈의 항변은 의견이든 사실이든

---

133) Roberts v United Kingdom, Application no. 38681/08, 2011. 7. 5 결정.

134) See Verlagsgruppe News GmbH v Austria (2007) EMLR 491; [2006] ECHR 1092; Thoma v Luxembourg (2003) 36 EHRR 21; [2001] ECHR 240.

135) 전술 II. 6. 미디어의 보도 특권(레이놀즈의 항변) 참조. 2013년 개정 영국 명예훼손법 제4조 공익 사항에 관한 공표(Publication on matter of public interest) 제3항은 "불만 대상 진술이 원고가 일방 당사자였던 논쟁의 정확하고 공평한 설명이었거나 그 일부였던 경우, 법원은 그 진술의 공표가 공적 이익을 위한 것이었다고 피고가 믿음에 합리적이었던 여부를 결정함에 있어서 피고가 그에 의해 전달된 비난의 진실을 입증하려는 조치를 취하지 않았더라도 이를 무시해야 한다"고 규정한다.

136) 2013년 개정 영국 명예훼손법은 레이놀즈항변의 한 형태로 중립보도의 제한적 특권을 새로

막론하고 적용되지만, 중립보도는 중립성 결여의 리스크가 있는 의견에는 적용되기 어렵다는 지적이 있다.[137]

어쨌든 레이놀즈 항변은 책임 있는 저널리즘 기준을 충족했다는 미디어 측의 입증을 요하고, 이 입증은 취재실무상 또는 소송 관행상 과다한 비용과 노력이 소요되어 어렵기 때문에 중립보도의 항변은 더 큰 의미를 갖게 된다. 양자 공히 공익 사항에 관한 보도에 적용되나 중립보도는 레이놀즈의 항변이 적용되지 않는 경우에도 적용될 수 있기 때문이다.

다. 중립보도의 요건

이상 살펴본 바에 의하면, 미국 법원에서 창안된 중립보도의 법리는 영국에서 더 널리 활용되고 있음을 알 수 있다. 영국에서도 중립보도는 독자들에게 정당하고 주제적 이익을 가진 스토리의 양쪽을 기자 자신의 것으로 채용하거나 분식함이 없이 보도하는 경우를 말하고, 그것이 보통법상 재공표 책임을 면하는 제한적 특권으로 인정됨에는 미국의 경우와 다름이 없다. 중립보도는 진술이 진실이라고 주장하기보다 해당 주장이 행해졌다는 사실 자체를 보도하는 것이기 때문에 기자는 중립보도의 스토리가 진실이라고 믿을 필요가 없으며,[138] 중립보도는 그 저자가 논쟁의 세목을 보도할 뿐, 그 스토리를 채용하거나, 그 진실임을 주장하는 것도 아니기 때문에 그것이 진실이라고 주장할 필요도 없고, 이를 입증할 필요도 없다. "정

이 명문화하고 있으나, 학설은 그에 연관 지어 논하는 것을 반대하고 있다. "레이놀즈 항변은 진실 여부에 초점이 있는 것이지만, 중립보도는 단지 주장이 행해졌다는 사실에만 관련이 있다. 따라서 이 법리는 보통법상 공정하고 정확한 보도의 특권에 유사한 것이지 레이놀즈 항변의 파생물이라고 볼 수 없다"(Bosland, id., pp.16-31).

137) Sara Gale, id. p.15.

138) Roberts v Gable [2008] 2 WLR 129; [2007] EWCA Civ 721 at [28].

치적 논쟁의 양측이 충분하고 공정하게, 그리고 사심 없이 보도되는 경우 공공은, 공표자가 진실입증 시도 후에 그 둘 중 어느 하나에 가담하는 것을 기다릴 필요 없이, 그러한 논쟁에 관해 알 권리가 있는 것이다."139)

영국에서 중립보도가 인정될 요건을 간추려 보면 다음과 같다.

① 공표된 정보, 즉 사실주장이 행해졌다는 스토리 자체가 공익에 관한 것일 것: 공익 여부의 인정은 사례의 정황사실에 비추어 판단되는 법적 문제이며,140) 정직한 의견의 항변(과거 공정한 논평의 항변), 레이놀즈의 항변에서 논의되는 공익의 개념과 동일하다. 공인의 사생활에는 공익이 없음이 물론이다. 주로 정치적 논쟁에 관한 보도가 이에 해당하지만, 영국 판례는 그 밖에 공익에 관한 논쟁도 포함한다.141)

② 피고는 진술이 공적 이익에 관한 것이라고 합리적으로 믿었음을 요한다(2013년 명예훼손법 제4조 1항 (b)). 따라서 악의는 중립성 결여를 지시하며 중립보도 항변에 치명적이다.142)

③ 토론이나 논쟁의 일방 당사자가 다른 당사자에 관해 행한 주장일 것(쌍방적일 필요는 없음).

④ 그 주장은 그들 원진술자가 행한 것이며, 보도 전체로 보아 그러한 주장이 행해졌다는 사실과 그 내용을 공평무사하고 공정하게 보도할 것: 보도가 그 주장을 채용하거나 수식하지 않을 것을 요한다.143)

---

139) Al-Fagih v HH Saudi Research & Marketing (UK) Ltd [2001] EWCA Civ 1634 at [52].

140) Spiller v Joseph [2011] 1 AC 852; [2010] (UKSC 53).

141) "보도된 논쟁의 내용이 개인적이고 상스러울수록 논쟁 자체가 순수한 공익 사항이 될 가능성은 낮아지고, 그에 관한 보도는 개인의 프라이버시를 더 침해하게 될 것이다"(Lord Justice Sedley in Roberts v Gable [76]).

142) Gale, id., p.8.

143) 영국 판례에 의하면 피고가 타인이 주장했다는 것을 사실로 보도하는 것이 아니라 직접 주장하는 경우 중립보도는 성립하지 않으며(Galloway v Telegraph Group Ltd [2006] EWCA Civ 17), 피고가 해당 주장을 채용하고 결론을 꾸며 내린 경우(Henry v British Broadcasting Corporation [2005] EWHC 2787 at [81]), 논쟁 양측이 중립적 모양으로 보도되지 않은 경

⑤ 영국에서는 보도가 공익 사항에 관한 것임을 요구할 뿐, 진행 중인 공적 논쟁의 요건이 필수적이 아니며, 믿을 수 있는 소스에서 나온 정보를 공정하고 정확하게 보도하는 경우에도 중립보도가 허용될 수 있다.[144)

(4) 중립보도 법리의 도입 필요성

이상 영미에서 형성된 중립보도의 법리를 종합 분석하여 보면, 우리도 중립보도의 법리를 도입할 필요가 있다고 생각된다. 그 근본 취지는 공공이 공익 사항에 관한 논쟁의 양상을 알 공익에 근거하는 것이고, 언론 자유의 확대 및 공공의 알 권리 양자에 기여하는 것이기 때문이다. 미국과 영국에서 논의되어 온 그 법리를 비교 분석하여 우리에 적합한 법리를 개발할 필요가 있다고 생각된다.

실제로 우리 판례 중에는 중립보도의 법리와 유사한 논거에서 결론을 낸 사안이 발견되기도 한다.[145)

우(Malik v Newspost Ltd [2007] EWHC 3063) 또는 논쟁 당사자 일방에 호의적이었고 그 주장 일부를 자신의 것으로 채용한 경우(Al-Fagih v HH Saudi Research & Marketing (UK) Ltd [2000] WL 1675201)에는 중립보도의 항변이 허용되지 않았다.

144) Galloway v Telegraph Group Ltd (CA) [2006] EWCA Civ 17.

145) 예를 들어, 최근 김경수 경남지사와 일명 드루킹 사이에 댓글 조작 지시 여부에 관한 논쟁 은 그 진실 여부를 떠나 상호 공방 내용 자체가 뉴스가치를 가짐에 의문이 없는데, 이들 양 측의 진술을 그대로 중립적으로 보도한 신문이나 방송에 대해 그것을 전문사실에 의한 보 도라 하여 그 내용의 진실 입증을 요구한다면, 미디어의 기능이나 국민의 알 권리에 반하는 결과가 될 것이다.

[사례] 대법원 1998. 10. 27. 선고 98다9892 판결
(한국통신노조 대 박홍 사건)

이 사건에서 대학 총장이던 피고 박홍은 한국통신 노조원들의 북한 조종설을 언급해 원고들의 명예를 훼손했으나 이를 논평 없이 인용 보도한 중앙일보의 기사는 진실한 보도로서 위법성이 없다고 판단되었는데, 판결이유에 명시적으로 설시되지는 않았으나 중립보도의 법리를 적용한 것으로 볼 수 있는 전형적 사례에 해당한다.

사실관계를 보면, 원고 한국전기통신공사 노동조합은 1995. 5. 2.부터 한국통신과 임금협상 등을 위한 단체교섭을 진행하면서 마찰을 빚던 중, 검찰이 원고 노동조합의 간부들을 업무방해 혐의로 구속하려고 하자, 노조탄압이라고 주장하면서 명동성당과 조계사에 들어가 농성을 하였는데, 같은 해 6. 6. 경찰력의 투입으로 연행되어 모두 구속되었다.

서강대학교 총장으로 재임하던 피고 박홍은 원고 노조원들의 농성사태가 있은 직후, 한림대학교에서 개최된 세미나에서 "북한의 공산세력이 이미 남한 내 학생, 노동, 재야, 언론에 깊숙이 침투해 각종 노동운동과 학생운동을 배후에서 조종하고 있다"고 언급하고, "이번에 한국통신 노조원들이 명동성당, 조계사에 들어가 농성한 것도 북한의 조종을 받은 것이냐"라는 참석 교수의 질문에 대하여, 이를 긍정하면서 "교회와 사찰을 적화통일에 이용하려고 북한이 시도하고 있는데, 여기에 말려들어가지 않도록 세심한 분별을 해야 한다." "이번 명동성당과 조계사 사건을 이벤트로 하여 북한이 종교로 하여금 정부와 싸우고 계급투쟁의 앞잡이가 되도록 이용하고 있다. 여기에 노동지도자들의 분별이 좀 미비한 것 같다"는 등의 말을 하였다.

피고 주식회사 중앙일보사는 위 발언내용을 확인하고 1995. 6. 15.자 중앙일보 1면 중간에 '노조원들의 성당·사찰 농성, 북한에서 조종했다. 박홍 총장'이라는 제목하에 위 설시와 같은 내용의 발언내용을 게재 보도하였다.

대법원은 피고 중앙일보가 위와 같이 피고 박홍이 그와 같은 내용의 발언을 하였다는 것을 논평 없이 그대로 게재한 것 자체는 전체적으로 보아 진실한 보도이며, 위 기사의 내용을 전체적으로 관찰할 때에 그것이 원고 조합원들이 북한의 조종을 받아 성당과 사찰에 들어가 농

성을 하였다는 사실을 적시한 것이라기보다는 피고 박홍이 그와 같은 발언을 하였다는 사실을 적시한 것이라고 볼 수 있으므로 전문(傳聞) 사실에 의한 명예훼손이 성립하는 것이 아니라고 판시하였다.

[사례] 대법원 2018. 10. 30. 선고 2014다61654 판결 ('종북'비난 사건)

보수적 정치평론가로 알려진 변희재 주간미디어 워치 대표(피고)는 2012년 3월 수차례에 걸쳐 자신의 SNS에 이정희(원고) 전 통합진보당 대표와 남편인 심재환 변호사를 비판하면서 그들을 '종북' '주사파'로 칭하고 당시 종북 논란의 중심에 있던 경기동부연합과 관련 있다는 주장을 제기했다. 당시 정치적 상황을 보면 제19대 총선(2012. 4. 11.)과 제18대 대통령선거(2012년 12월)를 앞두고, 2011년 12월 6일 민주노동당과 국민참여당 및 새진보통합연대가 통합하여 창당한 통합진보당의 초대 당수가 된 원고 이정희가 당시 북핵 문제로 긴장이 고조되고 있던 남북관계에 관해 북한을 두둔하는 취지의 발언을 하자, 피고 변희재 평론가가 이에 대응하여 원고를 공격하는 취지로 문제된 글을 쓴 것이었다.

이 대표 부부가 명예훼손으로 제기한 손해배상 청구 소송에서 서울고등법원은 피고 변희재에게 1,500만 원의 배상을 명하였고, 위 변희재의 트위터 글을 인용 보도한 조선닷컴과 조선일보에 각 1,000만 원의 배상을 명하였다. (다만, 새누리당 대변인인 이상일 의원의 성명과 이를 인용 보도한 조선닷컴에게는 배상책임을 부인하였다.)

대법원은 피고 변희재의 진술이 의견의 표현이라고 보아 명예훼손의 성립을 부인하는 동시에, 그의 트위터 글을 인용 보도한 조선닷컴과 조선일보에 대해서도 원고 청구를 기각하는 취지로 판시였다. 판시에는 중립보도의 법리에 관한 언급이 없었으나, 원고 이정희와 피고 변희재 간의 논쟁을 그대로 보도한 미디어의 보도에 관해 중립보도의 법리를 원용하였다면 훨씬 간명하고 설득력 있는 논증이 되었을 것이다.

우선 이 중립보도의 항변은 진실의 항변 및 상당성 항변의 커버 범위와는 다른 차원의 것으로 취급되어야 할 것이다. 언론이 논쟁 당사자인 제3자 간의 공방진술을 인용 보도하지만, 그 진술 내용이 진실임을 알리려는 것이 아니라 그러한 내용의 진술이 행해졌다는 점 자체를 공공에게 알리려는 것으로서, 거기에 뉴스가치가 있고 국민의 알 권리가 존재하기 때문이다. 그러므로 중립보도 사안에서 피고는 인용된 진술 내용의 진실 여부를 취재하거나 그 진실임을 입증할 의무도 없고, 진실이라고 믿음에 상당한 이유의 입증도 요구되지 않으나, 그 보도는 인용 내용 자체를 자신의 생각으로 채용하여서는 안 되고 중립성을 유지할 의무만이 관건이 된다.

우리가 취할 중립보도의 요건을 상술하면 다음과 같다.

① 보도된 진술의 내용이 공익에 관한 것이어야 하고, 사적인 사항에 관한 발언은 배제되어야 한다. 특히 내밀 영역이나 비밀영역에 속하는 주장사실의 보도는 중립보도의 대상이 될 수 없다. 다만, 공인의 사적 사항은 공익에 관련되는 범위 내에서는 중립보도가 가능할 것이다. 보도는 단지 뉴스가치가 있을 뿐 아니라 정당한 공익 사항이어야 한다.

② 현재 진행 중인 논쟁에 관한 것이어야 한다. 정치적 논쟁뿐 아니라 여타 공익사항에 관한 논쟁도 포함한다. 정치적 현안인 쟁점에 관한 정당 대변인 간의 공방 주장에 상대방이나 제3자에 대한 명예훼손적 내용이 포함된 경우가 이에 해당하는 대표적인 사례로 생각된다. 논쟁이 진행 중이어야 하므로 이미 과거사가 된 사안에 관해 과거에 논쟁이 있었다는 점을 내세울 수 없을 것이고, 미디어 자신이 유발한 논란을 기화로 중립보도를 주장하는 것은 어려울 것이다.

③ 논쟁의 당사자 쌍방이 공적 인물이나 공적 존재인 경우에는 여타 요건이 충족되는 경우 중립보도가 허용될 수 있을 것이다. 그렇다면 논쟁 당사자 쌍방이 공인이 아닌 경우에는 어떤가?[146)]

먼저, 피해받았다고 주장하는 원고가 공적 인물이나 공적 주체인 경우에는 원칙적으로 피고의 중립보도 항변이 인정될 수 있을 것이다. 공인이 아닌 사인에 대한 비난은, 그가 중대한 범죄를 범하는 등 공인에 준한 보도를 요하지 않는 한, 원칙적으로 공공의 알 권리의 대상이 될 수 없기 때문에 그에 대한 비난을 전파하는 보도는 중립보도가 될 수 없는 것이다.

한편, 보도된 비난적 진술의 원진술자가 공인이나 공적 존재인 경우 중립보도가 허용될 충분한 이유가 있다. 그렇지 않은 경우에는 어떤가? 새로운 항변으로서 허용되어야 할 중립보도가 남용될 소지를 방지하기 위해 신중하게 취급할 필요가 있을 것이다. 우선 신원이 확인되지 않거나 익명의 제보자의 확인되지 않은 주장이 중립보도의 대상이 될 수 없음은 물론이다.[147] 또 이른바 공익신고자 등 신원이 확인된 일반 시민의 공익침해행위에 관한 주장으로서 그 주장 자체로 보아 공익 사항에 관해 구체성과 신빙성이 있는 주장이라고 생각되는 경우에도 그러한 사정만으로는 그 주장을 인용 보도한 언론에 중립보도의 법리를 적용할 수는 없을 것이다.[148] 이 경우

---

146) 이에 관해 미국 판례는 인용된 발언자가 책임 있고 저명한 자이어야 하며 비난받은 자는 공인이어야 한다고 하고, 영국 판례는 이에 한정하지 않고 책임 있는 소스가 공표한 것을 그대로 보도하면 중립보도가 될 수 있다고 본다.

147) Fogus v. Capital Cities Media, Inc., 444 N.E.2d 1100 (IMIA. pp. Ct. 1983).

148) 현행 공익신고자보호법에 의하면 공익신고는 공익신고자의 이름, 주민등록번호, 주소 및 연락처 등 인적 사항을 명시하여 동법에 규정된 조사기관, 수사기관 또는 국민권익위원회 등에 공익침해행위(국민의 건강과 안전, 환경, 소비자의 이익, 공정한 경쟁 및 이에 준하는 공공의 이익을 침해하는 행위)를 적시하여 신고할 수 있다(동법 제6조 및 제8조). 그러나 동법 제12조(공익신고자 등의 비밀보장 의무) 제1항에 의하면 "누구든지 공익신고자 등이라는 사정을 알면서 그의 인적 사항이나 그가 공익신고자 등임을 미루어 알 수 있는 사실을 다른 사람에게 알려주거나 공개 또는 보도하여서는 아니 된다. 다만, 공익신고자 등이 동의한 때에는 그러하지 아니하다"고 규정하며, 제10조(공익신고의 처리) 제5항에 의하면 "제6조에 따라 공익신고를 접수한 기관의 종사자 등은 공익신고에 대한 조사결과 공익침해행위가 발견되기 전에는 피신고자의 인적 사항 등을 포함한 신고내용을 공개하여서는 아니 된다"고 하며, 이들 규정을 위반한 때에는 5년 이하의 징역 또는 5천만 원 이하의 벌금에 처해지게 된다(동법 제30조).

에는 제3자가 제기한 비난을 근거로 한 의혹 보도로 보아 그 진실 입증에 완화된 기준을 적용하는 것이 더 바람직할 것이다.

④ 보도는 당사자의 주장을 공정하고 사심 없이 객관적으로 다루어야 한다. 즉, 보도에 의해 당사자가 어떤 주장을 하였다는 점만을 전달할 뿐 그 주장 내용이 진실이라는 취지로 읽혀지게 하여서는 안 된다. 따라서 어느 일방의 진술에 가담하거나 이를 지지하여서는 안 되고, 행해진 쌍방의 공방을 균형 있게 다루어야 한다.

⑤ 이상의 요건이 충족되면, 피고는 진술 내용의 진실성을 확인하거나 조사할 필요가 없다. 법원도 인용보도 내용에 관해 진실의 입증을 요구하거나 진실이라고 믿음에 상당한 이유를 입증하게 할 필요가 없음은 물론이다.

⑥ 중립보도의 특권이 인정되어 미디어가 면책되는 경우에도 원진술자의 책임은 면책되지 않고 별도로 판단된다.

다만, 위 요건에 의하면 기자가 허위임을 안 경우에도 이를 중립보도의 형태로 보도하면 면책될 수 있기 때문에 이 특권이 남용될 가능성이 있다. 또 이렇게 남용되는 경우 독자들은 그 주장진술의 진위를 전혀 알지 못할 경우도 있어 문제될 수 있다. 이러한 문제에 대처하기 위해 이 특권을 인정함에는 표현행위자가 거짓 주장을 하였음을 알 공익이 주장의 허위임이 밝혀지지 않을 위험에 대비하여 형량되어야 한다는 의견이 제시된 바 있다.[149]

---

149) Jason Bosland, Republication of Defamation under the Doctrine of Reportage – The Evolution of Common Law Qualified Privilege in England and Wales, http://www.austlii.edu.au/au/journals/UNSWLRS/2010/20.html

제4장

의견 표현에 의한 명예훼손

1. 서론

영국 보통법(common law)에 의하면 애초 의견의 진술도 개인의 명예를 저하시킬 수 있는 것이기 때문에 표현의 내용이 의견이라는 이유만으로는 면책되지 못하였다.[1] 보통법상 다수 판례의 입장에 의하면 개인의 명예에 해를 주는 의견의 표현에 대해서는 원래 증명과 반증이 불가능하였음에도 제소가 가능하다고 생각되었다. 이러한 법적 관행은 의견에 있어서는 그 진부(眞否, truth or falsity)가 객관적으로 결정될 수 없고, 보통법상 명예훼손 소송에서 진실은 완전한 항변이 된다고 하는 입장을 견지하였음에도 불구하고 계속되었다.

그러나 직관적이고 판단적인 의견은 사법절차의 경직된 연역적(演繹的) 논리 과정에서 그 당부(當否)가 밝혀질 수 없는 것이며, 또 그러한 의견은 보호할 가치가 있다고 인식됨에 따라 위와 같은 폐단을 시정하려는 노력이 시도되게 되었다. 1808년의 영국의 판례는 "비판의 자유는 허용되어야 한다. 그렇지 못하면 우리는 품위나

---

1) 이러한 입장은 미국에도 그대로 수용된 바 있다(Restatement (Second) of Torts 566 comment a (1977)).

도덕의 순결성을 보유할 수 없게 될 것이다. 공정한 토론은 역사의 진실과 과학의 진보를 위해 본질적으로 필요하다"고 논한 바 있다.[2] 이와 같이 "공정한 논평의 법리"(fair comment rule)는 영국에서부터 시작되어 보통법상의 면책특권 중 제한적 특권(qualified privilege)의 하나로서 인정되어 왔다.

---

2) Tabart v. Tipper, 170 Eng. Rep. 981 (1808).

2. 영국 보통법상 공정한 논평의 법리

(1) 요건

'공정한 논평의 규칙'(fair comment rule)은 사실 주장이 아닌 의견 또는 비판에 주어지는 특권이다. 따라서 동일한 사항에 관해 진실의 항변과 공정한 논평의 항변은 택일적으로 행사되어야 한다.[3]

영국 보통법상 '공정한 논평의 항변'은 다음의 요건을 갖추어야 한다.

가. 정당한 공익 사항

우선 보도가 공익 사항을 다루는 것이어야 한다. "사안이 사람들 일반에게 영향을 미치는 것이기 때문에 무엇이 행해지고 있는가 또는 그들이나 타인들에게 무엇이 일어날 것인가에 관해 그들이 정당한 관심이나 이해를 갖는 것이면 언제나 그것은 각자가 공정한 논평을 할 수 있는 공익 사항이다."[4] 공익 사항에는 공공이 정당한 이익을 갖는 전국 또는 지방정부, 그리고 공적 제도의 운영에 관한 것, 그리고 공적인 관심과 비판에 종속되는 예술적 가치와 스포츠 및 종교에 관한 언급이 포함된다.[5] 그러나 공익 사항과 공공이 흥미를 가지는 사항을 구별하는 것이 중요하고, 후자의 논의에는 공정한 논평의 항변이 적용되지 않는다.

---

3) John Cooke, Law of Tort, 9th edition (2009), p.424. http://www.shabbirsite.yolasite.com/ resources/Law_of_Tort-John_Cooke.pdf

4) London Artists Ltd v. Littler [1969] 2 All ER 193.

5) Id.

나. 사실적 근거

공정한 논평은 원칙적으로 진실한 사실관계에 터잡은 것이어야 한다.[6] 즉, 비판적 의견을 위하여 이해할 수 있는 사실적 근거가 제시되어야 한다.[7] 다만, 허위 사실이라도 그것이 특권에 의해 보호되는 것이면 논평의 근거가 될 수 있다. 그것은 보도 당시를 기준으로 하며, 보도 후에 발생한 사실은 고려되지 않는다.[8] 다만 사실적 근거는 반드시 당해 보도에서 언급될 필요가 없고 달리 알려진 사실을 근거로 할 수도 있책임 있다.[9]

다. 공정성

공정한 논평에서 의견이 공정하다 함은 위와 같이 적시된 사실관계에 관한 의견이나 견해를 정직하게 표현함을 의미한다. 법은 공익 사항에 관한 솔직한 견해의 표현을 보호하며, 법원은 그것이 이성적인 의견인지 여부를 묻도록 요구될 수 없다. 여기서 공정성은 객관적 기준으로서 아무리 편견적인 사람이라 하더라도 그가 가지고 있던 의견을 정직하게 표현했다고 인정되면 그것이 아무리 과장되고 완고한 의견이라 할지라도 공정한 것으로 보게 된다.[10]

---

6) 논평은 논평이 행해지고 있는 사실이 무엇인가를 적어도 일반적 의미에서 명시적 또는 묵시적으로 지적해야 한다(Duncan and Neill on Defamation, 2nd ed. (1983), pp.58-62).

7) 비판되는 사실이 알려지지 않은 경우 공정한 논평은 허용되지 않는다. 그 이유는 의견은 사실에 근거하여야 하는데, 그 사실이 알려지지 않은 경우 의견은 그를 정당화할 명예훼손적 사실을 함축하게 되기 때문이다(Fowler V. Harper, Privileged Defamation, 22 Virginia Law Review 642, 659 (1936) http://digitalcommons.law.yale.edu/cgi/viewcontent.cgi?article= 4491&context=fss_papers). 만일 논평이 새로운 사실을 추론한다면, 피고는 그 사실의 추론에 책임져야 한다(Denman, C. J. in Cooper v. Lawson (1838) 8 Ad. & E. 746). 그러한 사례에서 피해자는 훼손자뿐 아니라 수용자 모두의 편견과 왜곡된 판단의 희생자이다. 그것은 문제된 진술이 누구에게도 그 근거한 사실의 적합한 추론인지 여부를 판단할 기회를 제공하지 않았기 때문이다(Hooker, J. in Eikhoff v. Gilbert (1900) 124 Mich. 353, 83 N. W. 110).

8) Cooke, id., p.423.

9) Kemsley v Foot [1952] AC 345.

따라서 사실관계에 대한 표현행위자의 실제 생각이나 느낌을 반영하는 의견이 아니라 악의나 해의를 품은 의견은 공정한 의견으로 간주되지 못한다. 또 피고가 주장하는 의견을 실제로 갖지 않았으면서도 그러한 의견으로 비난하는 것이 입증되면 면책되지 못한다.

이렇게 보면 결국 불공정한 의견도 보호되는 셈이고, 이러한 오해를 피하기 위해 2013년 개정 명예훼손법은 이를 '정직한 의견의 항변'이라고 개칭하게 되었다.11) 논평이 객관적으로 공정하다고 생각되면 법원은 악의가 입증되지 않는 한 그 의견의 진술이 정직한 것으로 추정하게 된다.12)

라. 배제 사유 – 악의

공정한 논평의 특권은 의견이 보통법상의 악의(malice)에 의해, 예컨대 오로지 가해할 목적으로 또는 증오(憎惡), 복수심(復讐心) 등 나쁜 동기에서 표현된 경우 상실된다.

1952년 명예훼손법 제6조는 "일부 사실주장과 일부 의견이 혼합

---

10) Merivale v Carson (1888) 20 QBD 275 at 281; "배심원이 되는 이성적 사람과 마찬가지로 괴짜, 광신자도 그들이 정직하다고 생각하는 바를 말할 수 있고" "아무리 과장되고, 완고하고 또는 편견적인 것이라 할지라도 그 의견이 이를 표현하는 자에 의해 정직하게 취해진" 것이면 공정한 것이다(Diplock J. in Silkin v. Beaverbrook Newspapers Ltd. [1958] 1 W.L.R. 743, 747).

11) Reynolds v. Times Newspapers Ltd and Others, [1999] 4 All ER 609 LORD NICHOLLS OF BIRKENHEAD: "전통적으로 이 [공정한 논평] 항변의 한 요소는 그 논평이 공정해야 한다는 것인데, 공정한 생각을 가진 사람이 문제된 의견을 정직하게 표현할 수 있었는가 여부에 관해 객관적 기준으로 판단되어야 하는 것이다. 법관들은 이 기준을 해석, 적용함에 넓은 재량을 강조하여 왔다. 그래서 이 맥락에서는 이제 '공정한'이란 형용어가 무의미하고 오도적임을 인식할 때가 도래하였다. 논평은 그것이 다루어진 사실에 합당하여야 한다. 그것은 단순한 욕설을 위한 구실로 사용될 수 없다. 그러나 우리의 공적 생활은, 배심원이 되는 이성적 사람과 마찬가지로 괴짜, 광신자도 그들이 정직하다고 생각하는 바를 말할 수 있다는 데 기초하고 있다. 진실 기준은 아무리 과장되고, 완고하고 또는 편견적인 것이라 할지라도 그 의견이 이를 표현하는 자에 의해 정직하게 취해졌는가 여부이다"(Diplock J. in Silkin v. Beaverbrook Newspapers Ltd. [1958] 1 W.L.R. 743, 747).

12) Cooke, id., p.423.

되어 구성된 어구에 관한 명예훼손 소송에서 불만 대상 어구에서 주장되거나 언급된 사실로서 입증된 사실에 비추어 그 의견의 표현이 공정한 논평이면, 모든 사실주장이 진실로 입증되지 않았다는 이유만으로 공정한 논평의 항변은 배척되지 않는다"고 규정한다.

(2) 2013년 개정 명예훼손법상 '정직한 의견의 항변'

2013년 개정 영국 명예훼손법 제3조는 종전 보통법상 공정한 논평의 항변(defence of fair comment)을 폐지하고, 이를 새로운 '정직한 의견'의 항변(defence of honest opinion)으로 대체하였다. 새로운 항변은 의견이 공익사항에 관한 것이어야 한다는 요건을 없애는 외에는,[13] 기존 공정한 논평 항변의 요건을 대체로 답습하고 있다.

즉, 동 법상 정직한 의견의 항변이 적용되기 위한 3 요건은, ① 불만 대상 진술이 의견의 진술일 것(동조 제2항), ② 불만 대상 진술이 일반적 또는 특수적 조건에서 의견의 근거를 지적했을 것(동조 제3항), ③ 불만 대상 진술이 공표된 당시에 존재했던 사실 또는 불만 대상 진술 이전에 공표된 특권적 진술 속에서 주장된 사실에 근거하여 정직한 사람이 그 의견을 가졌을 수 있을 것(동조 제4항)을 피고가 입증하는 것이다. 다만, 피고가 실제로 그 의견을 갖지 않았음을 원고가 입증하면 항변이 배척된다(동조 제5항).

---

13) 종전 공정한 논평에서도 공익은 널리 해석되어 왔고, 그 항변의 적용이 좁은 한계에 제한되어서는 안 된다는 인식이 일반화되었기 때문이다.

3. 미국 판례의 추이

(1) '의견 특권'의 법리 - 1974년 거츠 판결

영국의 보통법을 계수한 미국의 경우, 1974년 이전까지 보통법상 공정한 논평의 법리는 미국에서도 그대로 적용되어 왔다. 그러나 1974년 거츠 판결[14] 이후 미국에서 의견에 관한 법적 취급은 여타 보통법 국가에서와는 다른 방향으로 전개되었다. 위 판결에서 미국 연방대법원은 "틀린 의견이란 있을 수 없다"고 설시하였고, 그에 따라 미국의 연방 및 각주의 법원들은 의견이면 모두 면책된다고 하는 이른바 '의견의 특권'(constitutional opinion privilege)을 인정하여 왔다. 그 결과 보통법상 '공정한 논평의 법리'는 '의견 특권의 이론'에 밀려 그 독자적인 의미를 거의 상실하게 되었다. 그리하여 1977년 리스테이트먼트[15] 제2판은 명예훼손적 사실을 포함하지 않는 의견은 헌법 수정 제1조에 의해 무조건 면책되는 것이기 때문에 특권을 논의할 여지조차 없다는 입장에서 공정한 논평의 특권을 목록에서 삭제하고, 오로지 의견과 사실의 구분에 논의를 집중하게 되었다.

거츠 판결 이래 15년간 이른바 '의견의 특권'은 그를 적용한 수많은 판례를 양산하였다.[16] 그러나 의견과 사실의 구별은 어려웠을

---

14) Gertz v. Robert Welch, Inc. 418 U.S. 323 (1974).

15) 'Restatements of the Law'란 미국 법조협회가 각 법분야에 관한 미국 판례법을 정리 집대성한 것이다.

16) 미국 판례는 피고가 한 의사를 "진정한 도구"("real tool")로 묘사한 경우(McKee v. Laurion, 825 N.W.2d 725, 733 (Minn. 2013)), 노조의 변호사를 "매우 무능한 법조인"("a very poor lawyer")이라고 부른 경우(Sullivan v. Conway, 157 F.3d 1092 (7th Cir. 1998)) 또는 선거관리위원장을 "거짓말쟁이 잡놈"("lying asshole")이라고 부른 경우(Greenhalgh v. Casey, 67 F.3d 299 (6th Cir. 1995)) 그 진술은 사실을 함축하는 것이 아니라고 보아 명예훼손의 성립을 부인한다. 한편, 다른 판례는 한 토크쇼 사회자가 한 판사를 부패하였다고("corrupt") 반복 비난한 경우(Bentley v. Bunton, 94 S.W.3d 561 (Tex. 2002)), 인명록에서 한 변호사를 교통사고 전문 변호사("ambulance chaser")로 기술한 경우(Flamm v. American Ass'n of Univ. Women, 201 F.3d 144 (2d Cir. 2000)) 또는 허구 소설에서 원고를 매춘부("slut")로 지칭한

뿐 아니라 그로부터 야기된 법적 불안정성과 개인의 명예에 대한 경시의 문제는 심각하였다. 위 특권의 무제한적인 확대는 개인의 인격적 법익에 대한 경시로 나타났다. 또 위 의견의 특권 이론에 대하여는 헌법 수정 제1조의 절대론(First Amendment absolutism)을 부활시킨 것이 아닌가 하는 의문이 있었고, 실상 이 특권 이론이 등장한 이후 피고인 언론사는 소송에서 거의 언제나 승소하였다고 한다.

(2) 의견특권론의 부인 – 1990년 밀코비치 판결

이러한 상황에서 미국 연방대법원은 1990년 밀코비치 위증 비난 사건17)에서 위와 같은 종래의 경향에 수정을 가하여 헌법상 의견의 특권이 별도로 요구되는 것은 아니고, 의견이면 면책된다는 일반적인 논리는 받아들일 수 없음을 천명하였다.

동 판결에 의하면 의견의 표현으로서 보호받는 영역은 '상상적인 표현'(imaginative expression)이나 '수사적인 과장'(rhetorical hyperbole) 또는 '강렬한 특성 묘사'(vigorous epithet)에 국한된다고 한다. 또 동 판결은 의견이 제소될 수 있는 경우로서 '사실의 암시'(factual implication)가 있는 경우를 들고 있다. "비록 화자가 그 의견의 근거가 되는 사실을 밝힌다 하더라도 그 사실들이 ① 부정확하거나 (incorrect) ② 불완전한(incomplete) 경우, 또는 ③ 그 사실들에 대한 화자의 평가가 틀린다면(erroneous assessment) 그 말은 여전히 사실에 대한 거짓된 주장(false assertion of fact)을 함축하는 것"이라고 하여 의견이 보호받는 범위를 현저히 축소시켰다. 여기서 주목할 것

경우(Bryson v. News Am. Pubs., Inc., 672 N.E.2d 1207 (Ill. 1996)) 배심은 사실주장이 있다고 인정할 수 있다고 판시한 경우도 있다(이상 사례는 Vincent R. Johnson, Comparative Defamation Law: England and the United States, 24 U. Miami Int'l & Comp. L. Rev. 1 (38 n. 81), http://repository.law.miami.edu/umiclr/vol24/iss1/3 에서 재인용한 것임).

17) Milkovich v. Lorain Journal Co., 110 S.Ct. 2695 (1990).

은, 종전의 리스테이트먼트에 의하면 의견이라면 아무리 불합리하거나 타당성 없는 의견이라도 보호되었고, 따라서 명예와 관련하여 무해한 사실 또는 다양한 평가가 가능한 사실에 관하여 표현행위자가 그로부터 가장 악의적, 비난적인 해석을 채용하여 의견을 제시하더라도 피해자는 속수무책이었으나, 위 판시는 사실에 대한 틀린 평가는 의견으로서 보호받지 못함을 명언하고 있다는 점이다.

위 판결에 대한 법적 평가는 엇갈리고 있지만, 명백한 것은 연방대법원이 별도의 독립적인 의견의 특권을 부인하였다는 점이며, 그에 따라 위 공정한 논평의 법리는 다시금 중요성을 갖게 되었다고 할 수 있다. 그럼에도 위 판결이 있은 이후 미국 하급심의 판례는 뚜렷한 방향을 잡지 못하고 있다고 한다. 법원들은 리스테이트먼트의 논리에 따라 피고의 진술을 쉽사리 의견으로 분류한 후 절대적 면책을 인정하는 타성에서 벗어나지 못하고 있다.[18]

---

18) 미국에서 다수의 명예훼손법 문헌은 명예훼손의 성립요건으로서 허위 사실의 적시에 의한 공표에 의해 명예를 손상하는 것을 요건으로 설명하고 있으며, 의견의 표현은 애당초 명예훼손을 구성하지 않는 것으로 설명한다.

4. 유럽인권재판소 및 독일의 판례

이상 언급한 바에 비추어 우리가 주목할 것은 의견의 법적 평가에 관한 최근 유럽인권재판소의 판례이다. 그에 의하면 의견 표현은 그 진위가 판단될 수 없는 것이지만, 일반적으로 가치판단은 어떤 사실을 근거로 행해지는 평가이고, 피해자에 대한 부정적 가치판단은 충분한 사실적 근거(sufficient factual basis)를 가져야 한다는 점이[19] 명백히 표현되고 있다. 즉, 공익 사항에 관한 가치판단은 이를 뒷받침하는 충분한 사실적 근거(sufficient factual basis)가 있어야 공정한 논평(fair comment)으로서 면책된다는 것이다(유럽인권재판소의 확정된 판결례).[20]

즉, 가치판단은 어떤 사실을 근거로 행해지는 평가이고, 가치판단의 진실 여부는 입증할 수 없는 것이지만, 그 의견이 터잡는 기초 사실은 진위 증명이 가능하다는 점[21]이 강조되고 있다. 다만, 그 기초 사실은 반드시 당해 보도에 적시될 필요가 없고, 여타 미디어에서 보도되거나 널리 알려진 사실을 근거로 삼을 수도 있다고 한다.[22]

---

19) 가치판단에 입증을 요구하는 것은 의견의 자유에 대한 침해가 되지만, 가치판단은 충분한 사실적 근거에 의해 뒷받침되어야 한다(ECHR 1991. 5. 23. Oberschlick v. Austria (no. 1)).

20) 가치판단인 진술이 위법한 명예침해가 되는가 여부는 그 계쟁 진술을 위한 충분한 사실적 근거가 존재하는가 여부에 의존한다. 뒷받침하는 어떤 사실적 근거도 없는 가치판단은 과도한 것이기 때문에 금지될 수 있다(ECHR 2001. 2. 27. Jerusalem v. Austria; ECHR 2002. 2. 26. Dichand and Others, v. Austria; ECHR 2014. 1. 4. LAVRIC v. ROMANIA).

21) 유럽인권재판소 판례에 의하면, 가치판단도 유럽인권협약 제10조에 의해 공정한 논평이 되려면 충분한 사실적 근거가 있어야 한다는 것이기 때문에 결국 가치판단과 사실의 진술의 차이는 사실의 입증을 요하는 정도에 있다(ECHR 2003. 3. 20. Krone Verlag GmbH & Co. KG and Mediaprint Zeitungs- und Zeitschriftenverlag GmbH & Co. KG v. Austria; ECHR 2003. 11. 13. Scharsach and News Verlagsgesellschaft v. Austria). 그러므로 사실주장의 진실성을 입증하는데 요구되는 정도와 의견의 사실적 근거를 입증하는 정도는 상이하다.

22) 아이슬란드에 만연한 '경찰의 잔인성'에 관해 언급하면서 경찰관을 "제복입은 야수"("brutes in uniform")라고 비난한 경우 그것이 여론을 반영한 것이었고 그 진술의 사실적 근거로서 루머, 스토리 또는 타인의 진술을 제시하였다면 명예훼손이 성립할 수 없고, 그 이상의 증거를 요구하는 것은 잘못이다(ECHR 1992. 6. 25. Thorgeir Thorgeirson v. Iceland). 터키의 에

그리고 이와 나란히 유럽인권재판소는 의견표현이나 가치판단에 의해 명예훼손이 성립되는 경우를 이른바 '터무니없는 인신공격'(gratuitous personal attack)이란 개념을 사용하여 설명하고 있다. 그에 의하면 사실적 근거가 없는 부정적 가치판단이나, 터무니없이 비방하는 인신공격이면 비판의 한계를 넘는 것으로서 책임을 면치 못하게 된다.23)24)

나아가, 독일의 판례는 '비방적 비판'(Schmähkritik)이란 개념을 사용하여 이를 금지되는 의견표현의 범주로 취급하고 있다. 그에 의하면 표현행위가 사안에 관한 토론보다는 개인의 명예손상에 중점이 놓이는 경우에는 비방적 비판으로 금지될 수 있다.25) 그러한 비

르도안 수상 등 여러 고위 정치인들의 위법행위와 부패를 폭로한 일간지 기사에 대해, 그 기사는 현안 문제에 관한 논평과 견해를 표현한 것이고, 기사에 쓰인 문구와 표현이 도발적이며 저속하고 공격적인 것이었다 할지라도 그 가치판단은 그 기사에 인용된 바와 같이 일반 공중에 이미 알려진 특정한 사실, 사건 또는 분쟁 사례에 터잡은 것이었고, 따라서 충분한 사실적 근거를 갖는 것이기 때문에 수상에 대한 터무니없는 인신공격으로 해석될 수 없다 (ECHR 2012. 3. 15. Tusalp v. Turkey, 터키 수상 부패 비난 사건).

23) 정치인에 대한 공격적이고 침해적인 가치판단은, 첫째 정치적 토론의 전체적 연관에서 적합한(angemessen) 것이어야 하고(정치인이 도발적으로 또는 공격적으로 행위한 경우 그에 대한 반응은 적합한 것이 될 수 있다), 둘째 가치판단은 일정한 사실적 근거(Tatsachenbasis)를 가져야 한다. 그러한 사실적 근거가 없는 가치판단은 허용되지 않는다. 과도하거나 도발적 특징을 인식케 하는 총괄판단은 사실주장이 아니라, 가치판단으로 보아야 하지만, 그러한 비난을 위한 충분한 사실적 근거가 없으면 금지된다(ECHR 2005. 10. 27. Wirtschafts-Trend Zeitschriften-Verlags GmbH v. Austria).

24) 유럽인권재판소는 모욕적 용어의 사용에 대해 다수 사건에서 나치("Nazi"), 정신이상("insane") 또는 신파시스트("neofascist") 등 용어의 사용은 자동적으로 제한을 정당화하는 것이 아니라고 하였으나, '처형자' 또는 '살인 갱단의 두목' 등 용어는 원고의 명예에 대한 진술의 충격이 크기 때문에 과장과 도발의 한계를 넘은 것으로 본 판결도 있다(Lindon v. France [GC], App. Nos. 21279/02 & 36448/02, ¶¶ 57, 66 (Eur. Ct. H.R. Oct. 22, 2007)). 이들 용어는 사상이나 의견을 전달함에 있어 표현의 자유의 행사에 반드시 필요한 것이 아니었다는 것이다. 또 조직범죄에 연루 혐의가 있다고 비난하지 않고서도 공익 사항에 관한 공개토론에 기여할 수 있었던 경우 또는 공격적 문구를 사용하지 않고서도 공적 토론에서 자신의 의견과 비판을 충분히 표현할 수 있었다는 이유로 명예훼손을 인정한 사례도 있다 (Backes v. Luxembourg, App. No. 24261/05, ¶ 49 (Eur. Ct. H.R. July 8, 2008)).

25) 독일의 형법 판례는 공적 관심사항에 대한 논의에 있어서는 일방적으로 채색된 입장이나 신랄한 비판도 그것이 객관성을 결한다거나 취미를 잃고 또는 속된 것이라고 할지라도 허용된다는 입장을 취한다. 그러나 그 표현행위 자체로 보아 실질적인 비판이 비방, 폄훼에 그친다거나 과도한 가치평가 때문에 그 대상인 사항에 대해서 적정한 관계가 없는 경우에는 비방(Schmähkritik)에 해당하여 금지된다고 한다(Wenzel, Rz 196).

판이 사실에 근거하는 것이라 하더라도 낙인찍기(stigmatisierung)나 사회적 배척(soziale ausgrenzung) 및 망신주기(prangerwikung)에 이르는 경우에는 비방적 비판에 해당한다.26)

{사례} BVerfG, 28.09.2015 - 1 BvR 3217/14
비방적 비판의 범위

이 사건에서 독일 연방헌법재판소는 표현의 자유의 원칙에 비추어 비방적 비판의 개념을 좁게 정의하면서, 고소인을 사이코패스("psychopathin")라고 부르는 것이 허용될 수 있다고 판시하였다. 한 표현행위의 과도하고 두드러진 비판만으로는 비방이 되는 것이 아니고, 표현행위가 사안에 관한 논쟁을 벗어나 인물에 대한 폄훼를 위주로 하여 항의적이고 극단적인 비판에 의해 개인적으로 깎아내리는 행위(persönlichen Herabsetzung)가 존재할 것을 요한다. 비방의 본질적 징표는 객관적인 관심을 완전히 뒷전으로 몰아내는 개인적 중상(persönliche Kränkung)에 있다. 이 토대 위에서 공공에 중요하게 관련되는 문제에 관한 표현행위에 있어서 비방은 이른바 사적 원한(Privatfehde)의 경우에만 예외적으로 인정된다.27)

---

26) 독일 판례에서 비방으로 인정된 사례를 보면, 이의된 사무를 담당한 바 없는 공무원에 대해 기계적 사무처리를 혼내주어야 한다고 비난한 경우, 주의 우익 정당 수상에 대해 "독일 연방의 나치 지도자 숭배의 찌꺼기"라고 비난한 경우, 연방군인 개인에 대해 '살인자'라고 비난한 경우 등이 있다.

27) vgl. BVerfGE 82, 272 <283 f.>; 93, 266 <294, 303>; BVerfG, Beschluss der 1. Kammer des Ersten Senats vom 12. Mai 2009 – 1 BvR 2272/04 -, NJW 2009, S. 3016 <3018>.

5. 우리 대법원 판례

그러면 이에 관한 우리 대법원 판례는 어떠한가. 우리 대법원도 의견의 표현은 진실한 사실에 바탕한 비판이어야 하고, 의견의 표현이 허위 또는 오류의 사실을 암시하는 경우에는 면책받을 수 없다고 한다.[28]

> **[사례] 대법원 1999. 2. 9. 선고 98다31356 판결**
>
> "민사상 타인에 대한 명예훼손은 사실을 적시하는 표현행위뿐만 아니라 의견 또는 논평을 표명하는 표현행위에 의하여도 성립할 수 있는데, 어떤 사실을 기초로 하여 의견 또는 논평을 표명함으로써 타인의 명예를 훼손하는 경우에는 그 행위가 공공의 이해에 관한 사항에 관계되고, 그 목적이 공익을 도모하기 위한 것일 때에는 그와 같은 의견 또는 논평의 전제가 되는 사실이 중요한 부분에 있어서 진실이라는 증명이 있거나 그 전제가 되는 사실이 중요한 부분에 있어서 진실이라는 증명이 없더라도 표현행위를 한 사람이 그 전제가 되는 사실이 중요한 부분에 있어서 진실이라고 믿을 만한 상당한 이유가 있는 경우에는 위법성이 없다고 보아야 할 것이다."[29]

나아가, 대법원은 의견에 의한 명예훼손이 성립되는 경우에 관해 공적 사항이나 공인에 대한 비판도 "악의적이거나 현저히 상당성을 잃은 공격"[30]인 경우, 또는 그 형식 및 내용 등이 "모욕적이고 경멸

---

28) 언론매체의 기사가 일정한 의견을 표명하면서 그 의견의 기초가 되는 사실을 따로 밝히고 있는 경우 적시된 기초 사실만으로 타인의 사회적 평가가 침해될 수 있는 때에는 명예훼손이 성립할 수 있다(대법원 2012.11.15. 선고 2011다86782 판결[정정보도 등]).

29) 같은 취지의 판결로는 대법원 2008.2.1. 선고 2005다8262 판결('처첩경쟁' 비난 사건); 대법원 2004. 8. 16. 2002다16804 판결(축소 수사 의혹 제기 사건: 검찰이 검찰직원에 대해 엄정하게 수사를 하지 못했다는 취지의 피고 기사는 그 전제가 된 사실, 즉 검찰직원이 사건청탁과 관련해 금품을 제공받은 점, 검찰이 사건 배당 후 20여 일 후에 고소인 조사를 한 점 등이 모두 진실인 만큼 위법성이 없다고 판시함); 대법원 2012.11.15. 선고 2011다86782 판결 등이 있다.

30) 대법원 2003. 7. 8. 선고 2002다64384 판결, 대법원 2003. 7. 22. 선고 2002다62494 판결, 대법원 2003. 9. 2. 선고 2002다63558 판결(대전법조비리 사건).

적인 인신공격"에 해당하는 경우31)나, "모멸적인 표현으로 모욕을 가하는 행위"32)는 명예훼손의 책임을 면치 못한다고 판시하고 있다.

우리 판례와 유럽인권재판소가 유사한 사안에서 내린 결론은 논증의 과정에서는 다소 차이가 있을지 몰라도 대충 동일한 결론이 나오고 있다는 평가가 가능하다. 다만, 우리 판례는 영미 보통법상 공정한 논평의 법리에서 전통적으로 요구되어 왔고 유럽인권재판소가 다시 환기하고 있는 바와 같이 의견에는 이를 뒷받침할 사실적 근거가 있어야 한다는 요건을 정면으로 설시하고 있지 않다는 점이 다르다.33) 여기서 우리 판례도 미국의 의견특권론에 잠재적 무의식적인 영향을 받고 있는 것이 아닌가 하는 느낌이 든다.

이러한 문제는 모욕죄에 관한 우리 판례의 판시에서 특히 두드러지고 있다.

형법상 모욕죄의 구성요건은 사실을 적시함이 없이 단순히 사람의 사회적 평가를 저하시킬 만한 추상적 판단이나 경멸적 감정을 표현하는 것이다(대법원 2003. 11. 28. 선고 2003도3972 판결 등 참조). 그런데 우리의 형사 판례는 모욕죄를 "단지 사람의 사회적 평가를 저하시킬 만한 추상적 판단이나 경멸적 감정을 표현하는 것"이라고 하면서, 유럽 판례가 요구하는 바와 같이 그 부정적 가치판단에 사실적 근거를 요한다는 점을 간과하고 있다는 점에서 문제가 있다.34)

---

31) 대법원 2002. 1. 22. 선고 2000다37524, 37531 판결(민주노총 대 한국논단 사건).

32) 대법원 2003. 3. 25. 선고 2001다84480 판결(실수 변호사 과잉비판 사건).

33) "의견이나 논평을 표명하는 형식의 표현행위도 그 전체적 취지에 비추어 의견의 근거가 되는 숨겨진 기초 사실에 대한 주장이 묵시적으로 포함되어 있고 그 사실이 타인의 사회적 평가를 침해할 수 있다면 명예훼손에 해당할 수 있다. 일정한 의견을 표명하면서 그 의견의 기초가 되는 사실을 따로 밝히고 있는 표현행위는 적시된 기초 사실만으로 타인의 사회적 평가가 침해될 수 있는 때에는 명예훼손이 성립할 수 있다"(대법원 2015. 9. 10. 선고 2013다26432 판결 등 참조)(대법원 2018. 10. 30. 선고 2014다61654).

34) 대법원 1981.11.24. 선고 81도2280 판결; 대법원 1985.10.22. 선고 85도1629 판결; 대법원 1987.05.12 선고 87도739 판결; 대법원 1989.03.14 선고 88도1397 판결 등. 박용상, 의견표현에 의한 명예훼손의 새로운 이해, 언론중재 (2017년 가을호) 76-85면 참조. http://www.pac.or.kr/kor/ebook/periodical/mz_per_2/2017_fall/index.html#page=76

제5장

명예훼손에 대한 구제수단

1. 개관

영미 보통법상 명예훼손법의 가장 두드러진 특징은 그 피해구제 제도에 나타난다. 보통법에서 전통적으로 명예훼손에 대한 구제는 주로 금전에 의한 손해배상에 국한되어 왔다.

(1) 영국

그러나 영국에서는 제정법에 의해 금전배상 이외에 구제제도를 보완하는 여러 가지 방안을 모색하여 왔다.

첫째, 1996년 명예훼손법은 청구권의 약식 결정(Summary disposal of claim) 절차를 도입하여 법관이 사안을 검토한 결과 신속한 해결에 적합하다고 판단하는 경우 배심에 의하지 않고 1만 파운드 이내의 배상을 명하거나 소를 기각하는 절차를 신설하였고, 원고에 유리하게 결정되는 법원에 의한 약식 구제("summary relief")는 (a) 그 진술이 허위이고 원고의 명예를 훼손했다는 선언 (b) 피고가 적절한 시정과 사죄를 공표하거나 공표하게 할 것을 명함 (c) 10,000파운드 이하 또는 법무부 규칙에 규정된 액수의 배상 (d) 피고가 불만 대상 사항을 공표하거나 미래에 공표하지 말도록 하는 명령 등을 내용으로 할 수 있다(동법 제9조 제1항). 그리고 법원은 피고로 하여금 법원의 약식판단을 적절한 방법으로 공표하도록 지시할 수도 있다(동법 제9조 제2항).

둘째, 제정법상의 정정제의 제도(offer to make amends)에 의하면 제소된 경우 피고가 우선 시정과 사죄 및 일정한 액수의 배상을 제의하고 원고가 동의하면 그에 따라 사건이 해결되는 절차가 마련되어 있다(1996년 명예훼손법 제2조 내지 제4조).

셋째, 2013년 명예훼손법은 원고 승소 판결을 내리는 경우 그 판결의 요지를 공표하도록 피고에게 명할 수 있는 법원의 권한(제12조)을 신설하였다.

넷째, 가장 괄목할 것은 2013년 명예훼손법이 인터넷 명예훼손에 관해 신설한 규정들이다. 이에 의하면, 웹사이트 운영자에게 명예훼손적인 제3자 게시물에 관해 피해자와 제3자 간의 분쟁을 해결하도록 하고, 법원은 (a) 명예훼손적 진술이 게시된 웹사이트 운영자가 그 진술을 삭제할 것 또는 (b) 명예훼손적 진술의 저자, 편집자 또는 발행인이 아니었던 자에게 그 진술을 포함하는 자료의 배포, 판매 또는 전시를 중지할 것을 명할 수 있도록 하고 있다(동법 제13조).

이상 영국의 구제제도를 종합하면, 법원이 명예훼손이라고 판결된 진술의 삭제 또는 배포의 중지를 명할 권한이 있고(이른바 injunctive relief), 더욱이 2013년 명예훼손법에 의하면 영국 법원은 피고뿐 아니라 당사자가 아닌 자에 대해서도 인정선 구제를 명할 수 있다. 또 영국 법원들은 구체적이고 합리적으로 기술된 명예훼손적 진술의 임박한 (또는 장래의) 명예훼손적 진술을 잠정적으로 금하는 인정선을 명할 권한을 갖는다.[1]

---

1) Vincent R. Johnson, Comparative Defamation Law: England and the United States, 24 U. Miami Int'l & Comp. L. Rev. 1 (80) (8-28-2017), http://repository.law.miami.edu/umiclr/vol24/iss1/3

(2) 미국

영국과 달리 미국에서는 손해배상 이외에 대안적 구제제도가 전혀 강구되고 있지 않다. 미국 법원들은 명예훼손에 대해 금지명령(인정션)을 허용하지도[2] 허위 진술의 취소를 명하지도 않으며, 명예훼손적 진술의 진위에 관한 선언적 판결을 허용하는 관례도 없다.[3]

첫째, 미국에서 명예훼손에 대해서는 금지명령(인정션) 등 형평법상의 구제가 허용되지 않는다.[4] 원래 형평법은 주로 재산적 권리에만 적용되었을 뿐 인격적 권리에는 적용되지 않았고, 무엇보다 명예훼손적 표현행위를 저지하는 인정션은 언론의 자유에 대한 위헌적인 사전제한(prior restraint)[5]이어서 헌법적으로 허용될 수 없다는 연방대법원의 엄격한 입장 때문이었다.[6]

둘째, 미국에서 위법성이 인정된 명예훼손적 보도의 강제 취소를

---

2) Rodney A. Smolla, Law of Defamation, §9.12[3] pp.9-36.

3) Johnson, id., pp.74-76.

4) 미국 법원들은 일반적 규칙으로서 명예훼손적 진술에 관해 인정션 구제를 허용하지 않는다(Johnson, id., p.77). 특히 미국에서 명예훼손에 대한 잠정적 인정션(temporary or interim injunction)은 언론에 대한 위헌적인 사전억제(prior restraints)로 간주된다(Johnson, id., p.81). 미국에서도 패소 피고에게 동일한 명예훼손적 진술의 반복을 금지하는 희귀한 사례가 있으나, 그것은 문제된 진술이 허위임이 종국판결에 의해 확정되고, 허위로 판정된 것에 한정되도록 인정션이 좁게 작성된 것임을 요건으로 한다(Hill v. Petrotech Res. Corp., 325 S.W.3d 302, 309 (Ky. 2010)). 그리고 "명예훼손이라고 판결된 게시물의 제거를 명하는 영구적 인정션(permanent injunction)은 사전 억제가 아니지만, 그 판결에 기해 장래의 언론을 금지하는 인정션은 보호받는 언론을 일괄적으로 금지하도록 위협하는 것이므로 허용될 수 없고, 위헌이다"(Kinney v. Barnes, 443 S.W.3d 87 (Tex. 2014)). 더구나 연방민사소송규칙 제65항에 의하면 인정션이 발부되는 희소한 경우에도 그 명령은 이를 수령한 당사자나 그 소속원만을 구속하기 때문에 웹사이트 게시물이 명예훼손적인 것으로 판결된 경우에도 웹사이트에 그 제거를 명할 수 없다. 명예훼손 원고는 당사자가 아닌 웹사이트 운영자에게 영구적 인정션에 의해 명예훼손적 자료의 제거를 강제할 수 없다는 것이다(Blockowicz v. Williams, 630 F.3d 563, 568 (7th Cir. 2010)).

5) Near v. Minnesota, 283 U.S. 697 (1931). 동 판결에 의하면 언론에 대한 사전제한은 엄격한 요건이 충족되는 경우 극히 예외적으로만 인정되며, 그 요건을 충족하는 경우는 희소하였기 때문에, 명예훼손에서 인정션은 거의 무용지물이 되었다고 한다(Smolla, id, pp.9-38.1). 다만, 미국 법원은 광고나 영업상의 사기, 프라이버시 침해 등 사건에서 인정션을 허용한다.

6) Smolla, id., pp.9-37.

명하는 법률은 없고, 연방대법원은 언론보도에 대한 반론권을 허용하는 법률을 위헌으로 판시한 바 있다. 피해자의 반론 게재 의무를 강제하는 것은 언론 내용에 대한 제한으로서 신문의 편집권을 침해한다는 이유였다.[7]

셋째, 피고가 원고의 명예를 위법하게 침해하였음을 공적으로 확인하는 선언적 판결제도(declaratory judgment)는 배상청구에 대한 바람직한 개선 대안으로서 활발하게 논의되고 있다. 그것은 피해자의 명예회복이라는 명예훼손제도의 주된 목적을 달성할 수 있을 뿐 아니라, 다수 피해자는 금전 배상보다는 이러한 공적인 명예회복 선언을 훨씬 더 선호하기도 하며, 피고의 잘못(과실 또는 현실적 악의)에 관한 입증을 요하여 장기화되고 부담이 큰 배상 판결보다 허위 여부에 관한 확인에 국한하여 완화된 요건에 의해 구제를 쉽게 허용하는 장점도 있기 때문이다. 피고의 부담도 적다. 그럼에도 불구하고 현행 미국 명예훼손법제에서는 도입이 어렵다는 의견이 우세하다.[8]

넷째, 미국에서는 명예훼손이 형사적으로 처벌되는 일이 거의 없다. 전술한 바와 같이 연방대법원은 1964년 설리번 판결[9]에서 정부 자체에 대한 비판을 처벌하는 1789년의 변란선동법(Sedition Act)을 무효화하였고, 그와 함께 **Garrison v. Louisiana** 사건[10]에서 명예훼

---

7) Miami Herald Publishing Co. v. Tornillo, 418, U.S. 241 (1974). 다만, 연방대법원은 방송에서 공공성을 이유로 방송시간에 대한 개인의 액세스권을 한정된 요건하에 허용하고 있다. 예를 들어 Red Lion Broadcasting Co. v. FCC, 395 U.S. 367 (1969)에서는 FCC의 공정원칙('fairness doctrine')을 허용한 바 있고(후에 번복됨), CBS Inc. v. FCC 453 U.S. 367 (1981)에서는 공직후보자의 등시간 규칙('equal time rule')을 인정한 바 있다(이상 박용상, 언론의 자유, 149-159면 참조).

8) Smolla, id. pp.9-42.

9) New York Times v. Sullivan, 376 US 254, 276.

10) Garrison v. Louisiana (1964) 379 US 64, 70-75, 78-79.

손을 형사 처벌하는 주 형법에 대해 진실한 비판의 처벌을 절대적
으로 금지하는 설리번 판시에 반하여 무효라고 선언하였다. 다만,
동 판결은 진실을 절대적 항변으로 인정하고, 설리번의 현실적 악의
기준을 충족시키는 경우에는 형사처벌이 허용된다고 판시하였다.[11]

이렇게 미국에서 손해배상은 명예훼손에 대해 사용될 수 있는 유
일한 법적 구제책이면서 법이 허위로 피해받은 사람에게 부여하는
유일한 희망이다. 그럼에도 앞서 본 바와 같이 보통법에서 명예훼손
에 기한 손해배상청구권이 인정되는 것 자체가 쉽지 않고, 더욱이
미국의 소송은 과다한 시간과 노력이 소요되며, 드물게 고액의 손해
배상이 선고되는 극단적 사례가 있지만, 그로 인한 폐해는 또 다른
문제를 안고 있다. 이렇게 명예훼손에 대해 유일하게 인정되는 손해
배상은 빈약한 구제수단이며, 손해배상청구는 인격권 침해 상태를
시정하는 데는 아무 기여도 하지 못한다는 평을 받고 있다.

---

11) 실제로 Keeton v. Hustler Magazine, Inc. (1984) 465 US 770, 777에서 연방대법원은 허위임
을 알면서 이를 공표하여 공적인 혐오, 모욕 또는 조롱을 받게 하는 행위를 경범죄로 처벌하
는 뉴햄프셔 주법을 합헌으로 판단하였다.

2. 보통법상 손해배상제도

(1) 손해배상의 종류

보통법상 명예훼손에서 인정되는 손해에는 크게 명목적 손해 (nominal damages),[12] 보상적 손해(compensatory damages),[13] 그리고 징벌적 손해(punitive damages)의 3가지 범주로 분류된다. 미국에서 법원은 명예훼손으로 인한 손해에 관하여 이들 3종류의 손해배상을 명할 수 있는데, 법원이 손해배상을 명함에 있어서는 구두훼손 (slander)인가 문서훼손(libel)인가,[14] 문면적 명예훼손(defamation per se)[15]인가 상황적 명예훼손(defamation per quod)인가,[16] 피해자인 원고가 사인인가 공인인가, 다루어진 사항이 공적 사항인가 사적 사

---

12) '명목적 손해'(nominal damage)는 명예훼손이 성립하지만 원고가 실질적인 손해를 입증하지 못하는 경우 상징적으로 6센트 내지 1달러에 달하는 소액의 배상이 명해지는 경우이다. 이것은 국가가 원고의 명예가 훼손되었음을 공개적으로 선언하는 의미를 가지며(Rodney A. Smolla, Law of Defamation, §9.02[1][b] 9-5), 언론매체에게는 부담이 적으면서 피해자의 명예회복을 위한 최소한의 조치로서 이해된다. 돈을 바라지 않고 자신의 정당함을 법적으로 인정받으려는 원고들에 의해 청구되는 경우도 있으며, 승소한 원고는 자신의 명예를 회복하였다는 성취감을 갖게 되기도 한다.

13) 보상적 손해에는 다시 (1) 일반적 손해(general damages, 주장될 필요가 없이 명예훼손에서 일반적으로 예상되는 손해) (2) 특별손해(special damages, 경제적 또는 금전적 가치의 상실 또는 채무의 발생) 및 (3) 정신적 손해(emotional distress)가 포함된다(JULIE C. SIPE, "OLD STINKING, OLD NASTY, OLD ITCHY OLD TOAD": DEFAMATION LAW, WARTS AND ALL (A CALL FOR REFORM), INDIANA LAW REVIEW [Vol. 41:137, 152] (2008). https://mckinneylaw.iu.edu/ilr/pdf/vol41p137.pdf). 유의해야 할 점은 이들 손해 분류와 별도로 보통법에서는 주장·입증 없이 인정되는 추정적 손해(presumed harm)와 입증 여부가 문제되는 현실적 손해(actual damages)의 개념이 따로 논의된다는 점이다.

14) 리스테이트먼트에 의하면 구두훼손이 4가지 범주에 해당하면 특별손해의 입증 없이 제소가 능하며(RESTATEMENT (SECOND) OF TORTS § 570 (1977)), 모든 문서훼손은 특별 손해의 입증 없이 제소될 수 있다(RESTATEMENT (SECOND) OF TORTS § 569 (1977))고 기술한다.

15) defamation 'per se'란 외적 사실의 고려 없이 명예훼손적 의미가 나타나는 경우를 지칭한다. 이 경우 법은 원고의 명예가 손상되었다고 추정하며 배심은 이 추정된 손해를 위해 아무 현실적 손해의 입증이 없는 경우에도 실질적 액수를 수여할 수 있다(Sipe, id., p.149).

16) per se/per quod 구별은 배상에 관련되어 논의되는 것이지만, 양 개념은 일관성 없이 부정확하게 정의되어 왔으며, 그 구별에 관한 각 주법원의 판결 역시 복잡 다양하여 혼란스럽기 때문에 법률가들에게 극도의 혼란을 준다고 비판받는다(Sipe, id., pp.149-151).

항인가, 피고가 언론매체인가 아닌가에 따라 복잡다양한 차별적 취급을 하고 있다.

그러나 판례나 학설은 이들 손해의 정의나 개념, 그리고 그 배상의 요건이나 범위에 관해 명확한 일관된 설명을 하지 못하고, 혼동, 왜곡, 중복, 변형 등의 혼란이 야기되고 있다.

(2) 1974년 거츠 판결 이전

가. 보통법상 손해추정의 법리

전술한 바와 같이 보통법상의 엄격책임 규칙에 의하면, 명예훼손적 진술의 공표는 개인의 명예를 저하시킨다고 추정되었고, 법은 오로지 명예를 저하할 경향이 있으면 소인(訴因)이 발생하는 것으로 취급하였다. 그리고 오늘날에도 영미법에서 명예훼손은 손해의 입증이 없이 실질적 구제를 허용하는 유일한 불법행위이다.[17] 이렇게 소인의 요건으로 언급되는 손해는 실제로 배상의 범위에 관한 것은 아니었다.

그런데 명예 피해를 야기할 경향이 있으면 명예훼손이 성립하고 현실적으로 침해가 발생할 필요가 없다고 보는 전통적 법리[18]와 연관되어 명예훼손으로 야기되는 일반적 손해는 입증이 없어도 일반적으로 추정된다고 하는 법리(doctrine of presumed harm)가 생겨나게 되었다. 즉, 명예훼손적인 진술임이 인정되면 바로 일반적 손해(compensatory damages)가 추정되고 그 배상에 손해의 입증이 필요

---

17) 일반적으로 불법행위로 인한 손해배상청구권은 원고가 입은 손해의 입증을 요건으로 한다.

18) 리스테이트먼트에 의하면 "명예훼손은 반드시 타인의 명예에 현실적으로 해를 야기하거나, 제3자로 하여금 피해자와의 교제나 거래를 저지하게 할 것을 요하지 않는다. 그 특성은 그러한 효과를 가질 일반적 경향에 의존한다"고 설술한다(Restatement (Second) of Torts § 559 cmt. d (1977)).

없다고 하는 보통법의 변칙인 '추정적 손해 규칙'(doctrine of presumed harm)이 적용되게 된 것이다.[19] 이 손해 규칙은 사실의 상식적 소산으로서 통상 명예훼손에서는 현실적으로 경제적 손해는 나오지 않으며, 만일 그렇다면 그것은 입증이 불가능하다고 하는, 보통법에서 직관적으로 알려지고 현시에 확인된 사실의 소산이었다.[20][21]

따라서 피고가 명예훼손적 사항을 공표한 사실로부터 원고가 입은 손해는 추정되고, 배심은 아무 자료 없이도 자유롭게 실질적 손해를 평가할 수 있다.[22] 이렇게 진술이 명예훼손적인 것으로 인정되면 원고는 아무 입증 없이 현실적 손해를 포함하여 모든 실질적 손해를 배상받을 수 있다.[23] 많은 명예훼손은 어떠한 종류든 손해의 입증을 요하지 않았고, 대신 배심은 피해자가 입은 비재산적인 가치 및 순수하게 내면화된, 정신적인 피해를 정하는 무제한한 재량을 가졌다.

연방대법원 역시 1974년 거츠 사건에서 "손해에 대해 현실적인 금전 가치를 정하는 증거를 요하지 않는다"고 판시하여 추정적 손해를 합헌으로 보았다.[24]

---

19) 이것은 일반적으로 불법행위에서는 구체적 손해의 입증이 없이는 배상이 이루어지지 않는다는 원칙에 비해 변칙적인 것이다.

20) Randall P. Bezanson, THE LIBEL TORT TODAY, id., p.544.

21) RESTATEMENT (FIRST) OF TORTS § 621 cmt. a (1938)는 명예훼손에서 손해를 추정하는 규칙의 논거에 관해 "명예훼손적 진술의 효과는 너무 미묘하고 간접적이기 때문에 피해자에 대한 손해로 그 효과를 직접 추적하는 것이 불가능하므로", 명예훼손의 현실적 손해에 증명을 요구하는 것은 불공정하다고 논술한다.

22) McCormick, The Measure of Damages for Defamation, 12 N.C.L. Rav. 120, 127 (1934).

23) Lyrissa Barnett Lidsky, DEFAMATION, REPUTATION, AND THE MYTH OF COMMUNITY, Washington Law Review Vol. 71:1 (1996).

24) Gertz v. Robert Welch, Inc., 418 U.S. 323, 350 (1974).

나. 손해추정의 법리에 대한 비판

그러나 추정적 손해의 법리에 관하여는 학설상 여러 비판이 제기되고 있다.[25]

첫째, 모든 불법행위에서 손해의 주장 입증이 소인의 요건으로 되고 있음에 비추어 명예훼손에 한해 적용되는 손해추정의 법리는 그 변칙이며, 그 이유의 주된 논거는 명예에 대한 피해는 입증하기 어렵다는 것이었다.[26] 그러나 이러한 논거는 일관되게 적용되지 않으며, 과거 판례는 무형적 손해에 관해서도 입증된 현실적 손해의 배상을 명해왔기 때문에[27] 논리적으로 일관성이 없다. 또 그것은 명예훼손법의 정당한 목적에 필수적으로 관계되지 않는 전보(塡補)를 허용한다. 전혀 손해가 발생하지 않은 경우에도 배상을 허용하며, 피해의 규모에 무관하게 배상을 허용하기 때문이다.[28]

둘째, 추정적 손해는 수정헌법 제1조의 자유언론의 이익을 해한다. 보통법에서 손해액수의 결정은 배심의 몫이었는데, 명확한 산정 기준이 없어 액수가 계속 증가되어 왔고, 이를 통제할 방법도 없다. 포월 대법관에 의하면 추정적 손해의 법리는 배심으로 하여금 개인에게 허위 사실의 공표로 입은 손해를 보상하기보다 인기 없는 의견을 처벌할 수 있게 하며, 주(state)는 현실적 손해를 초과하는 터무

---

25) JULIE C. SIPE, "OLD STINKING, OLD NASTY, OLD ITCHY OLD TOAD"*: DEFAMATION LAW, WARTS AND ALL (A CALL FOR REFORM), INDIANA LAW REVIEW [Vol. 41:137] (2008), https://mckinneylaw.iu.edu/ilr/pdf/vol41p137.pdf

26) RESTATEMENT (FIRST) OF TORTS § 621 cmt. a (1938)는 명예훼손에서 손해를 추정하는 규칙의 논거에 관해 "명예훼손적 진술의 효과는 너무 미묘하고 간접적이기 때문에 피해자에 대한 손해로 그 효과를 직접 추적하는 것이 불가능하므로", 명예훼손의 현실적 손해에 증명을 요구하는 것은 불공정하다고 논술한다.

27) 정신적 고통의 고의적 가해(intentional infliction of emotional distress) 소송에서는 손해가 추정되지 않으며 원고는 손해를 입증하게 되어 있다.

28) David A. Anderson, Reputation, Compensation, and Proof, 25 Wm. & Mary L. Rev. 747 (1984), http://scholarship.law.wm.edu/wmlr/vol25/iss5/3

니없는 배상을 사인에게 제공할 실질적 이익이 없다고 설시한다.[29] 그 결과 허위 사실에 의해 입은 피해의 보상보다는 인기 없는 의견을 처벌하는 결과가 되어 언론의 자유를 위축시킬 수 있다. 더욱이 징벌적 배상은 판사나 상소에 의해 통제되지만, 추정적 손해에 관해서는 그런 통제도 없다.[30]

셋째, 명예훼손법에서 손해의 추정은 그것을 반박할 수 없기 때문에 비논리적인 것이다. 만일 원고가 문면적 구두훼손을 주장한다면, 원고에게 아무 손해도 없었음을 피고가 입증하여도 영향이 없다.[31] 따라서 손해 추정은 증거의 공백을 메우는 것 이상으로 배심이 전혀 손해를 입은 바 없는 원고에게 배상하도록 허용하게 된다.[32]

넷째, 손해의 추정은 문면적 명예훼손(libel or slander per se) 등 일정한 사건에서만 적용되고 구두훼손에는 적용되지 않기 때문에 불합리하다. 즉, 추정적 손해 규칙은 문면적 명예훼손(libelous per se, i.e., defamatory on its face)에 일반적으로 적용되며, 그러면 원고는 아무 입증 없이 특별손해(special damages), 즉 현실적인 금전적 손해(actual pecuniary losses)를 배상받을 수 있다. 그에 비해 상황적 명예훼손(libel per quod)[33]의 경우에는 특별손해를 입증해야만 이를 배상받을 수 있다. 그러나 구두훼손(slander)의 경우에는 4가지 범주에 해당하는 slander per se의 경우에는 입증을 요하지 않고 특별손해를 배상받을 수 있지만, 그 이외의 경우에는 특별손해를 주장 입

---

29) Gertz v. Robert Welch, Inc., 418 U.S. 323, 349 (1974).

30) Anderson, id., p.747.

31) Robert C. Post, The Social Foundations of Defamation Law: Reputation and the Constitution, 74 CAL. L. REV. 691, 697-98 (1986).

32) Sipe, id., p.157.

33) 수용자들에게 알려진 일정한 사정에 의해 명예훼손적 의미가 전달되는 경우로서 맥락적 명예훼손으로 번역되기도 한다. 이것은 영국에서 이뉴엔도에 의한 명예훼손에 해당하는 것이다.

증해야 한다. 그러나 구두훼손에서도 현실적 손해 입증이 어렵기는 마찬가지이며, 문면적 명예훼손(libel or slander per se)이 구두훼손보다 더 가해적이라는 말도 성립되지 않는다.[34]

다섯째, 이러한 비합리성 때문에 사실상 현재 제안되고 있는 모든 개혁안은 모든 원고에게 손해를 입증하도록 하는 해법에 동의하고 있다고 한다.[35]

다. 종합

어쨌든 1974년 이전 미국 법원은 우선 libel인가 아니면 slander인가를 정하여야 하며, slander가 성립한다고 인정하면 배심은 최소한 명목상 손해를 부여하거나, 원고가 입증하는 바에 따라 금전적 손해에 대한 특별손해의 배상을 정할 수 있었고, 나아가 일반적 손해, 정신적 손해 및 (폭거적 행위인 경우) 징벌적 배상도 정할 수 있었다.[36] 한편, 문서훼손이나 문면적 구두훼손인 경우에는 원고가 현실적 경제적 손해를 입증하지 않은 경우에도 배심은 일반적 손해 및 정신적 손해[37]와 징벌적 손해에 관해 실질적 액수를 정할 수 있었고, 그 외에도 원고가 입증한 바에 따라 특별 손해도 배상되었다.[38]

(3) 1974년 이후 — Gertz 및 Dun & Bradstreet 기준

일반적 불법행위에서 원고가 배상받을 손해를 입증하여야 한다는

---

34) Sipe, id., p.157.

35) Sipe, id., p.159.

36) Sipe, id., p.152.

37) 일반적 손해와 정신적 손해는 그러한 명예훼손행위의 본질에 따라 통상적으로 발생한다고 가정한 것이다.

38) Sipe, id., p.153.

원칙에 비하면 명예훼손의 추정적 손해 규칙은 변칙적인 것이고, 이 때문에 연방대법원은 1974년 거츠 판결[39]에서 위와 같은 배상 규칙을 문제 삼고, 현실적 악의 기준이 충족되지 않은 경우 각 주는 추정적 손해와 징벌적 손해를 허용할 수 없다고 판시하였다.

거츠 판결에 의한 새로운 규칙을 각 범주의 손해에 적용하면 전혀 다른 배상 분석이 나오게 된다.[40] 거기엔 명예훼손적 진술이 공적 사안인가 여부 또는 피고가 현실적 악의로 행위했는가 여부가 기본적으로 문제된다.

먼저 공적 사안인 경우에는 현실적 악의의 입증 유무에 따라, 그 입증이 있으면 배심은 명목적, 일반적, 특별, 정신적 및 징벌적 손해를 정할 수 있고, 현실적 악의가 입증되지 않은 경우에는 원고가 입증한 범위 내에서 배심이 현실적 손해를 정할 수 있다.

다음 공적 사안이 아닌 경우에는 전통적인 배상 규칙이 적용되는데, 연방대법원은 1985년 사인의 비공적 사안에서는 현실적 악의가 없더라도 추정적 손해와 징벌적 손해를 배상하게 할 수 있다고 판시하였다.[41]

요약하면 공적 사안의 진술이 문제된 경우에는 원고가 현실적 악의를 입증하지 않으면 추정적 손해와 징벌적 손해를 배상받을 수 없으나, 비공적 사안의 경우에는 현실적 악의의 입증이 없어도 추정적 손해와 징벌적 손해를 배상받을 수 있다는 것이다.[42]

이렇게 미국의 배상시스템은 전통적 배상 규칙에 덧씌워진 대법

---

39) Gertz v. Robert Welch, Inc., 418 U.S. 323, 349 (1974).

40) Sipe, id., p.154. 다만, 거츠 판결은 현실적 손해("actual injury")는 재산적 손실에 국한되지 않고 공동체에서 명예 및 지위의 손상, 개인적 굴욕 그리고 정신적 고통을 포함한다고 정의하고 있어 혼동을 야기한다는 문제가 있다(Id. at 350).

41) Dun & Bradstreet, Inc. v. Greenmoss Builders, Inc., 472 U.S. 749, 756 (1985).

42) Sipe, id., p.154.

원의 판결의 취지에 따라 전혀 다른 배상시스템이 되었다고 할 수 있다. 그럼에도 주법원들은 이를 인식하지 못하고, 이러한 변화를 판결에 반영하지 못하는 경우가 적지 않다.[43)]

어쨌든 미국의 현행 판례에 의하면 우선 사인이 사적인 사항에 관하여 명예훼손된 경우에는 일반적 손해가 추정되며(따라서 그 입증을 요하지 않는다), 현실적 악의가 증명된 경우에는 추정되는 일반적 손해와 함께 징벌적 손해를 인정받을 수 있다. 다른 한편, 원고가 공적 인물인 경우에는 현실적 악의의 입증이 없으면 아무 손해도 배상받을 수 없다. 그러나 어떠한 경우든 현실적 손해(특별손해)에 관하여 입증을 한 경우에는 이를 배상받을 수 있다.

---

43) Sipe, id., p.154.

3. 보상적 손해

보통법상 명예훼손의 주된 목표는 명예 손상에 대한 보상에 중점이 있었으며, 보상적 손해(compensatory damages)로 지칭되는 명예 피해는 일반적 의미에서 명예훼손의 불법행위로 인해 야기된 일체의 피해로서 배상에 적합한 손해를 의미한다.[44] 따라서 이 범주는 명예훼손 소송 실무상 가장 중요한 의미를 갖는다.

여기에는 ① 재산적 손해 또는 특별 손해("special damages")와 ② 비재산적 손해 또는 일반적 손해("general damages")가 포함된다. 보통법상 지배적인 법리에 의하면 일반적 손해는 권리 침해에서 필연적으로 발생한다고 법에 의해 간주되어 입증이 요구되지 않으나, 특별손해는 불법행위에 의해 사실상 발생한 손해로서 피해자의 구체적인 주장·입증이 없으면 배상받지 못한다.

(1) 특별손해

첫째, 특별손해("special damages")는 금전으로 환산할 수 있는 재산적 손해로서 원고가 입었거나 장래에 입게 될 실재적 경비를 포함한다. 소득, 고객, 계약, 신용의 상실, 실직 및 사업의 부진 등 손해가 이에 해당한다.

유의해야 할 점은 특별손해는 명예훼손의 결과로서 발생한다고 생각될 뿐 아니라 일정한 경우 소인의 발생 요건으로도 작용한다는

---

44) 보상적 손해는 명예훼손으로 발생하는 모든 손해(징벌적 손해 제외)를 말하며, 여기에는 돈으로 환산할 수 있는 여부를 불문하며(재산적, 정신적 손해), 입증을 요하는 손해와 입증 없이 법적으로 추정되는 손해를 모두 포괄한다고 일응 말할 수 있다. 보상적 손해는 환가가 가능한 재산적 손해인 특별 손해와 일반적 손해로 구별하는 것이 다수의 입장이다. 이에 관해 스몰라 교수는 입증을 요하는 현실적 손해(모든 명예훼손에서 발생함)와 입증을 요하지 않는 추정적 손해로 나누고, 특별손해(없을 수도 있음)를 현실적 손해의 일부로 분류한다(Smolla, id. pp.7-2).

점이다. 전술한 바와 같이 보통법은 구두훼손(slander)과 문서훼손 (libel)을 구별하는 특이한 체제를 취하고 있으며, 전통적인 보통법 에 의하면 문서훼손에서는 특별손해의 입증 없이도 소인이 발생하 나, 구두훼손의 경우에는 문면적 명예훼손(slander per se) 이외의 맥 락적 구두훼손(slander per quod)에서는 특별손해의 입증이 소인의 요건이기 때문이다.45)

다시 말하면, 보통법상 전통적 법리에 의하면 모든 문서 명예훼 손(libel)은 특별손해의 입증 없이 소인이 발생하나, 구두훼손의 경 우에는 4가지 범주46)에 해당하는 slander per se의 경우에만 특별손 해의 입증을 요하지 않으나, 그 이외에 slander per quod 사건에서는 특별손해의 입증이 있어야 소인이 발생한다.

그러나 미국에서 다수 판례는 이러한 원래의 범주를 무시하고, 외적 사실의 도움이 없이 문면상 바로 명예훼손이 되는 경우를 libel per se로 취급하고, 그 밖에 외적 사실의 뒷받침이 있어 비로소 명예 훼손이 되는 경우를 libel per quod로 취급하고 있다.47)

(2) 일반적 손해

둘째, 일반적 손해(general damages)는 특별손해를 제외한 모든 비 재산적 손해(noneconomic damages)를 의미한다고 일응 말할 수 있 다. 명예훼손의 불법행위에서 통상 인정되는 것은 이 일반적 손해이

---

45) Smolla, id. pp.7-5.

46) ① 범죄행위의 비난 ② 피해자의 사업, 거래 또는 직업상 해로운 비난, ③ 혐오스런 질병의 비난 및 ④ 여성에 대한 부정하다는 비난이 이 4범주에 해당한다.

47) Smolla, id. pp.7-13. 예컨대 "갑이 을의 부인 병과 상간하였다"는 말은 을에 대해 문면상 명 예훼손이지만, "갑이 병과 상간하였다"는 말은 "병이 을의 부인"이라는 외적 사정이 밝혀지 는 경우 을에 대한 명예훼손이 되고(libel per quod), 피해자 을은 특별손해를 위해 그가 병 과 부부관계라는 입증을 하여야 한다.

며, 그것은 통상 공동체에서 원고의 지위 및 명예 손상 자체와 개인적 굴욕이나 정신적 고통이라고 언급되지만,[48] 이 일반적 손해에 포함되는 내용에 관해서는 학설이나 판례 및 각 재판 관할에 따라 통일되지 못하고 있다.

다수설과 판례에 의하면, 일반적 손해에는 다시 입증을 요하는 현실적 손해(actual damages)와 입증 없이 법에 의해 추정되는 추정적 손해(presumed damages)가 포함된다.[49] 이것은 내용적으로 다시 명예 자체에 대한 피해와 정신적 고통(emotional distress)의 피해로 나뉜다. 이와 관련하여 미국의 판례는 1974년 거츠 판결 이래 변화를 겪고 있다.

가. 현실적 손해

현실적 손해는 입증을 요하는 비금전적 손해이다. 미국에서 현실적 손해는 사인 원고/공적 사안 사건에서 과실이 입증된 경우 배상받을 수 있는 손해배상이다.[50] 현실적 손해는 입증을 요한다는 것(헌법적인 현실적 손해의 법리)이 연방대법원의 입장이다.[51]

---

48) 스몰라 교수에 의하면 원래 보통법에서 손해배상의 주된 기능은 이른바 관계적 이익에 대한 피해를 보상하는 데 있었다. 이 관계적 이익에는 ① 가족 친지, 고객, 사용주 등 제3자와의 기존 관계에 관한 방해, ② 이들 제3자와 장래의 관계에 대한 방해 ③ 우호적인 공적 이미지의 손상 및 ④ 부정적인 공적 이미지의 형성이 포함된다고 한다(Smolla, id. pp.9-16).

49) Smolla, id. pp.9-7.

50) Smolla, id. pp.9-10.

51) 그런데, 1974년 거츠 판결은 현실적 손해는 입증을 요하는데, 거기에는 명예에 대한 피해뿐 아니라 원고의 주관적인 정신적 고통을 포함한다고 판시하여 혼란을 야기하고 있다. 거츠 판결 이후 각 주의 판례는 정신적 고통에 관하여 ① 입증을 요하는 현실적 손해에 부수적인 손해로 보는 입장과 ② 입증에 의해 인정되는 별도의 현실적 손해로 보는 입장이 엇갈리고 있다(Smolla, id., pp.9-11) 어쨌든 정신적 고통을 입었다는 입증은 피해자(원고)의 진술만으로 쉽게 인정되는 것이므로 현실적 손해로서 입증을 요한다는 대법원의 판시는 큰 의미를 갖지 못하게 된다(Smolla, id., pp.9-14).

나. 추정적 손해

추정적 손해(presumed damages)는 명예훼손 사실의 존재로부터 바로 추정되어 배심의 재량에 의해 정해지게 된다. 현실적 악의가 입증된 경우 및 Dun & Bradstreet 법리가 적용되는 경우,[52] 즉 사인의 비공적 사안 사례에서 인정된다. 연방대법원은 이를 합헌으로 보고 있다.[53]

(3) 요약

현행 미국 판례를 요약하면, 사인 원고/비공적 사안 사건에서 피해자는 추정적 손해를 포함해 일반적 손해를 제한 없이 배상받는다.[54] 사인 원고/공적 사안 사건에서는 추정적 손해가 허용되지 않고 입증에 의한 현실적인 일반적 손해만을 배상받을 수 있다.[55] 사인 원고/공적 사안 사건에서 과실만 인정되고 현실적 악의의 입증이 없는 경우에는 추정적 손해배상이 허용되지 않는다.[56] 공인 원고는 현실적 악의의 입증이 없으면 아무 손해도 배상받을 수 없고, 현실적 악의를 입증하면 추정적 손해를 포함해 모든 일반적 손해배상을 받을 수 있다.

---

52) Dun & Bradstreet, Inc. v. Greenmoss Builders, Inc., 472 U.S. 749, 756 (1985)에서 대법원은 사인의 비공적 사안에서는 현실적 악의가 없더라도 추정적 손해와 징벌적 손해를 배상하게 할 수 있다고 판시하였다.

53) Smolla, id. pp.9-9; 연방대법원은 Gertz v. Robert Welch, Inc. 사건에서 현실적 악의가 없는 경우 보통법상 손해의 추정은 위헌이고, 따라서 원고는 현실적 손해의 배상에 제한된다고 판시하는 한편, Dun & Bradstreet, Inc. v. Greenmoss Builders, Inc. 사건에서는 원고가 사인이고, 문제된 진술이 공적 사항이 아니라면, 보통법상의 손해 추정은 합헌이라고 판시하였다 (Powell 대법관의 법원 의견). 그는 현실적 손해의 입증은 거의 대부분 사건에서 불가능하다는 역사의 경험과 판단 때문에 손해의 추정을 유지하는 국가의 이익을 존중하였다(105 S.Ct. at 2946).

54) Dun & Bradstreet, Inc. v. Greenmoss Builders, Inc. 105 S. Ct. 2939 (1985).

55) Gertz v. Robert Welch, Inc.. 418 U.S. 323(1974).

56) Smolla, id. pp.9-10.

4. 징벌적 손해

(1) 의의

영미법에 특수한 '징벌적(懲罰的) 손해'(punitive or exemplary damage)는 피고에게 폭력, 악의, 사기 기타 중대한 폭거(outrageous conduct)가 있는 경우 그 재발을 방지하거나 일벌백계를 위하여 가해자를 징벌하는 동시에 그로 인한 피해자의 억울함을 달래기 위하여 인정되는데, 통상 피해자가 입은 손해 이상의 다액의 배상이 명하여진다. 전통적으로 징벌적 손해배상은 형사처벌의 목표로 인식되는 예방과 응보라는 양 목표를 추구하는 것으로서 준형사적 성격을 갖는 것이라고 설명되어 왔다.[57]

그 연혁을 보면, 13세기 영국 의회가 제정한 법률에서 '시범적 손해배상'("exemplary damages" awards)으로서 보상적 손해의 2배 또는 3배를 배상하도록 규정한 데서 유래하였다. 18세기 영국의 판례는 고의적 불법행위로서 피고 측에 폭력, 억압, 악의, 사기, 방자함, 사악 등의 행위가 있는 경우에 한하여 이를 인정하고 있었다.[58]

(2) 영국

영국의 2013년 법률[59]에 의하면 징벌적 손해배상(exemplary

---

57) 원래 영미법상 손해배상제도는 기본적으로 사회적 보상기능, 저지기능, 보복(징벌)기능 또는 이들을 합한 기능을 갖는 것이라고 생각되어 왔다(Semra Mesulam, COLLECTIVE REWARDS AND LIMITED PUNISHMENT : SOLVING THE PUNITIVE DAMAGES DILEMMA WITH CLASS, 104 CLMLR (Columbia Law Review, May, 2004) 1114). 그러나 현대 명예훼손법에서 공통된 주된 기능은 사회적 보상기능이다. 보통법에서 명예훼손법의 목표는 피해 보상에 있었고 징벌과 저지효과는 제2차적인 것이었다(Randall P. Bezanson, THE LIBEL TORT TODAY).

58) Mesulam, id., p.1121.

59) Crime and Courts Act 2013, CHAPTER 22.

damages)의 요건은 ① 피고의 행위가 원고의 권리에 대해 난폭한 성질의 고의적이거나 경솔한 무시임이 입증되고, ② 법원이 그에 대해 처벌해야 하는 행위이며 ③ 그 행위를 처벌하기에 적합한 다른 구제수단이 없을 것을 요한다(동법 제36조 제6항).

징벌적 배상 액수의 산정은 문제 행위에 관해 피고를 처벌함에 필요한 최소한을 넘어서는 안 되고, 그 액수는 행위의 심각성에 비례적이어야 한다(동법 제36조 제2항). 법원은 징벌적 배상을 정함에 있어서 피고의 행위로 발생하거나 의도된 손실이나 해악의 성질 및 범위, 그리고 피고가 그러한 행위로 얻거나 얻으려고 의도된 이익의 성질 및 범위를 참작해야 한다(동법 제36조 제3항).

징벌적 손해의 배상은 피고가 뉴스 매체인 경우에만 허용되며, 다만 BBC나 인가된 규제자('approved regulator')[60]의 회원인 경우 등에는 명해질 수 없다(동법 제34조 제2항). 그러나 법원은 피고의 행위에 관한 인가된 규제자의 처벌 여부의 결정이 부당하다고 생각하는 경우에는 징벌적 손해배상을 명할 수 있다(동법 제34조 제3항).

(3) 미국

미국 연방대법원은 1851년 징벌적 배상제도를 보통법상의 확립된 제도로 수용하였으나, 최근에 이르기까지 확산되지 못하고 있었다.[61] 미국에서 전통적으로 징벌적 손해배상이 인정되는 사례는 고의적 불법행위와 명예훼손이었다. 명예훼손에서 징벌적 손해는 가해자의 현실적 악의(actual malice), 즉 허위에 관한 고의 또는 진실 여부에 관한 경솔한 무시의 입증이 있는 경우에 한하여 가해자의

---

60) 인가된 규제자란 국왕의 칙허장에 의해 설립되어 규제·감독권을 행사하는 주체로서 그에 의해 허가된 방송사들을 회원으로 하여 그들 프로그램에 대한 규제를 행한다.

61) Mesulam, id., p.1122.

자력 여하에 따라 배심이 결정하는 것이 일반적이다.

1974년 미국 연방대법원의 거츠(Gertz) 인권변호사 판결은 명예 훼손에 의한 손해배상에 있어서 과실책임의 원칙을 관철시켰으며, 동시에 설리번 판결의 현실적 악의의 법리가 적용되지 않는 사건에서는 그 배상에 있어서도 증거에 의해 입증된 손해의 배상을 초과하는 추정적 손해의 배상은 허용될 수 없고, 결코 징벌적 성격의 손해를 배상케 하여서는 안 된다고 판시하였다.

미국에서 징벌적 손해배상제도는 주에 따라 다양한 모습을 가지며, 여러 주에서 징벌적 손해에 대한 규율은 현저한 차이를 보인다.62) 소수의 주에서는 징벌적 손해배상 자체가 허용되지 않고, 일부 주에서는 배상액의 최고한에 관하여 직접적·간접적 한계가 정해져 있다. 절대액으로서 25만 불 내지 35만 불을 한도로 하거나, 보상적 손해(compensatory damage)의 5배수 또는 가해자의 과거 1년 수입을 한도로 하는 주도 있다. 또 배상액을 피해자에게만 주지 않고, 국가나 공익단체63) 또는 원고 변호사에 할당되도록 규율하는 주도 있다.

그러나 위와 같은 한도규율이 없는 과반수 이상의 주에서는 고의 또는 중과실이 있는 경우를 요건으로 하지만 징벌적 손해에 관한 배상액의 결정은 징벌과 방지를 위해(for punishment and deterrence) 법원이나 배심에 의해 이루어지고 객관적인 기준도 없다. 특히, 징벌적 손해로서는 막대한 액수의 배상이 명하여지는 것이 일반적이다.

미국에서 전통적으로 징벌적 손해배상이 인정되는 사례는 고의적 불법행위와 명예훼손이었는데, 1970년대 후반 및 1980년대에 이르

---

62) Rolf Stürner, Persönlichkeitsschutz und Geldersatz, AfP 1-98, S. 2f.

63) 예를 들면 Public Medical Assistance Trust Fund, State Tort Victims Compensation Fund, Criminal Injuries Compensation Account 등.

러 제조물책임 사건이나 기타 집단소송에서 거액의 징벌적 손해배상이 증가하고, 그때부터 징벌적 손해배상은 통상적인 것으로 되었다. 그 후 제조자에 대한 집단소송의 증가로 그 경향은 지속되고 가속화되었는데, 1980년대 말에는 수백만 달러의 평결이 내려졌고, 1987년 이후에는 10억 달러를 상회하는 사건도 나타나게 되었다.[64]

이러한 경향에 대하여 연방대법원은 과도한 징벌적 손해배상이 헌법상 적법절차 조항에 위반됨을 지적한 바 있었고, 그 적정한 비율에 관하여 논란이 계속되어 왔다. 특히 엑슨사에 대한 50억 불의 배상 판결에서 그 논란은 헌법적 해결을 피할 수 없게 되었다.[65]

(4) 개선 노력

위에서 본 바와 같이 미국에서 과거 배심에 의한 징벌적 손해의 평결액은 엄청난 규모로 내려지는 것이 일반적이었고, 그 기준도 명확하지 못하였다.

이러한 경향에 대한 비판과 함께 배상액 제한의 필요성이 지적됐음은 물론이었다. 연방대법원 역시 연방 수정헌법 제4조의 적법절차 조항은 불법행위자에 대하여 지나치게 과다하거나 또는 자의적인 처벌을 내리는 것을 금지한다고 하는 입장을 확인한 이래,[66] 1990년대에는 징벌적 손해배상을 인정하는 주의 권한은 헌법의 절

---

64) Mesulam, id., p.1123. 특히, 1980년대에 이르러 제조물책임(product liability) 등 집단소송에서 이러한 경향은 더 심해졌는데, 2000년에는 플로리다 주 담배 집단소송 사건(Engle, et al v. R. J. Reynolds et al)에서 1,450억 불의 징벌적 손해배상이 평결되었고, 2002년 Bullock v. Phillip Morris 사건에서는 실제 손해배상액 85만 불의 무려 33,000배인 280억 불이 징벌적 손해배상으로 평결된 바 있었다. 또 근래에는 일반소송에서도 제조물책임 소송의 영향을 받아 거액의 징벌적 손해배상이 증가되는 추세를 보이고 있었다(하종선, 징벌적 손해배상소송, 법률신문 제3192호 2003. 8. 7. 참조).

65) Mesulam, id., p.1124.

66) Cooper Industries v. Leatherman Tool Group, 534 U.S. 424.

차적 적법절차에 의한 제한을 받는다고 하는 입장을 확립하였다.

특히, 1996년 BMW 사건67)은 징벌적 배상액을 결정함에 고려할 요소로서 ① 피고의 행위에 대한 비난가능성의 정도, ② 실제 또는 잠재적 피해 규모와 징벌적 손해배상액 간의 격차, ③ 징벌적 배상액과 유사사례에서 허용 또는 부과된 민사벌 금액 간의 차이 등을 신중히 고려하여야 한다고 판시하였다(이른바 Gore Guideposts). 위 BMW 사건68)은 징벌적 손해배상이 헌법적으로 과도하다고 판단된 최초의 사례였다.69)

드디어 연방대법원은 2003년 4월 징벌적 배상액의 산정에 관하여 불법행위에 대한 억제와 응보(deterrence and retribution) 기능을 함과 동시에 적법절차에도 어긋나지 않는 기본적 기준을 제시하게 되었다.70) 연방대법원은 위 사건에 이른바 Gore Guideposts를 적용하면서 비록 피고 보험사의 행위가 잘못된 것이기는 하지만, 실제 손해액의 145배에 달하는 징벌적 배상액을 인용한 유타 주 대법원 판결은 적법절차를 어긴 것이라고 보아 이를 파기 환송하면서, 실제 손해액과 징벌적 배상액 간의 비율을 한 자릿수(single-digit)로 하는 것이 위 기준에 적합한 것이라고 판시하였다.71) 즉, 법원은 징벌적 손해가 실제 손해액의 10배 미만으로 제한되어야 하고, 동시에 손해에 대한 전보배상이 충분한 경우에는 그 비율이 1:1 이하이어야 한다는 점을 명백히 하였다.72) 또 2003년 **State Farm Mutual**

---

67) BMW of North America v. Gore, 517 U.S. 559.

68) BMW of North America, Inc. v. Gore, 517 U.S. 559, 585--86 (1996).

69) 연방대법원은 수송 도중의 흠결 때문에 재도장(塗裝)한 사실을 숨기고 차량(가격 40,750불)을 판매한 북미 BMW사에 대하여 400만 불의 징벌적 손해배상을 명한 판결을 적법절차에 관한 권리를 위반하였다고 판시한 것이다.

70) State Farm Mutual Automobile Insurance Co. v. Campbell et al, No. 01-1289.

71) 하종선, 전게논문 참조.

Automobile Insurance Co. v. Campbell 사건 이래 미국 연방대법원은 중복된 징벌적 손해배상을 금지하는 일관된 태도를 보이고 있다. 집단소송에서 징벌적 손해를 중복하여 배상하게 하는 것은 피고를 과잉 억제하게 되고 그들의 적법절차적 권리를 소홀히 하게 되므로 소의 병합이 필요하다. 소의 병합이 없으면 소를 먼저 제기한 자만이 횡재하게 되는 반면, 추후 제소자에 대한 재원을 고갈시키게 될 것이므로 소의 병합은 원고들에게도 유리하다.[73]

---

72) 伊藤壽英, 懲罰的損害賠償に關する憲法上の制約とその具體的基準, じゅりすと(No. 1251) 2003. 9. 1., 185면 이하.

73) Mesulam, id., p.1114.

5. 비판과 개혁안

미국 명예훼손법의 특징은 손해배상을 유일한 구제수단으로 삼고, 여타 구제수단을 배제하고 있다는 점에서 비판받게 된다. Ardia에 의하면 원고가 제소하는 주된 동기는 그의 명예를 지키고 회복하는 데 있지, 돈으로 배상받는 것은 제2차적일 뿐이다. 그런데 오직 손해배상만을 허용하는 미국의 현행 법제는 이러한 목적에 관심을 두지 않는다는 것이다.74) 명예훼손 피해자는 진실 여부를 확인하여 그 명예를 회복하는 데 관심을 가지므로 정정이나 취소를 구하는 방안이 강구되어야 한다고 한다.75)

이렇게 손해배상에 국한되는 미국법에서는 영국이나 독일 등 대륙법에서 적절한 권리 구제를 베푸는 여러 방안이 행해지지 않는다. 독일에서 허용되는 금지 및 취소청구와 반론청구는 피해자에게 신속 간편하고 저렴한 구제책을 제공한다. 그것은 핵심적 권리보호의 관심을 충족시키고, 첨예한 대결을 완화 회피하게 한다.

---

74) "손해배상 소송은 불완전함에도 불구하고 법이 허위로 명예훼손된 사람에게 부여하는 유일한 희망이다. 그러나 명예 옹호의 희망은 크게 착각이다. 수많은 학자들이 지적한 바와 같이 보통법의 복잡하고 모순적인 법리는 명예훼손법의 도구적 목적을 촉진함에 거의 아무것도 하지 않는다. 원고가 법원의 진실 확인을 통해 정당성을 찾아줄 수 있다는 것도 현실이 아니다. 왜냐하면 대부분의 명예훼손 사건은 수정헌법 제1조에 의해 명령된 유책 요건(과실 또는 현실적 악의)을 극복하는 데 초점을 맞추고, 그로 인해 패소하기 때문에 진술의 진위 여부는 주의를 끌지 못하게 되기 때문이다. 그러나 정확히 말해서 원고 및 사회가 실재로 원하는 것은 진실 여부를 찾는 것이다. 조사에 의하면 원고의 제소 동기에 금전배상은 2차적이고 그보다는 대부분 그들의 명예를 지키는 데 있다. 그들의 불만의 근저에는 허위가 있고 이를 시정하려는 것이다"(*David S. Ardia,* Reputation in a Networked World: Revisiting the Social Foundations of Defamation Law, Harvard Civil Rights-Civil Liberties Law Review, Vol. 45, p.261, 315f [2010], available at: http://ssrn.com/abstract=1689865).

75) Ardia, id., p.312; 1986년 미국의 조사 통계(Iowa Libel Research Project)에 의하면 명예훼손으로 제소하는 주된 동기는 명예의 회복, 원고가 허위라고 보는 바의 시정 및 앙갚음이고, 명예훼손에 의해 야기된 실체적 경제적 손해의 배상을 위한 것은 20%에 불과하였다(Bezanson, The Libel Suit in Retrospect: What Plaintiffs Want and What Plaintiffs Get, 74 CALIF. L. REv. 789, 791 n.7 (1986)).

그 때문에 미국에서 명예훼손의 불법행위를 개혁하기 위한 압력은 여러 부문에서 여러 형태로 나오고 있다. 그 제안은 설리반 특권의 폐지로부터 새로운 소인의 창출, 선언적 판결에 의한 구제수단의 개발,76) 소송 외의 임의적인 대체적 분쟁해결 방안의 도입, 그리고 배심평결의 2분화 관행 등이 있다. Annenberg Libel Reform Proposal(1988)은 주요 개선 제안으로서 명예훼손의 간편하고 효율적인 구제수단을 마련하자고 하면서 취소와 반론제도(retraction and reply), 명예훼손적 진술의 진위 확인을 목적으로 하는 선언적 판결제도(declaratory judgment), 그리고 소송 외 대체적 분쟁해결제도를 제시하였다. 어떤 대안이든 제안된 개선안은 현행 시스템과 어울릴 수 없고 쉽게 실현될 가망이 없다는 데 문제가 있다.

손해배상에 국한하는 미국의 제도는 특히 디지털 시대에 인터넷 명예훼손의 피해 구제에 심각한 문제를 제기한다.

---

76) Marc A. Franklin, A Declaratory Judgment Alternative to Current Libel Law, 74 Cal. L. Rev. 809 (1986)(http://scholarship.law.berkeley.edu/californialawreview/vol74/iss3/7)에 의하면 문제된 보도가 허위이며 명예훼손적임의 확인을 구하는 소인을 신설하고, 그 입증책임을 원고가 부담하지만, 피고의 심적 상태(과실 또는 현실적 악의)에 대한 입증을 요하지 않는 한편, 심리전 디스커버리는 허용되지 않고, 그 소송에서는 손해배상이 명해지지 아니하며, 위 소인으로 제소하는 원고는 여타 소인에 의한 청구를 포기하여야 한다. 피고가 위 제소 전에 해당 보도를 취소하면 완전한 항변이 된다. 같은 취지의 제안은 1985년 연방하원에서 Schumer 의원에 의해 발의되었으나(H.R. 2846) 입법화되지 않았다.

제6장

사생활 침해

1. 영국 보통법

(1) 프라이버시권의 부인

원래 영국의 보통법(Common Law)은 프라이버시라는 법개념을 알지 못하였으며, 프라이버시의 권리도 인정하지 않았다. 영국에서 명예훼손법은 장기간 독자적인 역사를 갖고 있음에 비해 프라이버시의 권리는 최근에 이르러서야 법적 보호를 받을 가치가 있는 것으로 인식되었으나,[1] 아직 불안정한 상태에 있다.

원래 보통법에서 프라이버시 침해의 불법행위는 인정되지 않았다. 다만, 현재 프라이버시에 해당하는 이익이 여타 소인(訴因)에 의해 부수적으로 단편적인 보호가 주어졌을 뿐이다. 예를 들면, 보통법상의 저작권 침해, 인격 또는 재산에 대한 침해(trespass to the person or property), 악의적 허위 진술(malicious falsehood)에 의한 재산적 손해의 야기, 신뢰관계에 기해 제공된 기밀정보의 누설을 금지하는 형평법상의 신뢰파기(breach of confidence), 사칭(passing off) 등 여러 소인이 프라이버시에 해당하는 여러 이익을 단편적으로 보

---

1) 영국 정부의 1990년 프라이버시 보호를 위한 연구보고서(Calcutt Report)는 새로운 프라이버시의 권리를 새로운 불법행위로 인정할 것을 제안하였다. 그럼에도 프라이버시의 권리의 정의 및 그 대상 범위의 광범하고 모호함 때문에 판례는 소극적이었고, 의회의 입법은 좌절되었다.

호하는 역할을 해왔던 것이다.[2]

이러한 법적 상황에서 프라이버시의 권리를 제정법으로 도입하려는 시도가 여러 차례 의회에서 행해졌으나, 그러한 시도는 실패하였다. 1969년 제안된 법안은 모든 상황에 적용될 일반적 프라이버시의 권리를 창설하여 새로운 제정법상의 프라이버시 침해 불법행위를 인정하려는 내용을 담은 것이었으나, 프라이버시의 권리의 정의가 모호하였고 법원에 너무 큰 재량을 부여한다는 점을 이유로 폐기되었다.

이후 프라이버시 보호의 필요를 인식한 의회는 1970년 Younger Committee를 구성하여 이를 위한 포괄적 조사를 위임하였고, 동 위원회의 1972년 보고서[3]는 자유사회에 본질적인 프라이버시권을 구현하자는 의견에는 동의하였음에도, 궁극적으로 일반적인 프라이버시의 권리를 제정법으로 도입하는 것은 거부하였다. 그 이유는 영국 보통법에서 신뢰파기의 형평적 구제수단이 적절한 보호를 베풀고 있으며, 프라이버시의 보호를 위해서는 언론의 자율규제가 더 바람직하다는 것이었다.[4]

이어 언론계의 자율규제제도의 결함에 대한 불만을 해결하기 위해 구성된 Calcutt Committee[5]의 1990년 보고서는 유명인의 프라이버시에 대한 언론 미디어의 침해와 그 대책을 조사한 후 몇 가지

---

2) John Cooke, Law of Tort, 9th edition (2009), p.409.
http://www.shabbirsite.yolasite.com/resources/Law_of_Tort-John_Cooke.pdf

3) COMMITTEE ON PRIVACY, REPORT OF THE COMMITTEE ON PRIVACY 1972, Cmnd. 5012, 13-16 [Younger Report].

4) *Laura Lee Mall,* THE RIGHT TO PRIVACY IN GREAT BRITAIN: WILL RENEWED ANTI-MEDIA SENTIMENT COMPEL GREAT BRITAIN TO CREATE **A** RIGHT TO BE LET **ALONE?** ILSA Journal of Int'l & Comparative Law, 785, 796. https://nsuworks.nova.edu/cgi/viewcontent.cgi?referer=https://scholar.google.co.kr/&httpsredir=1&article=1165&context=ilsajournal/

5) Committee on Privacy and Related Matters.

법적 방안을 제안하였으나, 역시 제정법상의 프라이버시가 필요하지 않다고 결론지었다. 동 위원회는, 첫째 자율규제제도의 개선[6]과 함께, 둘째 의회 제정법으로 ① 개인정보를 수집하기 위해 동의 없이 개인 재산에 침입하는 행위, ② 동의 없이 개인 재산에 감시 기구를 설치하는 행위, ③ 동의 없이 사적 재산에 있는 개인의 촬영이나 녹음을 하는 행위를 형사처벌할 것을 제안하였으나, 이들 제안은 의회에서 채용되지 않았다.

(2) 보통법상 신뢰파기의 소인

보통법상의 소인 중에서 프라이버시법 발전에 중심이 된 것은 신뢰파기(breach of confidence)의 소인이었다. 판례에 의하면 신뢰파기의 요건은 ① 해당 정보가 필요한 기밀성의 성질(necessary quality of confidence)을 가질 것 ② 그 정보는 기밀 유지의무가 있는 정황에서 제공된 것이며 ③ 그 정보를 권한 없이 사용하여 원 진술자에게 해를 끼칠 것 등이었다.[7] 전통적으로 신뢰파기는 사전의 관계나 거래를 전제로 하였으나, 이제는 그와 상관없이 기밀 유지 의무가 생길 수 있다고 보고 있다.[8]

한편, 사적 사항의 폭로 보도는 명예훼손과 프라이버시 침해 양자의 요건을 충족할 수 있었음에도 영국 법원은 명예훼손법의 법리[9]를 회피하게 될 프라이버시 소송의 제기를 허용하지 않는 경향

---

6) 1953년 창설된 언론평의회(Press Council)는 거의 언론계 인사로 구성되었고, 불만 신청인은 법원 구제절차를 포기해야 하는 등 그 불만 처리절차도 미흡하였다. Calcutt Committee는 새로운 자율규제기구로서 언론불만처리위원회(Press Complaints Commission: PCC)의 창설을 제안하였고, 언론들은 부정확성, 프라이버시, 오해유발적 제시, 괴롭힘 등에 관해 언론의 윤리 전범(ethical Code of Practice)을 따르게 하자고 한 것이다.

7) Coco v AN Clarke (Engineers) Ltd [1968] FSR 415.

8) Wainwright v. Home Office [2003] 4 All ER 969.

9) 영국에서 명예훼손 소송에서는 진실의 항변이 적용되고, 제소기간은 1년으로 제한되며(영국

을 보이며, 따라서 학자들의 비판을 받고 있다.[10] 법원은 명예 피해를 구제하기 위해서는 명예훼손 소송만이 허용되며 명예훼손법의 법리를 회피하기 위해 프라이버시 침해 소송을 제기하는 것은 허용되지 않는다는 취지로 판결하고 있기 때문이다.[11]

(3) 유럽인권협약 및 1998년 인권법

영국에서 프라이버시법의 발전에 계기가 된 것은 1998년 인권법 (Human Rights Act 1998)의 시행이었다. 영국은 유럽인권협약 체약국으로서 동 협약이 규정한 기본권, 특히 제8조의 사생활 보호권을 보호할 국제법상 의무가 있었고,[12] 이를 위해 1988년 인권법은 공권력 기관에게 사생활 침해에 대한 구제절차를 마련도록 규정하였다. 유럽 인권재판소는 2005년 영국법이 사인에 의한 프라이버시 침해에 적절한 구제절차를 마련하지 않은 것은 협약 제8조에 위반된다고 판시하였고,[13] 이에 따라 영국 법원들은 피고가 공적 기관이 아닌 경우에도 인권법이 적용된다고 판시하게 되었다.[14]

제소기간법 제4A조), 잠정적 금지명령(interim injunction)이 허용되지 않는다(Bonnard v Perryman [1891] 2 Ch 269 (CA)). 그에 비해 프라이버시 소송에서는 진실의 항변이 허용되지 않으며, 제소기간의 제한이 없고 잠정적 인정선이 허용된다.

10) Eric Barendt, An overlap of defamation and privacy? Journal of Media Law Volume 7, Issue 1, 2015 pp.85-91.

11) Terry (previously LNS) v Persons Unknown [2010] EMLR 16; Hannon v News Group Newspapers Ltd [2014] EWHC 1580 (Ch) [2015] EMLR 1.

12) 유럽인권협약은 유럽협의체(Council of Europe) 가입국들(현재 47개국)이 시민적·정치적 기본권 보장을 위해 1950년 체결하고 1953년부터 시행된 조약이다. 유럽인권협약의 거의 모든 당사국은 동 협약을 국내 입법에 통합하였고, 따라서 동 협약은 국내법체계의 일부가 되어 국내 법원과 공공 기관을 구속하며, 관련 국가 국민 개개인은 동 협약상의 권리와 의무를 주장할 수 있다. 특히, 국내 법원을 비롯한 모든 국가기관은 국내법이 협약에 충돌하는 경우 협약과 그 판례를 우선 적용하여야 한다.

13) Von Hannover v Germany (2004) 40 EHRR 1.

14) Campbell v Mirror Group Newspapers [2002] All ER (D) 448 (Mar) (QB); [2003] 1 All ER 224 (CA); [2004] 2 All ER 995 (HL).

결론적으로 현재 영국에서 프라이버시의 권리는 유럽인권협약에 의해 보호되고, 유럽인권재판소의 판례법리가 적용되고 있다. 즉, 영국에서 프라이버시 침해의 불법행위는 일반적으로 인정되지 않지만, 사적 정보의 공개는 신뢰파기의 불법행위(tort of breach of confidence)가 되어 사적 정보의 남용(misuse of private information)이란 이름으로 보호받게 된다.

따라서 해당 정보가 유럽인권협약 제8조의 사적 정보이면, 협약 제8조(사생활의 권리)와 제10조(표현의 자유) 간의 비교형량('balancing exercise')에 의해 그 공개의 위법 여부가 판단된다. 그 경우 ① 양자의 이익은 어느 일방이 타방에 우월한 것이 아니라 동등한 것으로 간주되며, ② 양자가 충돌하게 되는 경우에는 개별 사건에서 주장되는 특정 권리의 비교적 중요성에 비추어, ③ 각각 간섭 또는 제한의 정당화 사유가 고려되어야 하며, ④ 비례의 원칙(proportionality test)이 적용되어야 한다고 한다.[15]

(4) 기타

이상 살펴본 바와 같이 영국에서 제정법에 의해 프라이버시를 일반적으로 인정하려는 노력은 좌절되었으나, 특정한 분야에서 개별적 입법에 의해 사건 관계인의 신원을 보호하는 방안을 마련하고 있다.

영국의 1933년 제정 아동·청소년법(Children and Young Persons Act 1933) 제39조에 의하면 품위와 도덕에 반하는 범죄 처리 절차와 관련하여 언론은 법원의 허가 없이 법원의 심리대상이 되거나

---

15) John Cooke, Law of Tort, 9th edition (2009), p.461.

증인이 된 아동, 청소년의 신원 및 초상을 공개할 수 없고, 위반 시에는 처벌받게 된다. 또 동법 제49조에 의하면 소년법원의 절차를 보도하면서 신문은 피고인이건 피해자이건 목격자이건 간에 소송절차에 관련된 모든 어린이나 청소년의 이름, 주소 또는 학교를 밝혀서는 안 되며, 그들의 신분을 추지(推知)할 수 있을 만한 어떤 상세한 내용도 공표해서는 안 된다. 방송에 대해서도 유사한 제한이 있다.

그 후 1997년의 범죄선고법(Crime (Sentences) Act) 제45조는 공공의 이익에 부합하는 경우 법원이 전체적 또는 부분적으로 그 금지를 해제하여 언론사가 범죄로 기소된 어린이의 신분을 밝힐 수 있도록 하고 있다. 위 개정 조항은 소년법원의 소송절차나 그 항소심에 대한 보도에만 적용된다. 그럼에도 아동·청소년법 제39조에 의해 성인 법정의 소송절차에 관련된 어린이나 청소년의 신분노출을 금지하는 명령에는 영향을 미치지 않는다. 이제 영국에서 법원 출입기자들은 개정된 공공 이익 조항에 호소함으로써 전체적으로나 부분적으로 이러한 총괄적인 금지를 풀어달라고 신청할 수 있게 된 것이다.16) 최근까지 그러한 금지가 해제된 경우는, 예를 들어 중대한 범죄로 기소되어 도주 중인 어린이를 체포하는 데 도움이 되는 등 극히 제한된 상황이었다.

또 1992년 성범죄법(Sexual Offences (Amendment) Act 1992)은 성범죄 피해자의 성명, 주소 및 초상을 경찰에 고소 시부터 그의 일생 동안 일체의 미디어 공개를 금지하고(동법 제1조), 그 전면적 금지는 피고인의 신청에 따라 그의 방어를 위해 필요하거나 공익을 위해 보도가 필요한 경우 법관이 해제할 수 있게 되었다(동법 제3조).

---

16) Press Gazette, 1998년 3월 3일자 24면.

2. 미국판례 - 프라이버시 침해의 불법행위

(1) 개관

영국에 비해 미국에서는 일찍부터 프라이버시의 권리가 인정되었다. 미국에서 프라이버시의 권리는 연방수정헌법 제4조의 부당한 압수 수색의 금지 조항에 근거하여 주로 국가권력에 대한 관계에서 헌법적 프라이버시(constitutional privacy)로 논의 전개되었다.[17] 미국의 프라이버시법은 주로 주거의 불가침을 방어하기 위해, 국가를 주된 침해자로 상정하였다.

한편, 사인 간의 민사적 관계에서 프라이버시의 권리가 인정되지 않았음은 영국과 같았다. 그러나 미국에서는 20세기 말 선정적 언론의 등장과 함께 그들의 프라이버시 침해에 대처하려는 노력이 시작되었다.[18] 1890년 Warren과 Brandeis의 저명한 논문 프라이버시의 권리('The Right to Privacy')[19]는 프라이버시권을 법적으로 인식하려는 최초의 시도였으며, 이를 "홀로 있을 수 있는 권리"("the

---

17) 미국 연방대법원은 1928년 Olmstead v. United States, 277 U.S. 438 (1928)에서 국가기관에 의한 도청이 연방 수정헌법 제4조에 의해 금지되는가 하는 문제에 관해 이를 부인하였다. 그러나 그 판결에서 브랜다이스 대법관은 강력한 반대의견을 제시하면서 "헌법 제정자들은 행복의 추구에 우호적인 조건을 보장하려 하였고, 인간의 정신적 본질, 감정과 지성의 중요성을 인식하였다. 그들은 미국인들의 신념, 사고, 감정과 감각을 보호하려 하였다. 그들은 가장 포괄적인 권리인, 문명인에게 가장 가치 있는 '홀로 있을 수 있는 권리'(the right to be let alone)를 부여하였다. 그 권리를 보호하기 위해서는 개인의 프라이버시에 대한 정당화할 수 없는 모든 침해는 그 형태 여하를 막론하고 수정헌법 제4조의 위반이라고 간주되어야 한다"고 역설하였다. 드디어 1965년 연방대법원은 Griswold v. Conneticut, 381 U.S. 479 (1965) 판결에서 수정헌법 제1조(언론의 자유), 제3조(사저에 군사주둔의 금지), 제4조(부당한 압수 수색의 금지), 제5조(법원절차에서 자기부죄 강제의 금지) 및 제9조(헌법에 열거되지 아니한 권리의 보호) 등 헌법상의 여러 조문을 근거로 하는 음영적("penumbra") 권리로서 프라이버시의 권리를 처음 인정하게 되었다. 이것은 국가권력에 대한 관계에서 프라이버시의 권리가 보호됨을 처음 선언한 것이었고, 사인 간 프라이버시의 권리를 언급한 것은 아니었다.

18) 이하 논의는 박용상, 언론과 프라이버시, 신문평론 제36호 내지 38호 (1971) 참조.

19) Samuel D. Warren & Louis D. Brandeis, The Right of Privacy, 4 HARV. L. REV. 193 (1890).

right to be let alone")로 보았다. 미국 법원이 사법상의 권리로서 프라이버시의 권리를 최초로 인정한 것은 1905년이었고,[20] 1931년에 이르러 법원은 프라이버시의 권리에 대한 법적 근거와 성질에 관해 체계화한 판결[21]을 내게 되었다.

[사례] Melvin v. Reid, 297 P. 91
(Cal. Dist Ct App. 1931)

1931년 내려진 이 판결은 프라이버시의 권리에 대한 법적 근거와 법리를 체계화한 판결로서 주목받는다.

사안을 보면 미혼 시절 원고(여)는 매춘부로서 살인사건에 연루되어 재판을 받았으나 무죄 석방되었으며, 그 후 수치와 오욕의 생활을 청산하고 1919년 Bernard Melvin이란 남자와 결혼하여 올바른 생을 살면서 상류사회의 일원이 되었다. 피고는 1925년 원고의 과거 생활을 소재로 '붉은 기모노'라는 영화를 제작하여 배포하였다. 그 영화에는 원고의 미혼시절 이름이 그대로 사용되었고 피고는 그 영화의 스토리가 실제 인물인 원고의 과거지사를 묘사한 것이라고 광고하였다. 그 결과 원고를 알고 있던 사람들은 원고를 경멸, 조소하고 그녀를 떠나버렸다. 원고는 신체적·정신적으로 중대한 고통을 받았음을 이유로 5만 불의 손해배상을 청구하는 소송을 제기하였다.

법원은 프라이버시 쟁점에 관하여 우선 피고가 원고의 과거지사를

---

20) Pavesich v. New England Life Ins. Co. (1905): Georgia 주 법원은 피고(보험사)가 날조된 원고의 증언과 함께 원고의 이름과 사진을 보험광고에 사용한 사안에서 프라이버시 침해의 불법행위를 처음으로 인정하면서 그 필요성에 관해 다음과 같이 판시하였다. "법은 개인에게 생을 향유할 수 있는 권리를 보장함에 있어서 그가 단순히 호흡하고 생존하는 권리 이상의 것을 부여한다. 물론 이 권리의 가장 극악한 침해는 생명의 박탈일 것이지만, 생명 자체는 보장되어도 생의 향유가 전면적으로 파괴될 수도 있다. 개인은 타인의 권리를 침해하지 않고, 공적인 법이나 공공정책을 침범하지 않는다면 그의 기질과 성격에 따라 어떠한 방법에 의하든 그에게 가장 안락하고 즐거운 방법으로 그의 생을 향유할 권리를 갖는 것이다. 개인적 안전에 대한 권리는 개인에게 그의 모든 구성원과의 관계에서 육체적 간섭을 받지 않는 생활을 허용하는 것만으로써 충족되는 것이 아니고, 개인적 자유에 대한 권리는 단지 감옥에 넣지 않는다던가 물리적 간섭에서 해방시키는 것과 완전히 일치하는 것은 아니다. 자연법에서 유래되고 시민법에 의해 인식된 자유는 물리적 간섭으로부터의 자유보다 훨씬 그 이상의 것을 포괄하는 것이다."

21) Melvin v. Reid, 297 p.91 (Cal. Dist Ct App. 1931).

영화 속에 묘사한 것만으로는 소인(訴서)을 충족할 수 없다고 판시하였다. 살인사건의 소송기록에 나타난 수록내용은 공적인 기록이었고 만인의 열람에 개방된 것이기 때문이다. 그러나 법원은 피고가 그러한 공적 기록의 재생에 불과한 사실뿐 아니라 이를 넘어서 그 영화는 실재인물의 실화이고, 그 여자가 바로 원고라고 광고하였던 점을 들어 피고의 배상책임을 긍정하였다.

동 판결 속에 요약된 프라이버시의 권리에 관한 법리는 다음과 같다.

① 프라이버시의 권리는 고대 보통법에는 알려져 있지 않았다.

② 프라이버시의 권리는 법원에 의해서 부여된 불법행위로서 재산적이 아니라 인격적인 성질을 갖는다.

③ 그것은 순수한 개인적 소송이고, 당사자의 사망에 의해서 소멸된다.

④ 그것은 동의받은 사항에 관해 공표되었을 경우 존재하지 않는다.

⑤ 이미 공적으로 된 사항에 대하여는 프라이버시가 존재할 수 없다. 즉, 개인이 유명해져서 그의 생활이 공중에 공개되고 그의 프라이버시의 권리가 포기되었을 경우에는 존재하지 않는다.

⑥ 그것은 뉴스의 전파와 뉴스가 되는 사건 속에는 존재하지 않고, 공중이 정당한 관심을 갖는 인물의 생활에 관계되는 사건에 대한 언급 혹은 공직후보자와 같이 그에 대한 정보가 공적인 이익이 있는 경우에는 존재하지 않는다.

⑦ 프라이버시의 권리는 인쇄, 필기, 사진 혹은 영구적인 성질의 공표나 재현의 경우에만 침범될 수 있고 구두에 의한 경우에는 불가하다.

⑧ 소권(訴權)은 그 공표가 이익이나 소득을 위해 행하여졌을 때 발생한다.

위 판결 이후 유사한 판례가 이어지게 되었고, 1960년 캘리포니아 대학의 프로서 교수는 과거 법원 판례를 종합 분석하여 4개 유형의 프라이버시 침해 불법행위를 분류 추출하였고,[22] 이것은 '리

---

22) William Prosser의 1960년 논문 'Privacy'는 이 4가지 유형의 프라이버시 침해 불법행위를 ① 정숙에 대한 침입(unreasonable intrusion into seclusion), ② 공공의 정당한 관심사가 아닌 사적 사실의 공개(unreasonable publication of private facts), ③ 피해자를 공공의 눈에 왜곡하게

스테이트먼트'[23])에 수록되어 널리 인정되게 되었다.[24] 이 중에서 언론보도와 관계에서 문제되는 것은 사적 사실의 공개와 왜곡적 묘사에 의한 프라이버시 침해의 불법행위이다.

미국에서 프라이버시 침해의 불법행위가 논의되게 된 이유는 명예훼손제도로 구제받을 수 없는 인격적 피해를 구제하기 위한 것이었다. 프라이버시 침해의 불법행위는 간섭 없이 생을 이끌 개인의 권리에 터잡아[25] 명예에 대한 피해가 없는 경우에도 그들이 폭로되고 타인에 의해 인식되는 방법에 대해 개인을 보호한다. 실제로 프라이버시 침해를 구성하는 4가지 범주의 불법행위는 명예훼손제도에서 생각할 수 없던 다양한 프라이버시 침해를 구제하는 방안을 제공하였다. 특기할 점은 명예훼손에서는 인정되지 않았던 형평법상의 금지명령제도(injunction)가 프라이버시 권리를 위해서는 인정되게 되었다는 점이다.[26]

그러나 미국법은 언론의 프라이버시 침해에 대해서는 한정된 구

하는 사적 사실의 공개(false light invasion of privacy), ④ 성명 초상의 도용(misappropriation of one's name or likeness)이라고 정리하였다(William L. Prosser, Privacy, 48 California Law Review 388).

23) Restatement of Torts는 미국 법조협회(American Law Institute)가 불법행위법에 관한 판례를 요약하여 체계적으로 해설한 서적으로서 미국 판례를 이해하는 중요한 문헌이다.

24) 이에 관한 상세한 논의는 박용상, 언론과 프라이버시, 신문평론 제36호 내지 38호(1971) 참조.

25) 명예훼손과 프라이버시 침해의 차이는 전자가 관계적 손해로서 사회적 존중을 잃은 데 대한 구제임에 비해 후자는 피해자 자신의 내적인 정신적 평온에 대한 가해란 점에 있다(Rodney A. Smolla, Law of Defamation, §9.02[1][b] 9-13).

26) 1929년 Holmes v. Underwood & Underwood 사건에서 상업사진사가 대금을 받고 찍은 원고(녀)의 사진을 원고의 허락 없이 크리스마스카드에 사용하자 원고가 현재 및 장래의 사용을 금지청구한 사안에서 법원은 묵시적인 계약위반과 신탁위반을 근거로 원고의 청구를 인용하였다. 또 초상권 침해를 독립적 소인으로 인정한 첫 판례인 Flake v. Greensboro News Co. (1938)에서 법원은 "내 생각으로는 공개되지 않은 강연, 편지, 회화 기타 정신적 재산의 권한 없는 산포에 대하여 보호받을 개인의 권리를 인정하면서도 그와 동일한 보호를 초상이 권한 없이 획득되고 상업적 목적을 위하여 사용된 경우에 부인하려고 한다면, 그러한 견해는 정당하지 않을 것이다. ... 형평법적 구제와 동시에 그녀가 명목상의 손해를 보상받을 수 있어야 하는가 여부는 중요하지 않다. 왜냐하면 그러한 경우에 금지명령의 발포는 달러와 센트에 의한 침해의 양에 의존하는 것이 아니기 때문이다"라고 판시하였다.

제를 베푸는 데 그치고 있다. 첫째, 미국에서 프라이버시 소송에는 처음부터 명예훼손법의 법리가 적용되었기 때문에 프라이버시권의 본질에 부응하는 보호가 제공되지 못하였고, 둘째 진실한 사실에 절대적 보호를 제공하는 수정헌법 제1조에 의해 무력화되었기 때문이다.

미국 연방대법원은 수정헌법 제1조는 진실한 사실의 진술에 명예훼손 책임을 인정하지 않는 원칙에 입각하고 있다. 이러한 법리는 사적 사항의 공개로 인한 프라이버시 소송에도 영향을 미쳤다. 연방대법원은 수정헌법 제1조는 프라이버시 소송에서도 최소한 정보가 적법하게 취득되고 최고의 국가 이익을 촉진하지 않는 것이면, 그 진실한 진술의 공표로 인한 불법행위가 성립하지 않는다고 판시하였고(이른바 "Daily Mail Test"),[27] 이 판시는 거듭 확인되었다.

(2) 사적 사실의 폭로

불법행위법에 관한 리스테이트먼트 제2판은 공적 폭로에 의한 프라이버시 침해 불법행위에 관해 "타인의 사생활에 관한 사항을 공개하는 자는 공표된 사항이 (a) 이성적인 사람에게 고도로 불쾌하고, (b) 공공의 정당한 관심사가 아니면, 그의 프라이버시 침해에 책임을 진다"고 기술한다.[28]

명예훼손법은 진실한 사적인 정보를 폭로하는 행위 또는 정신적 고통을 주는 부정확한 커뮤니케이션이라 하더라도 명예(개인에 대한 사회적 평가)를 훼손하지 않으면 그에 대한 구제를 허용하지 않

---

27) 연방대법원은 Smith v. Daily Mail Publ'g Co., 443 U.S. 97, 103 (1979) 사건에서 합법적으로 취득된 공익사항에 관한 진실한 정보의 공개를 처벌하는 것은 수정헌법 제1조에 반한다는 원칙을 선언하면서 청소년 피의자의 신원을 보도한 언론 보도를 면책시켰고, 위와 같은 판지는 뒤에서 보는 바와 같이 강간피해자의 신원 보도(Florida Star v. B.J.F., 491 U.S. 524 (1989)) 및 불법 도청된 정보의 보도(Bartnicki v. Vopper, 532 U.S. 514, 535 (2001))에도 적용되었다.

28) Restatement (Second) of Torts. Section 652D.

앉기 때문에 프라이버시 침해 불법행위는 그러한 상황에서 구제를 베풀기 위해 발전되었다. 따라서 사적 사실 공개 프라이버시 소송에서는 진실의 항변이 인정되지 아니한다.[29]

그럼에도 미국 법원에서 사적 사실의 폭로에 의한 프라이버시 침해가 인용되는 사례는 희소하고, 법원들은 대부분의 이성적인 사람들이 사적이라고 생각하는 사실의 폭로에 대한 구제를 거부한 악명 높은 판결을 다수 내고 있다.

첫째, 미국 판례에 의하면 본질상 사적이면서[30] 이미 알려지지 않은 사실만이 보호 대상이다.[31] 즉, 개념상 일응 사적인 사실도 원고 이외의 다수인이 이미 알게 되면 사적인 성질을 잃고 공적이 된다는 사고에 입각하고 있다.[32] 원고가 공인이었든 사인이었든 무관하며, 원고가 공개를 피하려 했던 여부는 문제되지 않는다.

따라서 공개된 장소에서 일어난 일은 개념적으로 사적이 아니며 소인(訴因)의 주제가 될 수 없다. 즉, 공개된 장소에서 행해진 사실이나 사건은 그 장소에 있던 사람들이 듣고 볼 수 있었던 것이므로 이를 취재하여 보도한 미디어는 폭로 불법행위 책임을 지지 않는다.[33] 공개된 장소에 등장하는 원고는 법이 보호하는 프라이버시의

---

29) Kalven, Privacy in Tort Law - Were Warren and Brandeis Wrong? 31 Law & Contemp. Prob. 326, 339-41 (1966). Prosser, Privacy, 48 Calif. Law Rev. 383, 398-401, Nimmer, The Right to Speak from Time to Time: First Amendment Theory Applied to Libel and Misapplied to Privacy, 56 Calif. Law Rev. 935, 958 (1968).

30) 본질상 사적인 사실에는 나체, 성 및 건강의 범주에 속하는 사실이 포함되지만, 그것도 공적인 장소나 공적 영역에 드러난 것이면 보호받지 못한다(Jonathan B. Mintz, The Remains of Privacy's Disclosure Tort: an Exploration of the Private Domain, 55 Md. L. Rev. 425, 439 (1996). http://digitalcommons.law.umaryland.edu/mlr/vol55/iss2/7).

31) Heath v. Playboy Enterprises, Inc., 732 F Supp. 1145, 1148; 17 Media L R 1298 (1990 Fla.).

32) RESTATEMENT (SECOND) OF TORTS § 652D cmt. b (1977).

33) Gill v. Hearst Publishing Co., 40 Cal.2d 224 (1953): 시장에서 부인과 포옹하고 있는 원고의 사진을 공개한 잡지에 대하여 법원은 공적인 장소에서 볼 수 있었던 것은 모두 문자로 묘사될 수 있는 범위 내에서 사진에 의해서도 기록되고 유포될 수 있다고 하면서 그 당시의 사진은 그곳에 있었던 사람이면 누구나 자유롭게 볼 수 있었던, 이미 공개된 사실의 재현에 지

외투를 벗게 된다는 것이다.34) 그리고 공공의 일부에게만 알려진 사실을 더 넓은 공공에 알리는 보도도 프라이버시 침해를 구성하지 않으며,35) 이미 타 미디어에 의해 공표된 사실의 재공표는 프라이버시 침해를 구성할 수 없다.36) 또 미국에서는 인터넷에서 초상이 일단 취소할 수 없을 정도로 산포되면 그에 관한 배포금지 인정션은 허용되지 않는다.37)

둘째, 미국의 판례는 과거에 공적이었던 사항은 영구적으로 공적인 성격을 상실하지 않으며,38) 신문은 다시 이를 과거의 기억으로

나지 않는 것이라는 이유로 원고 청구를 기각하였다. 그러나 이 점에 대해서는 공개된 장면이기는 하나 전체에서 추출된 특정 개인에 대한 사진은 그에게 부당한 주의를 집중하게 하는 것이며, 한정된 장소에서 그곳에 있던 사람에게만 보일 것을 예상한 원고의 행동이 신문보도로 전국적인 세인의 주시까지 감수하지 않을 수 없게 한다는 것은 부당히 프라이버시를 침해하는 것이라는 입장에서 논지에 반대하는 입장이 있다.

34) Cefalu v. Globe Newspaper Co., 391 NE2d 935, 939; 5 Media L R 1940 (1979, Mass.); Felix Wittern, Dissertation, Das Verhältnis von Right of Privacy und Persönlichkeitsrecht zur Freiheit der Massenmedien, p.77. http://ediss.sub.uni-hamburg.de/volltexte/2004/2277/pdf/Dissertation.pdf

35) 포드 대통령 살해 시도를 위험을 무릅쓰고 좌절시킨 동성애자 Oliver Sipple은 그의 영웅적 행위에 불구하고 그가 동성애자임이 알려지기를 원치 않았기 때문에 다수 신문을 상대로 프라이버시 침해 소송을 제기하였다. 그러나 캘리포니아 항소법원은 그가 샌프란시스코 동성애자 세계에서 잘 알려진 인물이었고, 그의 행위로 그는 공적 인물이 되었기 때문에 공공은 그의 사생활에 대해 알 정당한 공적 이익이 있다는 이유로 그의 소를 기각하였고(Sipple v. Chronicle Publishing Co., 201 Cal. Rptr. 665, 669 (Ct. App. 1984)), 시플은 그 의도를 관철시키지 못하자 자살하고 말았다.

36) Felix Wittern, Das Verhältnis von Right of Privacy und Persönlichkeitsrecht zur Freiheit der Massenmedien, p.79. http://ediss.sub.uni-hamburg.de/volltexte/2004/2277/pdf/Dissertation.pdf

37) 예를 들어, 과거 60년대에 남자친구였던 자에게 누드 사진을 허용한 유명 라디오 논평가가 그 사진을 사들여 온라인에서 저명인의 누드를 게시 배포하는 연예 사이트(Internet Entertainment Group)를 상대로 인정션을 구하였는데, 미국 법원은 그 사진이 이미 널리 인터넷에 퍼졌기 때문에 더 이상의 게시를 금지할 수 없다고 판시하였다
(See Patrizia DiLucchio, Dr. Laura, How Could You?, Salon.com, Nov. 3, 1998, at http://archive.salon.com/21st/feature/1998/11/03feature.html).

38) 예컨대, Sidis v. F-R Publishing Corp., 113 F.2d 806 (2d Cir.) (1938) 사건에서 피고는 한때 유명한 신동으로 미디어의 각광을 받았던 자의 성장 후(17년 후) 근황을 보도하였는데, 그로 인하여 그 신동은 충격을 받고 사망하였다. 그는 11세의 나이에 저명한 수학자들 앞에서 4차원에 대한 강의를 하였으며, 16세에는 세인이 주시하는 가운데 하버드 대학을 졸업하였으나, 그 후 기이한 취미를 가지고 평범한 사무원으로 근무하면서 공중의 관심으로부터 벗어나려고 하였다. 법원은 그 기사가 무사려한 폭로였음을 인정하면서도, 그는 과거에 신동으로서 촉망받아 이미 공적 인물이 되었기 때문에 공공은 그가 몽롱한 생활에 빠져들어 간 이후의

부터 끌어내어 새로이 공중의 관심을 환기시킬 수 있다는 입장을 취한다.39) 따라서 과거 형사피의사건이나 뉴스였던 사항을 시간이 충분히 경과하여 공중의 기억에서 사라진 후, 이를 다시 재생하여 공개하는 경우에도 대부분의 주에서 프라이버시 침해 책임이 인정되지 않는다.40) 다만, 일부 판례는 전과자의 사회 복귀 이익을 위해 전과자의 전과 관계 언급에 책임을 인정하고 있다.

셋째, 법적으로 사적 사실에 해당하는 경우에도 정당한 공적 관심사나 뉴스가치 있는 사실은 법적 책임이 생기지 않는다. 법원은 뉴스가치의 개념을 넓게 해석하며,41) 더욱이 이 뉴스가치 여부를 판단하는 것은 법원이 아니라 미디어의 기능이라고 취급되고 있다.42) 특히 명예훼손법에서 발전된 공적 인물 및 공적 관심사의 법리는 프라이버시 침해 불법행위에서도 유사하게 적용된다.

넷째, 프라이버시 보호의 취약성은 보통법상 공정보도의 특권에 의해 더 심화된다. 그에 의하면 공적 절차에서 진술된 정보나, 공적 기록에 포함된 정보는 그 프라이버시 침해의 기초가 될 수 없다. 따라서 범죄혐의를 받아 체포되거나 유죄판결을 받은 사실은 물론 그 기록에 포함된 청소년 피의자, 강간 피해자의 성명, 주소, 초상 등은 프라이버시로서 보호받지 못한다. 나아가, 범죄수사 사건의 보도에서도 익명보도의 요청은 무시된다.43) 공정보도의 특권에 의하면 혐

이야기에 대해서도 알 권리가 있는 것이라고 하면서 그 보도의 결과가 아무리 파멸적인 것이라 하더라도 피고에게는 책임이 없다고 판시하였다.

39) Maheu v. CBS, 247 Cal. Rptr. 304, 311; 15 Media L R 1548 (1988).

40) Felix Wittern, id. at p.109. 그러나 영국의 1974년 범죄자 재생법(Rehabilitation of Offender Act of 1974) 제8조에 의하면 피고가 집행 종료된 유죄판결('spent conviction')에 관해 악의로 진술한 경우에는 공정보도로서 정당화되지 않는다. 동법에 의하면 비행자가 2년 6월 이하의 기간 복역하였고, 범죄 종류에 따라 3 내지 10년이 경과하면 그는 법적으로 범죄가 없었던 것으로 취급되며 비행자는 재생되었다고 본다(강간이나 살인 등 중범죄는 제외).

41) RESTATEMENT (SECOND) OF TORTS § 652D cmt. g (1977).

42) Heath v. Playboy Enters., Inc. 732 F. Supp. 1145, 1149 n.9 (S.D. Fla. 1990).

의자가 공인이든 아니든 경찰이나 검찰의 진술을 정확하게 보도하면 특권이 적용되고 원고가 어느 범죄에도 연루된 바 없다하더라도 미디어는 면책된다.

다섯째, 언론 자유를 절대시하는 미국 연방대법원의 강경한 입장에 의해 프라이버시권은 더 불리한 취급을 받게 된다. 미국 연방대법원은 수정헌법 제1조에 따라 진실한 사실의 공개에 거의 절대적 보호를 베푸는 입장을 취한다. 명예훼손에서는 허위 사실에 의해 피해받은 경우이지만, 사적 사항 공개의 프라이버시 침해는 진실한 사실의 공개에 의한 것이기 때문에 이러한 대법원의 입장은 프라이버시 불법행위를 거의 인정할 수 없게 한다.[44]

나아가 통신 비밀 및 사적 비밀사항의 누설을 금지하는 법률을 위반하여 얻어진 정보도 진실인 한 보도를 금지할 수 없다는 것이 미국 판례의 입장이다. 이러한 입장에서 연방대법원은 1975년 강간치사 피해자의 신원을 밝혀 보도한 미디어의 책임을 부정한[45] 이래, 1979년 청소년 형사피의자의 신원을 공개한 것[46]을 면책시켰다. 해당 주에서는 강간 피해자 신원보호법이나 확정판결 전 청소년 피의자의 신원 공개를 금지하는 법률이 제정 시행되고 있었음에도, 연방대법원은 이들 법령의 위헌 여부에 관한 판단을 유보한 채, 진실을

---

43) 미국에서 익명보도를 거부하는 주된 이유를 보면 기사의 영향과 신뢰성은 성명 주소 등 확인적 정보에 의해 고양되며, 미디어에게 이를 고려하게 하면 힘든 일이 될 것이라는 점을 든다(Mintz, id. at p.447).

44) 사적 사실 공개가 명예훼손과 다른 점은 진실이 그 불법행위의 본질적 요소이며 진실이 항변으로 되지 아니한다는 점이다. 허위 사실의 공표는 사적 사항 공개의 불법행위가 되지 않으며, 그것이 외적 명예를 손상하는 경우에만 명예훼손이 될 수 있다.

45) Cox Broadcasting v. Cohn, 420 U.S. 469 (1975)에서 연방대법원은 해당 정보(강간 피해자의 성명)가 적법하게 공적 기록에서 취재되었고, 정확하게 보도되었다면 수정헌법 제1조는 진실한 사적 사실의 공개 책임을 금지한다고 판시하였다. 이어 Florida Star v. B.J.F., 491 U.S. 524 (1989)에서도 성폭행 피해자의 성명을 보도한 사안에서 같은 취지의 결론이 내려졌다.

46) Smith v. Daily Mail Pub. Co, 443 U.S. 97 (1979).

보호한다는 점만을 내세웠다.

위 판결들은 격렬한 논란을 야기하였고,[47) 다수의 학자들은 미국에서 사적 사실 공개에 의한 프라이버시 침해의 불법행위는 사멸되었다고 한탄하였다.[48)

또 2001년 바트니키 판결[49)은 익명의 제3자가 불법적으로 휴대전화를 도청하여 취득한 대화 기록을 전달받아 이를 보도한 방송사에 대하여 그 기자가 불법 도청에 관여한 바 없고, 그 내용이 공적 관심사이며 진실한 사실인 경우에는 처벌할 수 없다는 판결을 내렸다.

이들 모두는 공공의 알 권리를 내세워 뒷받침되고 있으며, 언론 자유에 관한 심오한 신념을 반영하는 것이라고 운위되고 있다. 이것은 연방대법원이 암묵적으로 언론의 자유가 절대적임을 전제로 개

---

47) Denno, Deborah W.; The Privacy Rights of Rape Victims in the Media and the Law; Perspectives on Disclosing Rape Victims′ Names, 61 Fordham L. Rev. 1113 (1993); Elder, The Law of Privacy, S. 254 ff(1991); Marcus/McMahon, Limiting Disclosure of Rape Victims Identities, 64 So Cal. L. Rev. 1019 (1991); Beattie, Privacy in the First Amendment: Private Facts and the Zone of Deliberation, 44 Vand. L. Rev. 899 (1991); Logan, Tort Law and the Central Meaning of the First Amendment, 51 U. Pitt L. Rev. 493 (1990); Bacon, Florida Sun v. B.J.F.: The Right of Privacy collides with the First Amendment, 76 Iowa L. Rev. 139 (1990); Edleman, Free Press v. Privacy: Haunted by the Ghost of Justice Black, 68 Tex. L. Rev. 1195 (1990); Zimmerman, Requiem for a Heavyweight: A Farewell to Warren and Brandeis′ Privacy Tort, 64 N.Y.U.L. Rev. 364 (1989) 등 참조.

48) Mintz, id. at p.448; Peter B. Edelman, Free Press v. Privacy: Haunted by the Ghost of Justice Black, 68 TEX. L. REV. 1195, 1199 (1990); Jacqueline R. Rolfs, Note, The Florida Star v. B.J.F.: The Beginning of the End for the Tort of Public Disclosure, 1990 Wis. L. Rev. 1107, 1124-27. 또 화이트 대법관은 Florida Star 사건 반대의견에서 다수 의견은 20세기의 가장 주목할 법적 창조를 멸살시켰다고 비판하였다(Florida Star, 491 U.S. at 550 (White, J., dissenting)).

49) Bartnicki v. Vopper, 532 U.S. 514, 514 (2001). 그러나 위 판결은 당시 시행 중이던 의회 제정법을 무시하였다는 강력한 비판이 제기되고 있다. 1968년 연방의회에서 제정된 종합범죄단속 및 가두안전법 제3장(Title III of the Omnibus Crime Control and Safe Streets Act of 1968)은 전자통신의 도청을 불법화했을 뿐 아니라 그것이 불법적으로 취득되었음을 알거나 알 이유가 있는 자에 의한 추후의 폭로나 이용도 금지하였다. 동법은 고의로 동법을 위반한 자에 대한 민사 불법행위 소권도 인정하였다. 40개 주 이상의 주법도 같은 규정을 갖고 있었다. 의회는 불법적으로 가로챈 메시지 내용의 고의적인 공개를 금지하는 것은 처음의 가로챔의 해로운 효과를 더욱 가중한다는 점을 인식한 것이다.

인의 프라이버시 이익을 등한시하고 있음을 보여주는 것이나, 이러한 취급은 미국 이외 여타의 문명국가에서는 찾아볼 수 없는 것이다. 범죄인의 사회복귀 이익이나 피해자 보호의 관점은 거의 무시되고 있다.

우리 판례는 통신비밀 공개와 관련하여 미국 연방대법원의 판례와 다른 입장을 취한다.

[사례] 대법원 2011. 3. 17. 선고 2006도8839판결 ('안기부 X파일'사건)

대법원은 이 사건 판결에서 김영삼정권 당시 중요인사들에 대한 국가안전기획부의 불법도청내용(이른바 '안기부 X파일')을 취재하여 보도한 방송사 기자에 대하여 통신비밀보호법 위반으로 처벌하였다. 우리의 통신비밀보호법 역시 미국의 1968년 도청금지법과 같이 도청과 그 도청내용의 누설을 모두 금지 처벌하고 있는데, 동법 제14조 제1항은 "누구든지 공개되지 아니한 타인 간의 대화를 녹음하거나 전자장치 또는 기계적 수단을 이용하여 청취할 수 없다"고 규정하고, 동법 제16조 제1항은 그 제1호에서 "공개되지 아니한 타인 간의 대화를 녹음 또는 청취한 자" 및 "제1호에 따라 알게 된 통신 또는 대화의 내용을 공개하거나 누설한 자"를 1년 이상 10년 이하의 징역과 5년 이하의 자격정지에 처하도록 하고 있다. 대법원은 통신비밀보호법이 통신비밀의 공개·누설행위를 불법 감청·녹음 등의 행위와 똑같이 처벌하는 취지는 "통신비밀의 침해로 수집된 정보의 내용에 관계없이 정보 자체의 사용을 금지함으로써 당초 존재하지 아니하였어야 할 불법의 결과를 용인하지 않겠다는 취지이고, 이는 불법의 결과를 이용하여 이익을 얻는 것을 금지함과 아울러 그러한 행위의 유인마저 없애겠다는 정책적 고려에 기인한 것"이라고 전제하고, 불법 감청·녹음 등에 관여하지 아니한 언론기관이라 하더라도, 그 통신 또는 대화의 내용이 불법 감청·녹음 등에 의하여 수집된 것이라는 사정을 알면서도 이를 보도하여 공개하였다면 그것이 형법 제20조의 정당행위의 요건에 해당하는 경우에만 위법성이 조각될 수 있는데, 이 사건에서는 그러한 요건이 충족되지 못하였다고 판단하였다. 나아가 헌법재판소는 위 형사사건과 관련되어 제기된 통신비밀보호법 제16조 제1항 제2호 위헌소원 사건에서 동 조항은 합헌이라고 판단하였다(헌재 2011. 8. 30. 선고 2009헌바42 통신비밀보호법 제16조 제1항 제2호 위헌소원). 헌법재판소는 이 사건 법률조항은 사람의 명예가 훼손되었는지 여부와는 무관하게 사적 대화의 비밀 그 자체를 보호함으로써 사생활의 비밀을 보호하는 데 본질이 있다고 전제하고, 타인 간의 대화내용을 위법하게 취득한 자와 위법하게 취득된 타인 간의 대화내용을 공개·누설한 자를 동일한 법정형으로 처벌하는 동법의 규정이나, 진실한 사실인 경우 위법성이 조각될 수 있도록 한 명예훼손죄의 위법성 조각사유와 같은 규정을 두지 아니하였다 하더라도 위헌이 아니라고 판단하였다.

(3) 왜곡적 공표

명예훼손과 가장 유사한 프라이버시 침해 불법행위는 왜곡적 묘사에 의한 프라이버시 침해("false light" invasion of privacy)이다. 이 청구권은 타인에 관한 사항을 부정확하게 공개하여 이성적인 사람으로서 고도로 불쾌한 오해를 받게 하는 것을 요건으로 한다.

이 왜곡적인 공표사건이 사사의 폭로사건과 다른 점은 양자가 모두 공표를 필요로 하나, 전자가 허위의 요소를 포함하는 데 반하여 후자는 진실인 사실의 폭로이며, 전자가 허구적인 사실의 작출인 데 반하여 후자는 이미 있는 비밀에 속하는 사실을 그 대상으로 한다는 데 있다. 또 왜곡적 공표 사건은 그 침해의 태양과 대상이 명예훼손적인 요소를 포함하게 되므로, 양자는 자주 경합적인 관계에 서게 된다. 이 경우 프라이버시 침해가 실익을 갖는 것은 명예훼손이 성립하지 않는 경우에도 프라이버시의 구제로서 논해질 수 있는 넓은 범위가 존재한다는 점이다.

첫째, 명예훼손에서는 외적 명예, 즉 원고에 대한 사회적 평가가 훼손될 것을 요하지만, 왜곡적 묘사에서는 그에 의해 원고의 내적인 정서적 심리적 피해(internal emotional and mental harm)가 야기될 것을 요한다. 따라서 원고의 프라이버시에 속하는 사실의 공개는 그것이 원고의 명예에 영향을 미쳤는가 여부와 무관하게 제소가 가능하며, 왜곡적 묘사에서는 반드시 원고의 외적 명예를 손상하지 않고도, 예들 들어 원고를 좋게 묘사하는 내용이라 하더라도 그것이 이성적인 사람으로서 원고에게 고도로 불쾌함을 느끼게 하는 경우 성립된다.50)

둘째, 명예훼손은 허위 사실의 진술을 요함에 비해 왜곡적 묘사는 반드시 허위 사실의 적시를 요하지 않으며, 단지 오해를 유발하거나 부정확하게 묘사하여 타인들에게 원고의 잘못된 상을 제시함으로써 성립한다. 이에 관한 전형적 사례는 원고가 소속하는 정치적 집단이나 원고가 보유하는 생각에 관해 틀리게 언급되는 경우이다.51) 예를 들면, 원고가 하지 않은 진술을 그의 의견으로 제시하는 경우,52) 모조된 서적의 저자를 원고로 지칭한 경우, 공직후보자로서 원고의 성명을 권한 없이 사용하는 경우53) 등이다. 또 원고와는 아무런 합리적인 관계가 없는 책이나 기사를 설명하기 위하여 원고의 사진을 사용하는 경우54)도 이에 해당한다.

셋째, 왜곡적 묘사는 피고의 침입적 행동에 의한 것이 아니며, 내밀한, 신뢰적인 또는 개인적인 것으로 간주되는 정보나 활동의 폭로

---

50) 즉, 원고를 개인적으로 잘 알지 못하는 사람들에게는 긍정적 또는 중립적으로 보이는 허위라 하더라도 원고는 크게 심상할 수 있는 것이다. 그러나 유리하게 잘못 묘사된 경우 고통을 받았다고 소송을 제기하는 원고는 매우 드물 것이고, 이러한 관점에서 이 유형의 프라이버시 침해는 실제상 큰 의미를 갖지 못한다.

51) Felix Wittern, id. at pp.116-117.

52) Pavesich v. New England Life Ins. Co. (1905).

53) State v. Hinkle, 131 Wash. 86, 229 p.317 (1924).

54) Mezger v. Dell Publishing Co. (1955).

를 요하는 것도 아니다. 대신 원고가 기만되거나 잘못 묘사됨으로써 경험한 분노, 원한 및 모욕에 대한 구제를 베푸는 불법행위이다.

그러나 연방대법원은 프라이버시 사건(the false light tort)에서도 피고가 허위임을 알거나 경솔하게 무시하였다는 점을 원고가 입증하여야 한다고 판시하여 원고의 구제를 어렵게 하였다. 왜곡적 공표는 본질적으로 명예훼손과 같다는 것이다.55)

(4) 정신적 고통의 가해행위

미국에서는 폭거에 의해 타인에게 정신적 고통을 주는 행위는 이른바 고의적인 정신적 가해의 불법행위(Intentional infliction of emotional distress, "IIED")가 성립될 수 있으나,56) 연방대법원은 언론의 자유를 우월시하는 입장에서 이에 현저한 제약을 주고 있다.

> **[사례]** Hustler Magazine and Larry C. Flynt v. Falwell,
> 485 U.S. 46 (1988)
>
> 이 판결은 공인에 대한 패러디는 그에 포함된 명예훼손적 사실주장이 실제의 사실이라고 이해되지 않는 이상 명예훼손이 되지 아니하며, 현실적 악의가 없는 한 정신적 고통의 가해행위도 성립하지 아니한다고 판시하였다.
>
> 사실관계를 보자면, Campari라는 술 제조업체는 유명인들의 인터뷰 형식을 취한 광고에서 그들의 다양한 '첫 경험'이 'Campari'였다는 문

---

55) 연방대법원은 언론과 프라이버시의 문제가 제기된 첫 번째 사건(Time, Inc. v. Hill, 385 U.S. 374 (1967))에서 피고의 진실 증명은 원고의 프라이버시 권리를 배척한다고 판시하였다. 이 사건은 인질 사건을 보도한 타임지에 대해 피해자였던 원고가 명예훼손적이 아니지만, 왜곡적으로 묘사하였음을 이유로 손해배상을 구한 사건이었다.

56) 인격권 침해에 로마법의 가해행위법(injuria)의 전통을 계수하여 정신적 가해에 대한 구제를 베풀어 온 독일과 달리 영미에서는 그러한 구제가 인정되지 않았다. 그러나 영미에서도 판례는 1950년대부터 이러한 정신적 피해를 구제하는 방안을 강구하고 있다. 고의에 의한 정신적 가해의 요건으로서는 가해의 고의, 특히 의도가 있고, 이성적인 인간으로서 감수하리라고 기대할 수 없는 고통을 결과하는 '극단적이고 폭거적인 행위'(extreme and outrageous conduct)가 요구된다(박용상, 명예훼손법 (현암사, 2008) 953-956면 참조).

구를 넣어 인기를 끈 적이 있었다. 피고 허슬러지(성인용 잡지)는 이 광고를 패러디하여 "Jerry Falwell(피해자)이 그의 첫 경험에 대하여 이야기한다"는 제목 아래, 그와 인터뷰한 것 같이 게재하면서 그가 이성과의 첫 경험은 집 앞에서 술에 취해 어머니와 근친상간한 것이었다는 내용의 광고를 실었다. 그 광고의 하단에는 작은 글씨로 "광고 패러디 — 심각하게 생각하지 마세요"라는 문구가 게재되었다.

피해자 Jerry Falwell은 도덕적 의무를 주장하는 성직자로서 당시 미국에서 존경받는 저명인이었다. 폴웰은 허슬러지와 그 발행인 Flynt를 상대로 명예훼손, 프라이버시 침해 및 고의적인 정신적 가해를 이유로 손해배상 청구 소송을 제기하였다. 항소심은 명예훼손과 프라이버시 침해는 인정하지 아니하고, 고의적인 정신적 가해 주장에 관하여는 10만 불의 보상적 손해와 5만 불의 징벌적 손해배상을 인용하였다.

상고를 접수한 연방대법원은 위 판결을 취소하면서, 사실심에서 허슬러의 패러디 광고가 "합리적으로 보아 [폴웰에 관한] 실제 사실이나 [그가 행한] 실제 사건을 묘사했다고 이해되지 않는다"고 배심이 판단한 이상 명예훼손(libel)이 성립할 수 없고, 허위사실에 대한 현실적 악의가 없었기 때문에 공인인 폴웰에 대하여는 고의적인 정신적 가해(intentional infliction of emotional distress)의 책임도 인정될 수 없다고 판시하였다.

이 사건 판결은, 첫째 패러디 역시 사상의 표현이기 때문에 헌법상 보호되는 표현형식의 하나임을 확인하고, 공인에 대한 패러디를 통제하면 '위축효과(chilling effect)' 때문에 공적인 담론이 활발하게 이루어질 수 없고, 적어도 패러디가 묘사한 사실이 있음직하지 않고 누구나 그러한 사실이 존재하지 아니함을 쉽게 알아볼 수 있는 때에는 그것이 사회의 공적인 담론에 악영향을 미치는 것도 아니므로, 이러한 영역의 패러디는 넓게 인정되어야 한다고 설시하였다. 둘째, 연방대법원은 정신적 고통을 주는 가해행위에도 설리번 기준이 적용된다고 하면서 공인에 대한 공격적 진술은 피고가 허위임을 알거나 경솔하게 무시했음을 원고가 입증할 책임이 있는데, 피고의 비열한 광고 패러디는 허위사실의 진술로 볼 수 없어 제소할 수 없다고 판시하였다. "단순히 발언이 다른 사람을 당혹하게 하거나 어떤 행동에 이르도록 충동하였다는 이유만으로 [언론으로서] 보호받아야 하는 성질을 잃지는 않는다"[57]는 것이었다.

그러나 이 사건의 결론을 보면 공적인 사안에 대하여 언론자유를 보호하려는 미국 연방대법원의 강력한 신념을 읽을 수 있지만, 그것은 미국의 사회적·문화적 배경 아래 연방대법원의 강경한 자유주의적 성향을 반영한 것이며, 이와 같은 사안에서 미국 이외의 어느 나라에서도 동일한 결론이 나올 수 있는가는 의문이다.

[사례] Snyder v. Phelps, 131 S. Ct. 1207 (2011)

이 판결에서 연방대법원은 언론이 사인에게 정신적 고통을 주었다 하더라도 그것이 공적 장소에서 공적 관심사안에 관해 행해진 것이면 수정헌법 제1조에 의해 보호된다고 판시하였다.

피고는 침례교회 신도들로서 20년간 미국, 특히 군내의 동성애 관용 정책에 항의하는 시위를 행해왔는데, 이라크전에서 전쟁 수행 중에 사망한 원고의 아들 장례식에 즈음하여 그 장례식장 인근의 공도에서 "죽은 병사에 감사", "동성애자들이 나라를 망친다", "너희는 지옥으로 가리라"라는 등의 구호가 적힌 피켓을 들고 시위하였다.

미국 연방대법원은 정신적 고통의 고의적인 가해 불법행위에 있어서도 수정헌법 제1조가 적용되며, 사인에 대해서도 공적 포럼에서 공적 관심사에 관한 언론은 정신적 고통의 고의적 가해의 이유가 될 수 없다고 판시하였다.

대법원은 공적 관심사인지 여부는 해당 언론의 내용, 형태 및 맥락 등 모든 정황에 비추어 결정되어야 한다고 하면서, 피켓의 표시내용이 피해자 가족을 대상으로 하였다 하더라도 그 대부분은 미합중국의 도덕적 행위에 관련되는 이슈로서 군내부의 동성애자에 대한 취급을 다룬 것이었고, 더욱이 그 피케팅은 공적 장소에서 행해진 것이라는 점을 강조하였다.

---

57) Id. 인용 부분은 NAACP v. Claiborne Hardware Co., 485 U.S. 886, 910 (1982).

3. 독일 및 대륙법계의 어프로치

(1) 비교 프라이버시법 - 영미법과 대륙법

서구 세계에서 프라이버시는 최고로 중요한 인간적 선(human good)으로서 삶을 삶답게 만들어주는 핵심적 가치로 인식된다. 그러나 프라이버시의 개념은 모호하여 정의하기 어렵고, 무엇이 사적인 사항으로 지켜져야 할 것인가는 사회에 따라 다를 뿐 아니라 시대에 따라 변하기도 한다.[58]

프라이버시에 관한 법적 규율은 유럽 대륙과 미국 간에 큰 차이를 보인다. 양자의 차이는 보다 근본적이고 오랜 사회적·정치적 전통에 뿌리를 가지며, 각 문화의 기본적인 법적 가치가 다른 데 기인하는 것이다. Robert Post 교수는 유럽과 미국의 프라이버시의 인식 차이를 설명하면서, 유럽에서는 프라이버시를 존엄(dignity)의 측면에서, 미국은 자유(liberty)의 측면에서 본다는 점을 지적한다.[59]

Whitman 교수에 의하면, Kant와 Hegel 등 관념론 철학에 기반하여 인격 개념을 토대로 하는 유럽 대륙의 프라이버시 보호는 개인적 존엄의 권리(right to respect and personal dignity)의 내용으로서 보편적 프라이버시의 권리("fundamental right to privacy")를 인정하고, 생활의 여러 부문에서 많은 종류의 프라이버시를 그 범주 안에 보호하는 체제를 취한다. 그에 비해, 미국에서 프라이버시는 정치적 자유주의를 기본으로 국가의 간섭에 저항하는 자유의 가치에 지향되어 있으며, 그 개념의 핵심에는 국가의 개인 주거에 대한 침입으

---

58) James Q. Whitman, THE TWO WESTERN CULTURES OF PRIVACY: DIGNITY VERSUS LIBERTY, 113 Yale Law Journal 1151 (April, 2004). http://digitalcommons. law.yale.edu/cgi/viewcontent.cgi?article=1647&context=fss_papers

59) Robert C. Post, Three Concepts of Privacy, 89 Geo. L.J. 2087 (2001).

로부터의 자유가 있고, 가정을 개인적 주권의 성채(城砦)로 보존하려는 주거의 신성성(sanctity of home)이 중심으로 되어 왔다는 것이다.60)

일견 독일에서는 인격권을 기본으로 생활의 여러 부문에서 많은 종류의 프라이버시 이익을 체계적 포괄적으로 보호함에 비해, 미국에서 프라이버시 보호는 체계적이지 못하고 단편적으로만 보호하는 데 그치는 것으로 보일 수 있다. 그러나 양쪽의 프라이버시 보호는 강조점을 달리하며, 예컨대 대륙법은 소비자 데이터, 신용조사, 직장의 프라이버시 또는 형사 범죄자의 공개 보호 등 생활의 여러 부문에서 많은 종류의 프라이버시를 보호하지만, 미국에서는 국가 권력과의 관계에서 자율적 프라이버시의 보호가 더 강화되어있다. 예컨대 미국에서는 낙태와 동성애에 관해 프라이버시가 더 보호되며,61) 도청률도 미국보다 프랑스, 독일에서는 30배, 네덜란드에서는 130배, 이탈리아에서는 150배에 이른다.62)

(2) 대륙 인격권법의 유래

대륙에서는 로마법의 전통이 인격권 보호법에 강력히 수용된 반면, 이러한 영향을 받지 않았던 영국에서는 프라이버시를 보호하는 법적 발전이 충분치 않았다.

프랑스와 독일에서 프라이버시 보호는 로마법의 고전적인 개인적 영예법, 즉 모욕법(law of insult)의 이론적 자원과 예술 및 지적 재산권법을 동시에 원용함으로써 형성되었다고 한다.63) 특히 독일에

---

60) Whitman, id. p.1161.

61) 2003년 미국 연방대법원은 *Lawrence v. Texas*, 539 U.S. 558 (2003) 사건에서 성인 간 합의에 의한 동성상간(homosexual sodomy)을 처벌하는 법률을 무효화하였다.

62) Whitman, id. p.1159.

63) Whitman, id. p.1171.

서 인격에 관한 법(law of "personality")의 창시자들은 고대 로마의 모욕법(law of insult — injuria)에서 영감을 얻어, 이를 인격 전반의 침해에 대한 권리로 구성하는 방안을 추구하였다. 고대 로마의 모욕법(law of insult)은 극히 애매한 것이었고, 처음에는 소유나 신체에 대한 침해 등 물적 권리의 보호에 국한되던 것이 모욕적 언론에 확대되었고, 결국에는 타인의 권리에 간섭하는 다양한 것이 "injuria"로 간주되었다.[64]

20세기 초에 이르러 독일법은 다양한 넓은 인격권(personality rights)을 제정법에 구현하였다.[65] 비스마르크 사체 사진 사건의 영향으로 1907년 예술저작권법에 초상의 보호가 도입되었고, 1900년 시행된 독일 민법전은 인격권 보호에 중대한 계기가 되었다. 동법은 생명 신체 건강 및 자유 보호(BGB §823, para. 1.)와 함께 성명의 도용(BGB §12) 및 신용 훼손(BGB §824, para. 1)에 대한 보호가 규정되었다. 특히 중요한 것은 형법전에 모욕죄가 규정된 것이었다 (§185 Strafgesetzbuch).

2차대전 시 인격을 경시한 나치 시대에는 자유와 존엄이 무시되었으나, 종전의 인격권 보호 전통이 되살아난 것은 2차대전 후 1950년대였다. 전후 제정된 1949년 서독 기본법(헌법)은 독일 전통의 인격 보호를 강조하였고, 그 제2조는 "각인은 타인의 권리를 해하지 않는 한, 그의 인격의 자유로운 발전의 권리를 갖는다"고 규정

---

64) Whitman, id. p.1183; Rudolph von Jhering, Rechtsschutz gegen injuriose Rechtsverletzungen, in 3 Gesammelte Aufsätze 233, 234-35 (Jena, Fischer 1886). Carl Salkowski의 '로마 사법의 역사'에 서술된 모욕의 법에 의하면 "좁은 의미에서 인유리아(iniuria)는 영예, 즉 타인의 전체 인격에 대한 모든 고의적인 불법적 침해를 의미한다. … 이것은 구술 또는 문서의 언어나 표시에 의한 모욕행위(이른바 언어적 및 상징적 가해)에 의해, 행동에 의해(이른바 실질적 가해), 구두 명예훼손에 의해 또는 기타 인격권을 침해하는 행위에 의해 범해질 수 있다"고 한다(Whitman, id. p.1206; Carl Salkowski, Institutes and History of Roman Private Law 668-69 (E.E. Whitfield ed. & trans., London, Stevens and Haynes 1886)).

65) 이하 Whitman, id. p.1186 참조.

하였다. 동조는 여러 인격 이익 중 프라이버시 보호의 토대가 되었고, 1950년대 일련의 판례는 민법규정에 관해서도 인격 보호의 권리를 보장하는 이 헌법 규정에 비추어 이해되어야 한다는 원리를 확립하였다. 이로써 1950년대에 특히 성행하게 된 독일의 인격권 보호 법리는 2차대전 후 가장 본질적인 성취라고 운위되었고, 현대 제국의 거의 모든 법제에 퍼지게 되었다.[66]

(3) 전후 독일 판례의 전개 - 표현의 자유와 인격권의 비교형량

2차대전 후 표현의 자유와 개인의 인격권과의 관계에 있어서 독일의 판례는 흥미로운 발전을 보여주고 있다. 독일에서는 전후의 서독 기본법이 새로이 규정한 인간의 존엄(Würde des Menschen) 및 자유로운 인격발현의 권리(freie Entfaltung der Persönlichkeit)를 근거로 법원들은 일반적 인격권(allgemeine Persönlichkeitsrecht)을 사법적인 권리로 인정하게 되었다. 독일의 판례는 1950년대 초반 명예 및 프라이버시의 이익을 모두 포괄하는 '일반적 인격권'(allgemeine Persönlichkeitsrecht)을 인정하였고, 1958년 뤼트 판결[67]에서 표현의 자유라고 하는 기본권적 가치는 사법관계(私法關係)에서도 적용되어야 하고(기본권의 제3자효력의 이론), 명예훼손이나 신용훼손 등 민사 또는 형사사건에서도 표현의 자유의 이익은 존중되어야 한다고 판시하였다.

이어 1973년 연방헌법재판소는 인격권을 강조한 기념비적인 레바하 판결[68]에서 표현의 자유와 인격권의 우열관계에 관하여 헌법

---

66) Whitman, id. p.1189.

67) BVerG NJW 58, 257 (Lüth-Urteil, 1958).

68) BVerG NJW 73, 1226(Lebach-Entscheidung, 1973).

상 보장되는 인격권은 표현의 자유와 마찬가지로 헌법상의 자유민
주주의적 질서의 본질적인 구성부분을 이루는 것이기 때문에 위 양
자는 어느 것도 원칙적인 우위를 주장할 수 없는 것임을 밝히고, 양
헌법가치가 충돌되는 경우에는 그들이 가능한 한 조화(調和)되도록
조정할 것을 요구하였다. 나아가 동 판결은 조화로운 공존이 이루어
질 수 없으면 전형적 사례를 유형화하고(falltypische Gestaltung) 동
시에 개별 사례의 특수한 정황(besondere Umstände des Einzelfalles)
을 함께 고려하여 어떠한 이익이 양보되어야 할 것인가를 결정해야
한다고 하는 일종의 유형별형량론(類型別衡量論)을 천명하였다. 이
경우 양자의 헌법적 가치는 헌법상 가치체계의 중심인 인간의 존엄
에 대한 관계에서 판단되어야 한다고 하였다.

1954년 연방통상재판소의 독자편지판결(Leserbrief-Entscheidun
g)[69]에 의해 민사법적으로 승인된 일반적 인격권은 언론법상 가장
중요한 개념으로 발전되었고, 이것은 오늘날 침해적 언론에 대한 법
적 보호의 핵심을 이루고 있다. 그와 함께 표현행위에 의한 인격 침
해, 특히 매스 미디어의 보도에 있어서 연방헌법재판소의 1980년
Eppler 판결[70]은 초상권과 자기가 한 말에 대한 권리 이외에도 인
격권의 승인된 형태로서 자신의 묘사에 관한 결정권, 내밀영역
(Intimsphäre), 비밀영역(Geheimsphäre), 사사적 영역(Privatsphäre)의
보호, 사생활에 관한 사실무근한 날조로부터 해를 입지 않을 권리와
개인의 명예 등을 보호하고 있다.

미국과 독일에서 논의되는 바에 의하면 언론에 의한 프라이버시
및 인격권의 침해 문제는 일반적으로 피침해법익과 침해행위의 태

---

69) BGHZ 13, 334.
70) BVerGE 51, 148; AfP 80,149.

양을 기준으로 하여 몇 가지 부류로 설명되고 있다. 그러나 독일에서 언론에 대한 관계에서 주장될 수 있는 개인의 법익은 모두 인격권을 기초로 하는 '자유로운 자주결정'(freie Selbstbestimmung)의 사상을 근거로 한다는 데 특징을 보이고 있다. 독일 판례와 다수설에 의하면[71] 거기에는, 첫째 개인의 인격을 표상하는 성명과 초상의 이용에 관한 자주결정권을 침해하는 경우로서 이 부류에는 가장 직접적인 자기 결정권이 의미를 갖는다. 둘째, 개인은 누구에 대해서도 포기할 수 없는 내밀영역 및 비밀영역 등 사적 영역에 관하여 폭로(Indiskretion)로부터의 보호를 받는데, 언론은 취재 및 보도와 관련하여 이러한 개인의 사적 사항의 존중청구권에 의해 제한받게 된다. 셋째, 개인을 자신에 관한 허위로부터 보호하는 권리로서 각 개인은 자신에 관하여 전파되는 주장이 진실을 그르치지 않도록 할 각 권리주체로서의 원칙적인 권리를 가지며, 언론이 개인에 관하여 허위정보를 유포 또는 전파하는 경우에는 인격권에 의한 강력한 보호가 요구된다. 넷째, 진실 여부와는 무관하게 전통적으로 베풀어져 온 개인의 명예와 신용의 보호에 관한 것이 있다.

(4) 유럽인권협약 및 유럽인권재판소 판례

유럽대륙에서 프라이버시의 권리는 유럽인협약이 각국에 실체법으로 도입되고 유럽인권재판소가 그 실행을 적극 추진함으로써 중요한 발전을 이루었다. 유럽인권협약 제8조는 "모든 사람은 그의 사생활 및 가족생활, 그의 주거 및 그의 통신을 존중받을 권리를 갖는다"고 규정한다. 한편, 유럽인권협약 제10조는 그 제1항에서 보호받

---

71) Wenzel, Das Recht der Wort- und Bildberichterstattung, 3. Auflage, Verlag Dr. Otto Schmitt KG, (1986) S. 103ff.

는 표현의 자유를 정의하고,72) 제2항에서는 표현의 자유의 제한 요건으로서 "타인의 명예나 권리의 보호"를 위해 필요한 경우 법률에 의해 이를 제한할 수 있음을 정하고 있다.73)

유럽인권재판소에 의하면 "사생활의 범위를 해석함에는 개인적 자율과 인간의 존엄의 개념을 고려하는 것이 중요하며", 사생활에는 "원치 않는 주시를 받지 않고 공개됨이 없이 사적으로 생을 영위할 권리가 포함된다."74) 협약 제8조에 의한 사생활의 보장은, 첫째 개인이 선택에 의해 자신의 개인적 생활을 영위하게 되는 내적 범위("inner circle")를 보호하며,75) 둘째 각인이 타인들과의 관계에서 외적 간섭 없이 자신의 인격을 발현할 수 있도록 보증하는데 주된 목적이 있다.76) 그러므로 개인이 공개된 상황에서 타인과 상호작용을 하는 경우에도 사생활로 보호받는 범위가 존재하며,77) 일정한 상황에서는 사생활로서 보호·존중받을 정당한 기대("legitimate expectation")를 갖는다.78) 또 헌법상 사생활 보호는 성명, 초상 등

---

72) 유럽인권협약 제10조 제1항 "모든 사람은 표현의 자유의 권리를 갖는다. 이 권리는 의견을 보유할 자유와 공권력(public authority)의 간섭 없이 국경에 상관없이 정보와 사상을 수령하고 전파할 자유를 포함한다. 본조는 국가가 방송, 텔레비전 또는 영화 기업의 허가를 요구하는 것을 방해하지 않는다."

73) 유럽인권협약 제10조 제2항 "이들 자유는 의무와 책임을 수반하기 때문에 그 행사는, 국가 안보, 영토의 보전 또는 공공의 안전의 이익을 위해, 무질서나 범죄의 예방, 건강이나 도덕의 보호, 타인의 명예나 권리의 보호, 신뢰관계에서 받은 정보의 공개의 방지 또는 사법의 권위와 불편부당성(authority and impartiality)을 유지하기 위해, 법률에 의해 규정되고, 민주 사회에서 필요한 절차(formalities), 조건(conditions), 제한(restrictions) 또는 처벌(penalties)에 종속될 수 있다."

74) ECHR 2011. 7. 5. Avram a. o. v. Moldova, §36.

75) "사생활은 개인이 선택에 의해 자신의 개인적 생활을 영위하게 되는 내적 범위("inner circle")에 국한되는 것이 아니고, 그 보호에는 그를 넘어 타인들과 관계를 만들고 발전시키는 일정한 권리도 포함한다"(ECHR 1992. 12. 16. Niemietz v. Germany § 29). "권리로서 사생활은 개인이 자신의 개인적 선택에 의해 영위하는 내적 범위(inner circle)에 국한되지 않고, 타인들 및 바깥세상(outside world)과 관계를 발전시킬 수 있는 권리를 포함한다"(1993. 3. 25. Costello-Roberts v. the United Kingdom).

76) ECHR 1998. 2. 24. Botta v. Italy § 32.

77) ECHR P.G. and J.H. v. the United Kingdom § 56; ECHR Peck v. the United Kingdom § 57.

78) ECHR 2004. 6. 24. Von Hannover no. 1 v. Germany. 초상권에 관한 리딩 케이스가 된 이

개인적 동일성(personal identity) 보호에 확대되며, 개인의 신체적 및 심리적 완결성(person's physical and psychological integrity)도 포함한다.[79]

유럽인권재판소는 표현의 자유와 프라이버시를 형량함에 있어서 고려할 기준으로서, 첫째 해당 보도가 공익사항의 토론에 기여하는 정도 여하를 강조하며, 나아가 고려요소로서 ① 피해자의 지명도 및 보도의 주제, ② 보도 피해자가 행한 이전의 행위, ③ 보도의 내용, 형태 및 영향, ④ 사진의 경우에는 그것이 촬영된 정황 등을 지적하고 있다.[80]

나아가 인권재판소는 독일에서 판례로 정립된 이른바 절대적 및 상대적 시사적 인물(absolute und relative Personen der Zeitgeschichte)의 구분[81]에 의문을 표하고 공인의 경우 사생활의 보호를 강조하였다. 즉, 유럽인권재판소는 2004년 판결[82]에서 위 법리에 따르면 현시대의 저명인물(이른바 절대적 시사적 인물)의 사사적 영역의 보호가 소홀해짐을 우려하는 판결을 내렸고, 독일의 법원들은 위 인권

사건에서 유럽인권재판소는 일반적 이익의 논의에 하등 기여하지 않고, 공공이 청원인의 사생활에 하등 정당한 이익을 갖지 않는 경우, 그리고 청원인이 정당한 프라이버시의 기대 ("legitimate expectation" of privacy)를 갖는 경우 초상의 공표는 협약 제8조를 위반하는 것으로 판시하였다(Von Hannover v. Germany (no. 59320/00, § 50, ECHR 2004-VI); Pfeifer v. Austria (no. 12556/03, §§ 33-34)).

79) "사생활의 개념은 개인의 성명, 초상 또는 신체적 및 도덕적 완결성 등 개인의 정체성에 관한 국면으로 확대되며; 협약 제8조에 의한 보장은 주로 타인들과의 관계에서 외계의 간섭 없이 각 개인의 개성을 발전시키는 것을 목적으로 한다. 이렇게 공개된 맥락에서도 사생활의 범위에 들 개인의 타인들과의 상호 작용의 지대가 존재한다"(Von Hannover v. Germany (No. 2), 2012, § 95).

80) Von Hannover v. Germany (No. 2), 2012.

81) 상대적 시사적 인물이란 한 시사적 사건을 통해 스스로 관심을 야기한 인물이다. 그는 그 사건과 관련하여 시사적 인물로 취급되고, 그 맥락에 연관되는 경우에는 그의 동의 없이 보도될 수 있다. 그에 비해 절대적 시사적 인물이란 그의 지위와 중요성에 근거하여 일반적 관심을 갖게 하는 자로서 그들 자신이 시사성의 대상이며, 내밀영역을 제외한 그들에 관한 보도는 전반적으로 허용되는 것으로 취급되었다.

82) ECHR 2004. 6. 24. Caroline von Hannover v. Germany.

재의 판결을 존중하여 절대적 또는 상대적 시사적 인물의 개념을 포기하였다.[83) 이로써 이른바 절대적 시사적 인물은 종전보다 더 넓은 범위에서 사생활 영역이 보호되게 되었다. 그 후 독일 판례는 공공에 알려진 인물이 특별히 공공의 관심을 끄는가 여부만을 기준으로 삼게 되었고, 보도 대상자의 생활영역의 분류에 따라 차등화된 보호(abgestufte Schutzkonzept)를 베풀고 있다. 그럼에도 형량에 있어서 인물의 지명도는 여전히 언론의 자유에 유리한 결정 요소로 되고 있다.

---

83) 2004. 10. 19. VI ZR 292/03; 2005. 11. 15. VI ZR 286/04; 2007. 3. 6. - VI ZR 51/06.

4. 한국 판례

우리 판례는 프라이버시의 권리에 관해 대체로 유럽 대륙법계의 어프로치를 따르고 있다. 그에 의하면 각 개인은 타인의 간섭이나 주시를 받지 않고 자유로이 생활을 영위할 수 있는 권리가 헌법적으로 보호되며,[84] 이 권리가 침해된 피해자는 민사상 불법행위에 의한 구제를 청구할 수 있고, 인격권 자체의 본래적인 대세적 효력에 기해 그 방해의 예방 및 제거를 청구할 수 있다.

> **대법원 2009. 9. 10. 선고 2007다71 실명보도 손해배상청구 사건**
> 사생활과 관련된 사항의 공개가 사생활의 비밀을 침해하는 것으로서 위법하다고 하기 위하여는 적어도 공표된 사항이 일반인의 감수성을 기준으로 하여 그 개인의 입장에 섰을 때 공개되기를 바라지 않을 것에 해당하고 아울러 일반인에게 아직 알려지지 않은 것으로서 그것이 공개됨으로써 그 개인이 불쾌감이나 불안감을 가질 사항 등에 해당하여야 한다(대법원 2006. 12. 22. 선고 2006다15922 판결 등 참조). 그러나 개인의 사생활과 관련된 사항이라 할지라도 그가 관계하는 사회적 활동의 성질이나 이를 통하여 사회에 미치는 영향력의 정도 및 대상이 되고 있는 사안의 내용에 따라서는 그 사회적 활동에 대한 비판 내지 평가의 한 자료가 될 수 있는 것이므로, 사생활과 관련된 사

---

84) "개인의 사생활의 비밀에 관한 사항은, 그것이 공공의 이해와 관련되어 공중의 정당한 관심의 대상이 되는 사항이 아닌 한, 비밀로서 보호되어야 하고, 이를 부당하게 공개하는 것은 불법행위를 구성한다"(대법원 1998. 9. 4. 선고 96다11327 판결); 대법원 2013.6.27. 선고 2012다31628 판결: "헌법 제10조 제1문, 제17조, 제21조 제4항, 형법 제316조, 제317조 등 여러 규정을 종합하여 보면, 사람은 자신의 사생활의 비밀에 관한 사항을 함부로 타인에게 공개당하지 아니할 법적 이익을 가진다고 할 것이므로, 개인의 사생활의 비밀에 관한 사항은 그것이 공공의 이해와 관련되어 공중의 정당한 관심의 대상이 되는 사항이 아닌 한, 비밀로서 보호되어야 한다. … 그러므로 사생활의 비밀과 자유 또는 초상권에 대한 부당한 침해는 불법행위를 구성하고, 그 침해는 그것이 공개된 장소에서 이루어졌다거나 민사소송의 증거를 수집할 목적으로 이루어졌다는 사유만으로는 정당화되지 아니한다"(대법원 1998. 9. 4. 선고 96다11327 판결, 대법원 2006. 10. 13. 선고 2004다16280 판결, 대법원 2012. 1. 27. 선고 2010다39277 판결 등 참조).

항이라 하더라도 그것이 공공의 이해와 관련되어 공중의 정당한 관심의 대상이 되는 사항에 해당하고 사생활과 관련된 사항의 공개가 공공의 이익을 위한 것이며 또한 그 표현내용 방법 등이 부당한 것이 아닌 경우에는 위법성이 조각될 수 있다(대법원 1996. 4. 12. 선고 94도 3309 판결, 대법원 1998. 9. 4. 선고 96다11327 판결 등 참조).

폭로·공개에 의한 사생활 침해는 진실한 사실의 공개에 의해서도 이루어질 수 있다.[85] 그러므로 여기서는 진실의 항변과 상당성 항변이 적용될 수 없다.

특기할 것은 대법원이 일찍부터 이른바 사건보도에 있어서 익명보도(匿名報道)의 원칙을 채용하고 있다는 점이다. 그에 의하면 사건보도와 관련하여 공공의 알 권리를 위해 필요한 경우에는 사안을 보도할 수 있지만, 관계되는 개인에 대하여 명예나 인격권의 침해가 우려되는 때에는 피의자가 누구인지를 반드시 알릴 필요가 없다면 그 신원을 밝혀서는 안 된다는 것이다.

[사례] 대법원 1998. 7. 14. 선고 96다17257 판결
(이혼소송주부 청부폭력 오보사건)

이 사건에서 피고 언론사들은 남편으로부터 이혼소송을 제기당한 원고(녀)가 위자료를 받아내기 위하여 폭력배를 시켜 남편을 폭행하도록 교사하였다는 취지의 내용을 보도하였는데, 그러한 원고의 범죄사실은 법원에서 무죄로 확정되게 되었다.

원고가 보도 언론사를 상대로 제기한 손해배상 청구소송에서 대법원은 원고는 평범한 시민으로서 어떠한 의미에서도 공적인 인물이 아니기 때문에 그의 범죄혐의 사실에 대하여 보도할 필요가 있었다 하더라도 그것은 그의 이름을 밝히지 않고 행할 수 있을 뿐, 그의 성명을 밝

---

85) 사생활에 해당하는 허위 사실의 공개는 명예훼손과 함께 왜곡적 공표에 의한 사생활 침해가 성립될 수 있다.

힌 것에 잘못이 있다고 하여 언론사의 책임을 인정하였다.

즉, 대법원은 범죄보도는 공적인 이익에 속하는 것이지만 "범죄 자체를 보도하기 위하여 반드시 범인이나 범죄 혐의자의 신원을 명시할 필요가 있는 것은 아니고, 범인이나 범죄혐의자에 관한 보도가 반드시 범죄 자체에 관한 보도와 같은 공공성을 가진다고 볼 수도 없"음을 확인하고, 일반 국민들로서는 피고 언론 각사가 적시한 범죄에 대하여는 이를 알아야 할 정당한 이익이 있다 하더라도 그 범인이 바로 평범한 시민으로서 어떠한 의미에서도 공적인 인물이 아닌 원고라고 하는 것까지 알아야 할 정당한 이익이 있다고 보이지 않는다고 판시한 것이다. 이 판결은 범죄보도와 관련 익명보도의 원칙을 천명한 것으로 평가받는다.

[사례] 대법원 2013.6.27. 선고 2012다31628 판결
표현의 자유와 사생활권의 형량 기준

"개인의 사생활과 관련된 사항의 공개가 사생활의 비밀을 침해하는 것이더라도, 사생활과 관련된 사항이 공공의 이해와 관련되어 공중의 정당한 관심의 대상이 되는 사항에 해당하고, 공개가 공공의 이익을 위한 것이며, 표현내용·방법 등이 부당한 것이 아닌 경우에는 위법성이 조각될 수 있다. 초상권이나 사생활의 비밀과 자유를 침해하는 행위를 둘러싸고 서로 다른 두 방향의 이익이 충돌하는 경우에는 구체적 사안에서의 사정을 종합적으로 고려한 이익형량을 통하여 침해행위의 최종적인 위법성이 가려진다. 이러한 이익형량과정에서, 첫째 침해행위의 영역에 속하는 고려요소로는 침해행위로 달성하려는 이익의 내용 및 중대성, 침해행위의 필요성과 효과성, 침해행위의 보충성과 긴급성, 침해방법의 상당성 등이 있고, 둘째 피해이익의 영역에 속하는 고려요소로는 피해법익의 내용과 중대성 및 침해행위로 인하여 피해자가 입는 피해의 정도, 피해이익의 보호가치 등이 있다. 그리고 일단 권리의 보호영역을 침범함으로써 불법행위를 구성한다고 평가된 행위가 위법하지 아니하다는 점은 이를 주장하는 사람이 증명하여야 한다"(대법원 2006. 10. 13. 선고 2004다16280 판결, 대법원 2009. 9. 10. 선고 2007다71 판결 등 참조).

제7장

비판 및 결론

1. 미국 명예훼손법제 요약

미국 연방대법원은 진실한 사실의 공표를 금지할 수 없다는 기본적 입장을 명예훼손에 적용하고, 진실한 사실의 표현행위에 대한 위축효과를 방지하기 위해 허위일 수 있는 사실의 공표도 보호하여야 한다는 입장을 취한다. 이러한 사고가 기본적으로 바람직한 것은 물론이지만, 언론의 자유가 인격권을 침해하게 되는 충돌 상황에서 언론의 자유를 보호하기 위해 공표사항의 입증책임을 피해자에게 전가하고, 나아가 사생활에 관한 사실도 진실한 것이면 그 보도를 금지할 수 없다는 미국 판례의 입장에 대해서는 비판적 검토를 요한다.

그에 의하면 미디어를 피고로 하는 소송에서 공인은 물론 사인도 보도사항이 허위라는 입증을 하지 않으면 원고가 승소할 수 없다. 설리번의 현실적 악의 규칙에 의하면 공인은 보도사항이 허위라는 점과 함께 피고가 허위임을 알았거나 경솔하게 무시한 점을 입증하지 않으면 승소할 수 없고, 사인인 원고의 경우에도 보도사항이 허위라는 사실과 함께 피고가 과실로 이를 알지 못한 사유를 주장·입증하지 못하면 승소할 수 없는 것이다. 미국 이외의 거의 모든 국가에서는 명예훼손 소송에서 진실의 입증 책임을 원고에게 전도한 사례는 없다.

나아가, 원고에게 허위의 입증책임을 전도한 설리번 판결뿐 아니라 의견이면 면책된다는 거츠 판결의 영향은 아직도 강고하게 미국 명예훼손법의 기초에 자리 잡고 있다.[1] 또 전술한 바와 같이 공정 보도의 특권에 의하면 보도가 절차에 관해 공정하고 정확한 것이면 그 절차에서 행해진 제3자의 진술의 보도에는 현실적 악의가 부정되어 바로 면책되는 효과를 가져오게 된다. 그 때문에 미국은 세계에서 언론의 자유를 가장 높게 보호하는 나라로 칭송되고 있으나, 그 반면에 명예 등 인격권을 가장 경시하는 나라로 평가받고 있다.[2]

　이상 미국 명예훼손법의 현황을 종합하여 보면, 보통법상의 전통적인 제한적 특권 법리와 진실한 사실에 대해 절대적 면책을 부여하는 헌법상 특권 법리가 중복적으로 적용되고, 공인과 사인의 범주에 따라 명예훼손의 성립 요건과 배상범위가 달라지는 한편, 명예훼손의 효과로서 명해지는 배상의 종류와 그 요건 및 범위가 달라지는 보통법의 전통적 배상제도와 엮여 극심한 복잡과 혼란을 야기하고 있다.

---

1) 미국에서 다수의 명예훼손법 문헌은 명예훼손의 성립요건으로서 허위 사실의 적시에 의한 공표에 의해 명예를 손상하는 것을 요건으로 설명하고 있으며, 의견의 표현은 애당초 명예훼손을 구성하지 않는 것으로 설명한다.

2) David A. Elder, Truth, Accuracy and Neutral Reportage: Beheading the Media Jabberwock's Attempts to Circumvent New York Times v. Sullivan, 9 VAND. J. ENT. & TECH. L. 551, 615 (2007).

2. 언론의 자유와 개인의 인격권의 관계

　법질서의 기본은 해당 국가의 문화와 역사적 경험에 영향을 받는
다. 한 사회의 헌법에 의한 기본 결정이 어떠한 가치를 지향하는가
에 따라 국가와 개인의 관계, 나아가 개인 간의 관계에서 언론의 자
유와 개인의 인격권의 관계는 달라지게 마련이다.3)

　여기서 우리는 우리 법제에 가장 큰 영향을 미치고 있는 미국과
독일 양국의 법제를 비교해볼 필요가 있다. 먼저 개인주의·자유주
의를 지향하는 미국의 법제는 수정헌법 제1조에 의해 절대적 보호
를 받는 언론의 자유가 기본권 중의 기본권으로 우월적 지위를 갖
는다고 보고 있다. 18세기 말 제정된 미국 연방수정헌법 제1조는
언론의 자유를 제한할 수 없는 절대적 기본권으로 규정하고 있으며,
확립된 법치주의 및 사법국가 체제하에서 최고의 권위를 갖는 연방
대법원은 언론의 자유의 제한을 극도로 꺼리는 입장을 취하여 왔다.
그에 의하면 언론의 내용에 관한 제한을 원칙적으로 금지하며, 더욱
이 언론의 견해에 따라 차별 취급하는 규제는 절대적으로 무효로
보고 있다. 따라서 예를 들어, 국가 시책에 반대하기 위해 성조기를
소훼하는 행위 또는 인종차별적 혐오언론에 대한 규제도 허용되지
않는다.

　이러한 입장 때문에 미국에서 언론의 자유는 명예 및 프라이버시
권과의 관계에서도 압도적 우위를 갖게 된다. 애당초 미국 헌법이
언론의 자유를 제한할 수 없는 기본권으로 규정한 취지는 국가권력
과 개인 간의 이른바 수직적 관계에서 언론의 자유를 최대한 보호

---

3) James Q. Whitman, THE TWO WESTERN CULTURES OF PRIVACY: DIGNITY
　VERSUS LIBERTY, 113 YLJ 1151 (1197) (Yale Law Journal, April, 2004); CA Paris, 1e
　ch., June 14, 1985, D. 1986 inf. rap. 50, note R. Lindon.

하기 위한 것이었고, 그에 따라 연방대법원은 위와 같이 그 자유의 제한을 엄격히 규제하려는 어프로치를 취한 것이다. 그러나 민사상의 명예훼손은 사인 간의 민사적 관계(이른바 수평적 관계)에서 생기는 분쟁에 관하여, 한쪽에서 언론의 자유와 다른 쪽에서 개인의 명예 내지 인격권 보호의 이익이 대립 충돌하는 상황에서 양자를 비교 형량하여 원만한 해결을 과제로 삼게 된다. 이렇게 보면 미국 판례의 어프로치는 언론 자유라는 이익의 입장에서 수직적 관계에 치중할 뿐, 수평적 관계에서 생기는 이익 충돌의 조화로운 해결이란 관점은 도외시되고 있는 것이다.

그에 비해 독일을 비롯한 유럽 대륙에서는 언론과 명예 등 인격권이 동등한 가치를 갖는다는 데서 출발한다. 독일의 경우를 보면 표현 및 언론의 자유의 행사는 언제나 개인의 존엄, 명예 또는 인격의 권리와 대비 형량함으로써 그 우열이 결정된다. 독일에서 지배적인 학설과 판례에 의하면 표현 및 언론의 자유는 인격권과 관계에서 대등한 지위를 가지며, 양자가 충돌하는 경우에는 실천적 조화(praktische Konkordanz)의 요청에 따라 비교 형량에 의해 긴장을 해소해야 하는 것으로 인식되고 있다. 표현 및 언론의 자유의 중요성을 인정함에는 미국과 같으나, 그것이 개인의 인격권을 침해하는 경우에는 양자의 기본권이 조화되도록 비교형량이 시도되어야 한다는 것이다. 다만, 공적 토론에서는 언론 자유의 우위를 추정하여 언론 자유에 원칙적 우위를 주고 있음에는 미국과 다름이 없다.

3. 기본권 충돌에 관한 새로운 이해

최근 전개된 헌법이론은 기본권의 효력과 그 제한에 관해 새로운 어프로치를 취하고 있다. 원래 헌법상의 기본권은 국가권력에 대한 관계에서 개인의 지위를 보장하기 위해 인정된 것이었고("vertical effect"), 근대 자유주의 국가에서는 국가권력이 이 기본권을 제한할 수 있는 요건과 한계에 관한 논의가 중심이 되었다. 그러나 현대에 이르러 국가권력뿐 아니라 거대 기업이나 언론 등 사적 주체 및 제도 등이 기본권을 위협하는 존재로 드러나게 되었을 뿐 아니라, 헌법이 보장하는 여러 기본권이 별개의 사적 주체에 의해 행사되고, 하나의 기본권이 타인의 다른 기본권을 침해하게 되는 경우(이른바 이익 충돌의 경우) 어느 것을 우선시킬 것인가를 해결하기 위해 기본권의 수평적 효과("horizontal effect")가 새로운 관점에서 논의되게 되었다.[4] 이러한 기본권 충돌의 대표적인 예가 한편에서 미디어의 표현의 자유와 다른 한편에서 개인의 명예권 및 평등권 등이 충돌하는 경우이다. 즉, 명예훼손적 표현에서는 언제나 표현행위자의 언론의 자유와 피해자의 명예권이 충돌하게 된다.

이 경우 종전의 어프로치에 따라 수직적 효과에 집착하여 위헌 주장 당사자의 입장에 따라 어느 한 기본권의 제한 요건에 관한 판단이 쟁점이 되면 그로 인해 상충관계에 있는 타방 기본권에 대한 영향은, 즉 수평적 관계의 갈등을 해결한다는 관점은 고려되지 않는 문제가 드러나게 된다.

---

4) 헌법적 권리의 적용 범위 및 그들이 사적 영역에서 구속력을 갖거나 가져야 할 범위에 관한 쟁점은 최근 비교헌법론에서 중심적이고 중요한 쟁점이 되고 있다(Stephen Gardbaum, THE "HORIZONTAL EFFECT" OF CONSTITUTIONAL RIGHTS, 102 Mich. L. Rev. 387 (393) (December, 2003)).

미국의 경우에도 전통적으로 보통법상의 명예훼손은 불법행위의 하나로서 사인 간의 민사적 분쟁이었고, 국가의 언론 자유 제한을 규제하는 수정헌법 제1조의 관심 대상이 아니었다. 1964년 설리번 사건에서 문제된 것은 언론에 대한 정부의 직접 규제가 아니었고, 명예훼손 피해자에게 구제를 부여함에 의해 간접적으로 언론을 규제한 데 대해 헌법적 관점을 도입한 것이었다.5) 즉, 설리번 판결은 법리적으로 사법적(私法的) 사안을 수정헌법 제1조의 헌법적 관할 범위에 들여놓고 언론 자유의 법리를 적용하여 보통법의 법리와 관행을 바꾼 것이었다.6)

이와 같이 연방대법원이 언론의 자유를 사인 간의 관계에서도 효력을 갖는 것으로 선언한 것은 언론 자유의 기본권의 수평적 효과(사인 간의 효력)를 인정한 것이었으나, 그 결과 자유언론의 가치에 더 큰 비중이 주어졌고, 명예훼손법의 명예보호라는 그 원래의 존재의의는 점차 줄어들게 되었다.

미국의 경우 언론의 자유는 헌법에 의해 보장되면서 우월적 지위를 갖는 기본권으로 자리매김하였고, 그에 비해 명예나 프라이버시는 헌법에 명시되지 아니한 2차적인 이익에 불과하였기 때문에, 그리고 연방대법원에 제기된 위헌 판결의 대부분은 언론 자유 침해를 쟁점으로 삼았기 때문에 언론의 자유 제한에 엄격한 기준을 요하는 판례 태도에 따라 명예훼손 사건에서도 언제나 언론 자유에 유리한 결론이 도출되었다.

즉, 연방대법원은 언론의 자유의 중요성에 치중한 나머지 명예훼손에 의한 제재에도 엄격한 언론자유의 제한 기준을 적용하여 위헌

---

5) 동 판결은 1960년대 민권운동이 고조되는 상황에서 경찰 책임자(공인)의 그 공직 수행(민권운동의 탄압)에 대한 비판에 대해 다액의 손해배상이 명해진 사안에 관해 연방대법원이 내린 것이었다.

6) Russell L. Weaver & David F. Partlett, International and Comparative Perspectives on Defamation, Free Speech, and Privacy: Defamation Free Speech, and Democratic Governance, 50 N.Y.L. SCH. L. REV. 57, 65 (2006). http://www.nylslawreview.com/wp-content/uploads/sites/16/2013/11/50-1.Weaver-Partlett.pdf

판단을 내리고 있다. 그 때문에 연방대법원은 덜 제한적이고 침해적인 대안(the least restrictive alternative)이 가능한 경우 명예훼손에 대한 형사 제재, 인정선 또는 비상적 구제수단을 무효화하였다.

이와 같이 미국의 법원에서는 양자의 기본권이 충돌한다는 점을 인식하고 그에 대한 합리적 조화적 해결을 시도하지 않는다. 그것은 언론의 자유의 관점만이 주로 쟁점이 되고, 그에 대립 충돌하는 개인의 명예 보호의 관점은 등한시하게 되어 결국 양자의 적절한 비교 형량에 의한 조화적 절충의 노력은 포기되는 결과로 이어지게 되었다.

그러나 최근 유럽의 유력한 학설에 의하면 이러한 기본권 충돌의 상황에서는 이른바 '우선적 구도 설정'(preferential framing)의 문제가 발생하게 되는데,7) 이러한 문제가 제기되는 사례에서는, 충돌하는 양자의 권리의 입장이 아니라 주장된 한쪽의 기본권의 입장에서만 고려가 행해지게 되는 결과를 가져오게 된다고 한다. 예를 들어, 명예훼손 소송의 경우 피고가 표현의 자유를 침해받았다고 주장하면, 법원은 피고의 주장에 따라 표현의 자유 제한에 관해서만 종전의 비례성 원칙에 의해 그 허부를 판단하게 될 뿐, 양자의 실천적 조화를 위한 비교 형량은 이행될 수 없다. 이 경우 법원은 주로 피고가 행사하는 권리에 관계되는 쟁점을 짜맞추면서 반대 당사자가 항변으로 제기하는 경우에 한해 충돌하는 권리에 대한 영향을 평가하게 되기 때문이다. 표현의 자유 침해를 주장하는 사건이 명예 침해를 주장하는 사건보다 많았기 때문에 이렇게 잘못된 우선적 구도 설정의 경향은 더 큰 문제가 되었다.8)

---

7) Eva Brems, Conflicting Human Rights: An Exploration in the Context of the Right to a Fair Trial int eh European Convention for the Protection of Human Rights and Fundamental Freedoms, 27 HUM. RTS. Q. 294, 303 (2005).

이 논란과 관련하여 최근 유럽인권재판소는 위헌 여부가 논란되는 쟁점이 표현의 자유가 침해되었다고 주장된 사건에서 또는 프라이버시권이 침해되었다고 주장되는 사건에서 다루어지는 경우 결론이 달라져서는 안 된다는 점을 강조하고 있다.[9]

> "사생활 존중권이 표현의 자유와 비교 형량될 본건과 같은 사건에서 인권재판소는, 협약 제8조에 기해 동조의 보호주체에 의해 제기되었거나 또는 제10조에 기해 발행인에 의해 제기되었는가에 따라, 그 적용의 결과가 이론상 달라져서는 안 된다고 생각한다. 원칙적 문제로서 이들 권리는 실로 동등한 존중을 받는다. 따라서 수용의 재량(margin of appreciation)은 이론상 양 사건에서 같아야 한다"(Von Hannover v. Germany (No. 2), 2012, § 106).

위와 같이 기본권의 수평적 효과를 인식하면서 우선적 구도설정으로 인한 폐단을 해소하기 위해 일부 학자들은 새로운 대안을 제시하고 있다.

그에 관한 새로운 대안을 제시한 대표적 학자는 Eva Brems이다. 그는 인권이 충돌하는 경우 해결하기 위한 모델의 기준으로서 ① 외관상 충돌(fake conflicts)의 제거, ② 우선적 타협 및 ③ 권리의 우선순위를 위한 기준을 제시하였다.

첫째, 외관상의 충돌("fake conflict")이 있는 경우에는 이를 제거하고 난 후에 사안을 심리 판단하여야 한다.[10]

---

8) Stijn Smet, "Freedom of Expression and the Right to Reputation: Human Rights in Conflict." American University International Law Review 26 no. 1 (2010): 183, 185.

9) Stijn Smet는 이러한 문제를 지적하고 이러한 불균형을 시정하기 위해 양 인권의 충돌을 해결하는 구성적(constructive) 어프로치를 주장하면서, 첫째 대립관계의 올바른 확인, 둘째 어느 일방 당사자의 인권을 타자의 배제 하에 고려하는 것을 피하여 투명하고 일관성 있는 해결을 도모해야 한다고 주장한다(Smet, Stijn. op. cit. p.185).

둘째, 위와 같은 해결이 불가능한 순수한 충돌 관계가 야기되는 경우가 대부분인데, 이 경우에는 한쪽이 다른 쪽을 위해 희생되는 상황보다 양 인권을 가능한 범위에서 고양하는 방안을 우선적으로 고려해야 한다. 이 맥락에서 독일연방헌법재판소는 인권 간의 충돌 해결을 위해 '실천적 조화의 법리'("Praktische Konkordanz" or "practical concordance")를 전개한 바 있다. 이 법리는 양 인권이 상호 양보하여 양자가 손상됨이 없이 가능한 최대한 보호되도록 타협함으로써 해결을 성취하려는 사법적 탐구이다.[11]

셋째, 충돌하는 2개의 기본권을 모두 살리는 방안이 불가능한 경우가 있을 수 있는데, 이 경우 법원은 한 권리가 타자에 우월한 것으로 결정해야 할 어려운 문제에 당면한다. 그에 관해 이 모델은 문제된 인권을 당해 사건의 모든 정황을 고려하면서 타 인권과 상호 비교 형량함에 있어 지침이 되는 다음과 같은 여러 기준을 제시한다.[12]

  a) 침해의 영향 또는 심각성의 기준("impact criterion"):
    예를 들면, A는 X권리를, B는 Y권리를 주장하는 경우 A에 의한 X권리의 행사가 B의 Y권리에 심각한 손

---

10) 예를 들어 벨기에 형사수사법은 피고인은 상소 후 2개월 내에 모든 주장을 제출하여야 한다고 규정한 반면, 검찰 측에는 그러한 기간 제한이 없었는데, 검찰은 5개월 후에 답변서를 제출하였고, 피고인은 그 검찰의 주장에 대해 새로운 주장을 기재한 서면을 제출하였으나, 벨기에 파기원은 피고인의 서면을 위 2개월 기간의 경과 후에 제출된 것이라 하여 피고인의 상소를 기각하자 피고인이 인권재판소에 청원하게 되었다. 유럽인권재판소는 이 경우 형사재판에서 신속한 재판을 받을 권리와 무기대등의 원칙에 관한 권리가 충돌하는 것으로 보이지만, 양자는 모두 피고인의 공정한 재판을 받을 권리에 포괄되는 것이므로 피고인의 무기대등 원칙의 권리를 보호하기 위해 기간 제한 규정은 양보되어야 한다고 하면서 피고인의 서면을 받아들이지 않고 상소를 기각한 것은 인권협약에 위반된다고 결론지은 것이다(Wynen v. Belgium - 32576/96, Judgment 5. 11. 2002).

11) 기본권 충돌 상황에서 실제적 조화의 원칙은 3단계 방안을 거쳐 실현되게 되는데, 첫째 각 기본권을 손상치 않는 대안이 있는가를 찾고, 둘째 그것이 불가능한 때에는 각 기본권이 가능한 한 훼손됨이 없이 최소한의 희생으로 살아남을 수 있는 방안을 찾으며, 셋째 그것도 불가능한 경우에는 하나의 기본권을 우선시키고 타방을 후퇴시키는 방안을 불가피하게 선택하는 순서를 밟게 된다(강일신, 실제적 조화 원칙에 관한 연구 - 기본권충돌 해결을 중심으로 -, 헌법재판연구원(2019. 3. 22)).

12) 이하 설명은 Stijn Smet, id., pp.189-192 참조.

상을 줌에 비해 B의 Y권리 행사는 A의 X권리에 사소한 영향을 준다면, Y권리의 보호가 더 바람직하다.

b) 핵심/주변 기준("core/periphery criterion"): 이 기준에 의하면 충돌관계에 있는 권리의 국면이 문제된 인권의 핵심에 속하는가, 아니면 주변적인 것인가를 결정할 수 있다. 위 예에서 보면 X권리의 핵심적 국면이 Y권리의 주변적 국면과 충돌하는 경우 X권리가 더 보호받을 가치가 있다고 보게 된다.

c) 연관된 부가적 권리의 기준(involvement of additional rights): 충돌되는 2개의 인권뿐 아니라 다른 부가적 권리가 연관되는 경우에는 부가적 권리가 연관되는 자에 유리하게 결정될 수 있다. 위 예시에 의할 때, A의 X권리 행사가 B의 Y권리뿐 아니라 B에 속하는 Z권리에 부정적 영향을 미치는 경우 B의 법적 지위는 그 부가된 권리에 의해 강화될 수 있다.

d) 대립관계에 있는 인권 중 일반적 이익(general interest)에 밀접히 관련되는 쪽의 지위가 강화할 수 있다. 예를 들어, A에 의한 X권리의 행사가 B의 Y권리를 침해할 뿐 아니라 공익에 대해서도 부정적 효과를 가짐에 비해, B의 Y권리 행사는 그렇지 아니한 경우 Y권리의 보호가 더 바른 것이다.

e) 목적 기준("purpose criterion"): 권리의 행사가 원래 그 권리의 목적 달성에 반하는 모습으로 이루어지는 경우에는 그 권리에 덜한 비중이 주어진다. 예를 들어, A의 X권리 행사가 B의 Y권리 행사에 특히 연결되는 경우, 예컨대 자녀 교육을 위해 자유로이 선택할 부모의 권리와 자녀의 교육받을 권리가 충돌하는

경우 양자는 자녀의 이익을 보호하기 위한 동일한 목적에 기여하는 것이다. 부모의 권리 행사가 자녀의 교육받을 권리를 저해하게 될 경우 목적 기준에 의하면 부모의 권리는 자녀의 권리의 충족과 밀접하게 연결되고 그 조건이 되는 것이기 때문에 자녀의 권리 보호를 우선시키게 될 것이다.

f) 책임 기준("responsibility criterion"): 자신의 권리를 행사하려고 한 자는 그가 선택한 방법에 대해 책임을 진다는 점을 인식한다. 이 기준은 권리 간의 직접적 비교를 요구하지 아니하며, 그 대신 한 권리가 책임 있게 행사되었는가 여부를 결정함에 융통성을 제공한다. 그 의미에서 이 기준은 유럽인권협약 제10조 제2항이 규정한 바와 같이 표현의 자유와 명예권 간의 충돌에서 중요한 역할을 한다. 표현의 자유가 무책임하게 행사된 경우 명예권에 우위가 주어질 수 있는 것이다.

물론 상술한 모델은 정적인 것으로 볼 수 없으며, 추상적 충돌에 대한 절대적 해결을 제공하지 않는다. 그 적용은 사안의 정황에 전적으로 의존하는 것이므로 유연한 것이다. 특정 사건을 결정함에 있어서 법관이 이 기준에 얽매일 수는 없지만, 이 모델의 뒷받침이 되는 논거에 의존한다면 일관되고 투명한 법리의 전개에 도움이 될 것이다.

여기서 논의되는 여러 기준은 인권의 행사가 타 인권과 상호 충돌하는 상황에서 경계를 도입함에 의해 우선적 구도의 문제를 상쇄할 수 있다.

4. '진실'의 개념과 입증의 문제

　무엇보다 중요한 논점으로서 설리번 판결이 입증책임을 전도한 의미와 효과에 관해 살펴볼 필요가 있다. 종전 보통법상의 지배적 법리에 의하면 피고가 진술 내용이 진실임을 입증해야 했으나, 설리번 판결은 오히려 원고가 피고의 진술이 허위임을 입증해야 한다고 선언한 것이다. 이러한 법적 처리의 차이가 나라마다 다른 문화적 차이에 근거한다고 하는 의견도 적지 않지만, 그럼에도 그것은 철학적 및 법리학적 논의 대상에서 벗어날 수 없다. 그렇다면 그 변화의 추이를 철학적 및 소송법적 차원에서 검토해야 한다.

　　먼저, '진실'의 개념과 의미에 관한 철학 이론을 살펴보고 그에 따라 진실의 입증책임 문제를 숙고할 필요가 있다. 현대 철학에서 "무엇이 진실인가" 하는 문제에 관해 가장 널리 받아들여지는 이론은 '부합설'(correspondence theory of truth)이다.[13] 그에 의하면 진실은 한 사실 또는 사태와 부합하는 것이라고 이해하며, x는 어떤 사실에 부합하면 진실이고, 어느 사실 또는 사태에도 부합하지 않으면 허위라고 한다. 이를 진실 입증에 관한 우리의 논의에 가져온다면, 피고의 진실 입증은 그가 한 말에 포함된 명제가 특정한 사실(또는 사태)에 부합함을 제시하는 방법으로 행해질 수 있다. 반면 원고가 피고의 말이 허위임을 입증하려면 그 말의 명제에 부합하는 어떠한 사실도 존재하지 않음을 입증해야 한다. (원고에게 비난받을 행위가 있다는) 피고 말의 명제에 부합하는 개개 사실은 무한할 수 있고, 이들 모두가 존재하지 않음을 증명하는 것은 극히 어렵다는 것을 쉽게 알 수 있다. 소극적 사실, 즉 존재하지 않는 사실의 입증이 이른바 '악마의 증명'이라고 논해지는 것은 이 때문이다. 예를 들어, 독일 증거법에서 입증책임 분배의 일반 법

---

13) The Correspondence Theory of Truth, First published Fri May 10, 2002; substantive revision Thu May 28, 2015, https://plato.stanford.edu/entries/truth-correspondence/ ;Truth, https://www.iep.utm.edu/truth/

리에 의하면 특정 사실의 부존재, 즉 소극적 사실의 입증은 매우 어렵기 때문에 그 사실의 존재를 주장하는 측에서 적극적 사실을 입증해야 하는 것이 통상적이다. 더욱이 피고의 내적 심리상태인 현실적 악의의 입증은 극히 어려울 뿐 아니라 그 조사에는 피고의 편집과정에 관해 많은 간접 증거가 요구되기도 한다. 이 경우 독일과 우리의 판례는 원고가 피고의 말이 허위임을 주장하는 경우 피고는 최소한 어떠한 시점과 장소에서 원고의 비난받을 행위가 있었음을 소명하여야 한다고 하여 그 불균형을 시정하려고 시도한다.

[사례] 허위 입증 사건 (BVerfG, 23.02.2000 - 1 BvR 456/95)

이 사건에서 피고 신문은 불법단체 가담자가 원고 단체에 협력하였다는 사실을 보도하였다. 원고는 그것이 허위라고 하면서 그 사실을 보도하지 말 것을 청구하였다.

입증책임 분배의 원칙에 따르면 사실주장의 금지를 바라는 피해자(원고)는 원칙적으로 그 사실주장이 허위임을 입증하여야 했다. 그러나 허위의 입증은 너무 어려웠다. 원고는 과거 및 현재에 원고에 협력한 모든 사람을 증인으로 불러 그가 불법조직에 가담한 사실이 없음을 입증해야 했고, 이를 위해 원고는 그의 전체 조직 구조와 충원 인력을 밝히지 않을 수 없고, 원고 기업의 보호받는 당연한 비밀이 노출되게 될 것이다.

독일 연방헌법재판소는 이 경우 피고에게 그 불법조직 가담자가 누구인가를 밝힐 설명의무를 부담한다고 하면서 피고가 이를 밝히지 못하자 그 사실을 허위로 간주하고 그 보도를 금지하는 명령을 내렸다. 피고가 불법조직 가담자의 이름을 대면, 원고는 그가 원고에게 협력한 사실이 없다고 입증할 수 있게 되어, 그러한 입증의 어려움에서 해방될 수 있었기 때문이다.

이 사건에서 피고는 이미 보도된 타 언론 기사를 근거로 제시하였을 뿐, 실제로 극우불법 조직에 가담한 자로서 원고에 협력한 자의 이름을 대지 못하였다. 따라서 피고는 원고에 피해를 주는 표현행위에 관해 요구되는 설명의무를 다하지 못했기 때문에 피고의 보도는 허위라고 취급된 것이다.

다음, 특정 개인에 대해 거짓이든 진실이든 막론하고 명예훼손적 사실을 적시하여 공격이 행해진 경우 피해자가 그 허위임을 입증하도록 할 것인가, 아니면 말을 꺼내어 법적 분쟁의 단초를 제공한 표현행위자에게 진실의 입증책임을 지게 할 것인가를 형평의 관념에 비추어 상식적·직관적으로 생각해볼 필요가 있다. 그 경우 법적 분쟁을 시동한 것은 명예훼손적 표현을 감행한 자이고, 피해자는 법적 안정을 누릴 권리를 갖는 일반 시민으로서 이른바 홀로 있을 수 있는 권리 내지 타인의 간섭 없이 자유로이 생을 영위할 권리가 공격받은 것이라 할 수 있다. 물론 프라이버시권이나 인격권이 인정되지 않은 시대라면 이러한 사고는 어려웠을 것이다. 그런데 2차대전을 전후하여 문명 제국에서 일반화된 인간의 존엄 사상은 그로부터 개인의 인격권 내지 홀로 있을 수 있는 권리를 도출하여 이를 헌법상 보호되는 실정적 권리고 인정하고 있다. 그러한 관점에서 보면, 개인에 관한 언론의 보도는 그러한 권리에 대한 간섭으로 생각되고, 그러한 간섭을 야기한 언론에 그 이유를 제시할 의무를 부담케 하는 것이 더 형평에 부합한다고 볼 수 있다. 독일의 판례는 개인은 그에 관한 허위 진술을 수인할 이유도 필요도 없다는 입장을 수차 반복하고 있다. 물론 진실의 입증책임을 피해자에게 전가한 미국 판례의 현실적 악의 규칙이 공적 인물 또는 공익 사항을 대상으로 한 보도에만 적용된다고 하지만, 미국 이외의 국가에서도 공적 사안에 관해서는 언론의 자유의 위축을 방지할 적절한 대안을 마련하고 있음을 주목해야 한다. 즉, 피고가 진실입증을 할 수 없는 경우에도 언제나 책임을 지는 것은 아니고, 상당한 주의의무를 이행한 사실을 입증하면 결과적으로 허위 사실이 공표된 경우에도 면책되기 때문이다. 영국의 레이놀즈 항변이나, 일본 및 우리의 상당성 항변의 법리가 그렇다. 현실적 악의 규칙에 의할 때 제기되는 큰 문제는 전술한 바와 같이 진위 입증이 불가능한 사실을 공표함으로써 개인을 해하는 보도에 대한 구제가 불가능해진다는 점이다.

이상 고찰한 바를 종합 분석한다면, 영국의 법제는 명예훼손에 관해 엄격한 한편 프라이버시 보호에는 소홀한 점이 있고, 미국의 법제는 언론의 자유에 치중하여 명예 및 프라이버시 보호에 무관심하다고 평가할 수 있는 점에서 비교법적으로 가장 특유하고 독자적인 지위를 갖는다고 할 수 있다. 그에 비하면 독일법제와 유럽인권재판소 판례는 표현의 자유와 명예 및 프라이버시권의 보호에 조화적 균형을 추구한다는 점에서 우리가 참고할 수 있다고 생각된다.[14]

---

14) 전체적으로 보아, 명예훼손에 관한 유럽인권재판소의 판례는 표현의 자유와 명예권이 충돌하는 경우 어느 것에도 절대적 우위를 주지 않으며, 충돌하는 양자 간의 갈등에 대해 실제적 조화를 도모하는 해법으로 제시한다. 그에 의하면, 표현의 자유는 타인의 명예를 해하는 진술에 무제한한 권리를 부여하지 않으며, 명예권은 모든 비판적 진술에 대해 완전한 보호를 보증하지 않는 것이기 때문에, 양 권리 사이에 중간 지대를 찾으려 하는 것이다. 이 점에서 전술한 실제적 조화의 원칙은 갈등 사례에서 어떤 권리가 우위를 점할 것인가를 결정함에 중요한 방법론을 제공한다고 생각된다.

SUMMARY

In this book author explains the feature of Common Law on defamation.

Defamation should be a balance between protection of reputation and freedom of speech. Road to promoting free speech and reputation varies and the precise balance that each liberal democracy develops will differ according to constitutional, historical, and social settings.

Applying comparative law approach author tries to best balance the interests between free speech and private reputation. While describing the common feature and differences of the England and the U.S. legal doctrines on defamation law, it compares further the European countries' system of defamation law.

English Common Law of defamation

Historically, the law of defamation in English common law has been characterized by a strict liability as severe as anything found in the law. At common law, once a plaintiff established that he was defamed, not only falsity and malice of the statements, but also damages were presumed. The plaintiff can get damages for a statement without showing that the statement was untrue, without showing any slightest harm, and without showing that the defendant was in any way wrong to make it.

English law is favorable to libel plaintiffs not only because defamatory statements are presumed to be false, but because defendants are held strictly liable, if no affirmative defense is established. It is not necessary for a plaintiff to prove that the defendant knew that the defamatory statement was false or even acted recklessly or negligently with respect to truth or falsity.

But during the centuries English common law of defamation has steadily given way in favor of free speech developing various defenses and privileges more protective of speech.

Truth – justification defence

Truth defense is the oldest, most obvious and principal defense to common law defamation action. Truth is a complete defense if the defendant can show that the imputation is substantially true though inaccurate minor and specific details does not matter.

And where the defendant is acting in furtherance of some socially useful interest he was either absolutely or conditionally privileged.

Absolute Privileges

The defence of absolute privilege protects publications which are considered more important to society than the protection of the reputation and only applies to a small number of situations, all relating to government or judicial proceedings.

Qualified Privileges

The defendant will have the defence of qualified privilege if the allegedly defamatory statement was made in circumstances where the maker of the statement had some interest or duty in making it to a person who has a corresponding interest in receiving it(traditional duty-interest privilege).

Fair Comment defense

The common law qualified privilege includes the privilege to fairly comment on matters of public concern by offering opinion. Applying fair comment the defendant must show that the comment was based upon fact and that the facts were true. The traditional defense of "fair comment", long recognized by English law, has been replaced by a new statutory defense called "honest opinion."

Privileges against 'repetition rule'

At common law a publisher will usually be responsible where it republishes someone else's defamatory statements, with such republication giving rise to a separate cause of action. Under the 'repetition rule' a republisher cannot defend a publication by attributing it to another and thus claiming that it was truly restated.

Because the repetition rule works to limit the scope of the justification defence causing chilling effect to media news coverage, common law has provided 2 kind of media privileges in order to guarantee the media's role to inform the public on certain public official proceedings in which the third party's defamatory statements include.

Fair Report Privilege

The fair report privilege has long afforded the protection of qualified privilege to the republication of defamatory statements originally made in the course of judicial and parliamentary proceedings, and is now largely augmented by statute.

Neutral-reportage Privilege

The 'doctrine of reportage' essentially provides a defence for the neutral reporting (republication) of defamatory allegations originally made by a participant to a dispute or controversy of public interest.

It is initially recognised in 1977 by a US court in Edwards v National Audubon Society, Inc. For the defence to apply, the allegation must be made (1) in the context of a 'raging controversy', (2) about a public figure, (3) by a responsible, prominent organisation, and (4) reported in an accurate and disinterested manner. But recently only a few American jurisdictions have recognized the neutral-reportage privilege.

In United Kingdom courts accepted the doctrine of reportage and the 2013 Act introduced it as a kind of Reynolds defense.

Reynolds defense

In 1999, in Reynolds v. Times Newspapers, the English House of Lords made a dramatic shift in holding that common law qualified privilege could apply to media publications. The decision extended the traditional duty and interest requirements for qualified privilege to media publications on the basis of the public's right to know and held that qualified privilege should focus on matters in the public interest. The judgment went on to articulate ten factors that should be considered in determining whether a particular publication is entitled to qualified privilege.

The so-called Reynolds defense has been now introduced by 2013 Defamtion Act as a statutory "qualified privilege for 'responsible reporting' on matters of public interest." That qualified privilege for "responsible journalism" was an important exception to the strict liability principle of English libel law requiring that "a defamatory statement must be proved true to avoid liability."

Defamation law in the United States

Although the defamation laws of Britain and the United States have common roots, during the past half century, the paths of both countries have significantly diverged in the field of defamation relating to the burden of proof on truth or falsity; the need to establish culpability; the actionability of opinions; and the scope of remedies.

The most fundamental and drastic change was made in 1964 by US Supreme Court's first rejection in New York Times v Sullivan of the strict liability standard in common law defamation. In regard to speech about matters of public concern, imposing strict liability would chill free expression and run counter to America's "profound national commitment to the principle that debate on public issues should be uninhibited, robust and wide-open." Applying the First Amendment to protect defamatory falsity, the Supreme Court has affirmed that all plaintiffs have the burden of proving material falsity in cases involving matters of public concern.

The consequence is that in the United States there is generally no presumption that a defamatory statement is false. Rather, the falsity of the charge must be proved by the plaintiff. Under the requirements of the First Amendment, where a newspaper publishes speech of public concern, both public officials and public figures had the burden of showing that the statement was untrue and of meeting the actual malice standard, that is with knowledge that it was false or with reckless disregard of whether it was false or not.

Whether the plaintiff or defendant has the burden of proof on truth or falsity is a matter of great importance that often determines who ultimately prevails. Placing the burden on the party asserting the negative necessarily creates difficulties and this makes it difficult for a libel plaintiff to prevail under American law. Due to *New York Times Co. v. Sullivan*[1] and the matrix of Supreme Court decisions that followed, the press is largely immune from any kind of accountability.

Opinion privilege?

In the United States in a tort action expression of opinion is not actionable, because US courts requires the plaintiff to prove that the defendant published a false statement of fact. A statement that is not reasonably interpreted to be a statement of truth or fact is not actionable as defamatory. This represents a distinct departure from the common law where expressions of opinion are accorded a limited protection under the fair comment defense. But in Milkovich v. Lorain Journal Co. the Supreme Court declared that it had not intended to create a constitutional protection for opinion or comment.

Freedom of speech on the one hand and personal reputation on the other have the same importance in most of democracies. The appropriate approach should seek to best balance a plaintiff's right to recover for defamation with the media's ability to inform the public.

But in the United States freedom of expression is a value of constitutional magnitude, whereas the protection of personal honor is not, which means that freedom of expression almost always wins out. In over four decades since the New York Times v. Sullivan decision, the Supreme Court has accorded the American media a level of freedom of expression that is unparalleled in the democratic world. Thus the Court's ruling leaves perhaps most of the victims of media defamation with no legal remedy for damage to reputation, "no major legal system in the world provides as little protection for reputation as the United States now provides."

In fact, British laws are much more plaintiff friendly and less protective of speech when compared to American laws. England is considered to have one if the most onerous defamation regimes in the world as far as the media are concerned.

Privacy

England and the United States

English law, historically, did not recognise a right to privacy in the sense of a tort of invasion of privacy. Any protection was given incidentally by other causes of action. This is not the case in many other jurisdictions.

Existence of a right to privacy has received limited statutory recognition in England. In the case of a plaintiff whose privacy has been invaded by the press, a privacy tort in the United Kingdom could best be achieved through a more elastic application of the breach of confidence remedy or by way of the still obscure Protection from Harassment Act.

Although American commentators introduced the concept of the right to privacy, the jurisprudence was quite skeptical to adopt it.

Starting with the famous Sidis case of 1940, American law began, in an American way, to favor the interests of the press at the cost of almost any claim to privacy. In the context of a privacy-public disclosure tort the Court accorded media First Amendment protection and denied to impose sanctions on the publication of truthful information contained in official court records open to public inspection.

Perhaps the most striking examples come from the Supreme Court, with its decisions in Cox Broadcasting Corp. v. Cohn and Florida Star v. B.J.F. In both cases in which the media published the names of rape victims the Supreme Court found that the First Amendment protected media outlets against suit. Freedom of expression just about always wins in America - both in privacy cases and in cases involving infliction of emotional distress, like Hustler Magazine, Inc. v. Falwell.

Since the 1960s the American "newsworthiness" exception has grown mightily and peculiarly, in scope. Sullivan and its progeny have "effectively eliminated" defamation and privacy liability as a form of media control by the "virtual impossibility" of a plaintiff recovery.

Continental Europe

On the Continent, the protection of personal dignity has been a consuming concern for many generations. Continental privacy protections are, at their core, a form of protection of a right to respect and personal dignity. The core continental privacy rights are rights to one's image, name, and reputation, and what Germans call the right to informational self-determination - the right to control the sorts of information disclosed about oneself.

The protection of personality has especially flourished since the 1950s. The Basic Law of 1949 did embrace the German tradition of personality protection in its famous Article II, which guarantees "the right to free development of his personality." A number of cases of the 1950s established the principle that the Civil Code had to be understood in light of this constitutional provision, as guaranteeing a right to the protection of personality. The postwar law of personality is now a central institution of dignity in the European continent, particularly in the jurisprudence of the European Court of Human Rights.

In continental Europe the right of free expression that protects the press is always balanced against an individual right to "dignity", "honor" or "personality" which implies a right to personal privacy. In this regard the jurisprudence of the European Court of Human Rights has afforded remarkable balancing standards between the competing interests of privacy and free expression in the light of the concrete facts of each case.

Resolving conflicts between fundamental rights

In every defamation cases there exists a genuine conflict between freedom of expression and the right to reputation. But when a conflict between human rights reaches a court, the matter necessarily involves a claim that the plaintiff's rights have been violated. The defendant's human rights will normally come before the court in an indirect manner - as part of her defense. The court will consequently be tempted to address the issue from the perspective of the directly invoked right causing so-called "preferential framing." To avoid this problem in cases where more than two human rights conflict the resolution should be accomplished by the doctrine of practical concordance(Praktische Konkordanz), developed by the German Constitutional Court. In such cases, a course of action that upholds both human rights to the extent possible should be preferred over a situation in which one right is sacrificed for the sake of the other. This doctrine involves a judicial search for a compromise in which both human rights give way to each other and a solution is reached that keeps both rights intact to the greatest extent possible.

From this angle, in order to examine the conflict between freedom of expression and the right to reputation, author proposes first preferring compromise to seek proper balance of interests and proportionality for prioritizing rights.

참고문헌

일반사항

DAN B. DOBBS, THE LAW OF TORTS (2000).

David A. Elder, Defamation: A Lawyer's Guide (1993).

David S. Ardia, Reputation in a Networked World: Revisiting the Social Foundations of Defamation Law, Harvard Civil Rights- Civil Liberties Law Review, Vol. 45, p.261, [2010], available at: http://ssrn.com/abstract= 1689865

FOWLER V. HARPER, FLEMING JAMES, JR. & OSCAR S. GRAY, HARPER, JAMES AND GRAY ON TORTS (3d ed. 2006).

JOHN CLEMENT CARPENTER GATLEY ET AL., GATLEY ON LIBEL AND SLANDER (Patrick Milmo & W.V.H. Rogers eds., Sweet & Maxwell 10th ed. 2004).

John Cooke, Law of Tort, 9th edition (2009), http://www.shabbirsite.yolasite.com/resources/Law_of_Tort-John_Cooke.pdf

LAURENCE H. ELDREDGE, THE LAW OF DEFAMATION (1978).

RESTATEMENT (SECOND) OF TORTS (1977).

Robert C. Post, The Social Foundations of Defamation Law: Reputation and the Constitution, 74 Cal. L. Rev. 691, 692 (1986), https://scholarship.law. berkeley.edu/cgi/viewcontent.cgi?article=2002&context=californialawreview

ROBERT D. SACK, LIBEL, SLANDER, AND RELATED PROBLEMS (3d ed. 1999).

Rodney A. Smolla, Law of Defamation, Entertainment & Communications Law Library, Clark Boardman Callaghan, New York (1994).

Vincent R. Johnson, Comparative Defamation Law: England and the United States, 24 U. Miami Int'l & Comp. L. Rev. 1 (8-28-2017), http://repository.law. miami.edu/umiclr/vol24/iss1/3

W. PAGE KEETON, PROSSER AND KEETON ON THE LAW OF TORTS
(5th ed. 1984).

박용상, 언론과 개인법익, 조선일보사(1997).
박용상, 명예훼손법, 현암사(2008).
박용상, 언론의 자유, 박영사(2013).

II. 영국

Criminal Defamation Laws in Europe, https://www.rcmediafreedom.eu/
    Publications/Reports/Criminal-Defamation-Laws-in-Europe
Criminalizing Speech About Reputation: The Legacy of Criminal Libel in the
    U.S. After Sullivan & Garrison, Media Law Research Center Bulletin
    (Media Law Research Center, New York, N.Y.), Mar. 2003, at 42
ENGLISH PEN & INDEX ON CENSORSHIP, FREE SPEECH IS NOT FOR
    SALE: THE IMPACT OF ENGLISH LIBEL LAW ON FREEDOM OF
    EXPRESSION 2 (2009), http://libel reform.org/reports/LibelDoc_MedHiRes.pdf
Fowler V. Harper, Privileged Defamation, 22 Virginia Law Review 642 (1936),
    http://digitalcommons.law.yale.edu/cgi/viewcontent.cgi?article=4491&context=
    fss_papers
Gregory Lisby, No Place in the Law: The Ignominy of Criminal Libel in
    American Jurisprudence, 9 Comm. L. & Pol'y 433, 479 (2004),
    http://arechigo-stokka.com/blog/2017/10/31/minnesota-criminal-defamation-
    statute-declared-unconstitutional/
John Cooke, Law of Tort, 9th edition (2009) http://www.shabbirsite.yolasite.com/
    resources/Law_of_Tort-John_Cooke.pdf
Kevin L. Kite, INCREMENTAL IDENTITIES: LIBEL-PROOF PLAINTIFFS,
    SUBSTANTIAL TRUTH, AND THE FUTURE OF THE INCREMENTAL
    HARM DOCTRINE, NEW YORK UNIVERSITY LAW REVIEW, Vol. 73:
    529. file:///C:/Users/user/Desktop/NYULawReview-73-2-Kite.pdf
Paul Mitchell, Nineteenth century defamation: was it a law of the press? http://
    sasojs.da.ulcc.ac.uk/amicus/article/viewFile/1179/1062
Salil K. Mehra, POST A MESSAGE AND GO TO JAIL: CRIMINALIZING

INTERNET LIBEL IN JAPAN AND THE UNITED STATES, 78 U. Colo. L. Rev. 767

Van Vechten Veeder, The History and Theory of the Law of Defamation. I, Columbia Law Review, Vol. 3, No. 8 (Dec., 1903), pp.546-573, http://www.jstor.org/stable/pdf/1109121.pdf

Van Vechten Veeder, The History and Theory of the Law of Defamation. II, Columbia Law Review, Vol. 4, No. 1 (Jan., 1904), pp.33-56. http://www.jstor.org/stable/pdf/1110000.pdf

박용상 (번역), 영국 명예훼손법 및 해설, Defamation Act 2013 and Explanatory Notes, 언론중재 2015년 여름호 86-99면, http://www.pac.or.kr/kor/pages/?p=60&magazine=M01&cate=MA02&nPage=2&idx=710&m=view&f=&s=

진실 항변

Andrew Kenyon, "Perfecting Polly Peck: Defences of Truth and Opinion in Australian Defamation Law and Practice" (2007) 29(4) Sydney Law Review 651. http://classic.austlii.edu.au/cgi-bin/sinodisp/au/journals/SydLawRw/2007/25.html?stem=0&synonyms=0&query=Lucas-Box,%20Polly%20Peck

ANTHONY J.H. MORRIS Q.C., THE "POLLY PECK DEFENCE": ITS FUTURE IN AUSTRALIA, http://www.lexscripta.com/pdf/PollyPeck.pdf

Barbara A. Donenberg, The Reform of the Innocent Construction Rule in Illinois - Chapski v. Copley Press, 60 Chi.-Kent L. Rev. 263 (1984), https://scholarship.kentlaw.iit.edu/cklawreview/vol60/iss2/8

C R Williams, Issues at the penumbra of hearsay, https://hekyll.services.adelaide.edu.au/dspace/bitstream/2440/45114/1/alr_V11n2_1987_WilIss.pdf

David Rolph, A critique of the national, uniform defamation laws, 16 Torts Law Journal (2008) https://www.justice.nsw.gov.au/justicepolicy/Documents/defamation_act_submission_-_associate_professor_rolph_attached_article.pdf

Elizabeth Samson, THE BURDEN TO PROVE LIBEL: A COMPARATIVE ANALYSIS OF TRADITIONAL ENGLISH AND U.S. DEFAMATION LAWS AND THE DAWN OF ENGLAND'S MODERN DAY,

CARDOZO J. OF INT'L & COMP. LAW [Vol. 20:771]) (2012). https://papers.ssrn.com/sol3/papers.cfm?abstract_id=2170040

Ewaschuk, E. G.. "Hearsay Evidence", Osgoode Hall Law Journal 16.2 (1978) : 407-443. http://digitalcommons.osgoode.yorku.ca/ohlj/vol16/iss2/6

Jennifer L. Del Medico, ARE TALEBEARERS REALLY AS BAD AS TALEMAKERS?: RETHINKING REPUBLISHER LIABILITY IN AN INFORMATION AGE, 31 Fordham Urb. L.J. 1409 [November, 2004].

Joseph M Fernandez, Loosening the Shackles of the Truth Defence on Free Speech: Making the Truth Defence in Australian Defamation Law More User Friendly For Media Defendants, p.260 (2008), file:///C:/Users/user/ Downloads/Fernandez_Joseph_ 2008%20(3).pdf

Kyu H. Youm, The U.S. "Innocent Construction" Rule and English Mitior Sensus Doctrine Reexamined, 10 B.C. Int'l & Comp. L. Rev. 285 (1987), http://lawdigitalcommons.bc.edu/iclr/vol10/iss2/7

Matthew D. Bunker and Clay Calvert, "Defamation Live": The Confusing Legal Landscape of Republication in Live Broadcasting and a Call for a "Breaking News Doctrine", 39 COLUM. J.L. & ARTS 497 (2016) COLUMBIA JOURNAL OF LAW & THE ARTS.

Morris D. Forkosch, Analysis of the Prima Facie Tort Cause of Action, 42 Cornell L. Rev. 465 (1957), http://scholarship.law.cornell.edu/clr/vol42/iss4/1

Neil J. Kinkopf, Note, Malice in Wonderland: Fictionalized Quotations and the Constitutionally Compelled Substantial Truth Doctrine, 41 CASE W. RES. L. REV. 1271, 1280 (1991).

Peter B. Kutner, What is Truth?: True Suspects and False Defamation, Fordham Intellectual Property, Media and Entertainment Law Journal, Volume 19, Issue 1 2008 Article 1, VOLUME XIX BOOK 1, http://ir.lawnet.fordham.edu/cgi/viewcontent.cgi?article=1472&context=iplj

Philip McNamara, The Canons of evidence - Rules of exclusion or Rules of Use? https://digital.library.adelaide.edu.au/dspace/bitstream/ 2440/45101/1/alr_V10n3_1986_McNCan.pdf

Roy Robert Ray, Truth: A Defense to Libel, 16 MINN. L. REV. 43, 54–58 (1931).

권순민, '명예훼손죄의 비범죄화에 대한 논의와 그 대안에 대한 연구 - 형법 제307조 제1항의 사실 적시 명예훼손죄를 중심으로 -' file:///C:/Users/user/Downloads/KCI_FI002126201.pdf

김성돈, '진실적시 명예훼손죄 폐지론' https://www.seoulbar.or.kr/cop/bbs/selectBoardList.do#LINK

윤해성·김재현, '사실적시 명예훼손죄의 비범죄화 논의와 대안에 관한 연구' (한국형사정책연구원, 2018)(http://www.dbpia.co.kr/Journal/ArticleDetail/NODE07091222).

III. 미국

Clay Calvert & Robert D. Richards, Journalism, Libel Law and a Reputation Tarnished: A Dialogue with Richard Jewell and His Attorney, L. Lin Wood, 35 MCGEORGE L. REV. 1 (2004).

C. Thomas Dienes & Lee Levine, Implied Libel, Defamatory Meaning and State of Mind: The Promise of New York Times Co. v. Sullivan, 78 IOWA L. REV. 237, 269–73 (1993).

David A. Anderson, Is Libel Law Worth Reforming, 140 U. Pa. L. Rev. 487 (1991), https://scholarship.law.upenn.edu/penn_law_review/vol140/iss2/2

David A. Elder, Truth, Accuracy and Neutral Reportage: Beheading the Media Jabberwock's Attempts to Circumvent New York Times v. Sullivan, 9 VAND. J. ENT. & TECH. L. 551, (2007), https://papers.ssrn.com/sol3/papers.cfm?abstract_id=1004582

Gerald G. Ashdown, Journalism Police, 89 MARQ. L. REV. 739, 750-51 (2006), https://scholarship.law.marquette.edu/cgi/viewcontent.cgi?article=1118&context=mulr

JULIE C. SIPE, "OLD STINKING, OLD NASTY, OLD ITCHY OLD TOAD": DEFAMATION LAW, WARTS AND ALL (A CALL FOR REFORM), INDIANA LAW REVIEW [Vol. 41:137] (2008). https://mckinneylaw.iu.edu/ilr/pdf/vol41p137.pdf

Lyrissa Barnett Lidsky, Defamation, Reputation, and the Myth of Community, 71 Wash. L. Rev. 1 (1996) http://scholarship.law.missouri.edu/facpubs

Marc A. Franklin and Daniel J. Bussel, The Plaintiff's Burden in Defamation:

Awareness and Falsity, 25 Wm. & Mary L. Rev. 825 (1984), http://scholarship.law.wm.edu/wmlr/vol25/iss5/6

Michael Socha, (2004) "Double Standard: A Comparison of British and American Defamation Law", Penn State International Law Review: Vol. 23: No. 2, Article 9.

Available at: http://elibrary.law.psu.edu/psilr/vol23/iss2/9

Randall P. Bezanson, The Libel Tort Today, 45 Wash. & Lee L. Rev. 535 (1988), http://scholarlycommons.law.wlu.edu/wlulr/vol45/iss2/5

Ray Yasser, Defamation As a Constitutional Tort: With Actual Malice for All, 12 Tulsa L. J. 601 (2013), http://digitalcommons.law.utulsa.edu/tlr/vol12/iss4/1

Robert D. Richards & Clay Calvert, Suing the News Media in the Age of Tabloid Journalism: L. Lin Wood and the Battle for Accountability, 16 FORDHAM INTELL. PROP. MEDIA & ENT. L.J. 467 (2006).

Russell L. Weaver & David F. Partlett, DEFAMATION, FREE SPEECH, AND DEMOCRATIC GOVERNANCE, NEW YORK LAW SCHOOL LAW REVIEW, 50, 58 http://www.nylslawreview.com/wp-content/uploads/sites/16/2013/11/50-1.Weaver-Partlett.pdf

염규호, 설리번 판결 50주년과 언론의 자유: 제1수정헌법의 국제적인 영향, 언론중재, 2014년 봄호 56 http://www.pac.or.kr/kor/pages/?p=60&magazine=M01&cate=MA02&nPage=2&idx=619&m=view&f=&s=)

공정보도

JONATHAN DONNELLAN & JUSTIN PEACOCK, TRUTH AND CONSEQUENCES: FIRST AMENDMENT PROTECTION FOR ACCURATE REPORTING ON GOVERNMENT INVESTIGATIONS, NEW YORK LAW SCHOOL LAW REVIEW, 50, 238, (2005-2006) http://www.nylslawreview.com/wp-content/uploads/sites/16/2013/11/50-1.Donnellan-Peacock.pdf

중립보도

Floyd Abrams, "The First Amendment in the Second Circuit: Reflections on Edwards v. National Audobon Society, Inc., the Past and the Future", St. John's Law Review: Vol. 65: No. 3, Article 6. (1991) https://scholarship.law.stjohns.edu/lawreview/vol65/iss3/6

Jason Bosland, Republication of Defamation under the Doctrine of Reportage – The Evolution of Common Law Qualified Privilege in England and Wales, Oxford Journal of Legal Studies, Volume 31, Issue 1, 1 March 2011, Pages 89–110, file:///C:/Users/user/Downloads/SSRN-id1619735.pdf

Jennifer J. Ho, Annotation, Libel and Slander: Construction and Application of the Neutral Reportage Privilege, 13 A.L.R.6th 111 (2006).

Joseph A. Russomanno & Kyu Ho Youm, "Neutral Reportage" and Its Second Decade, A Marketplace Perspective, 3 COMM. L. & POL'Y 439 (1998).

Justin H. Wertman, Newsworthiness Requirement of the Privilege of Neutral Reportage is a Matter of Public Concern, 65 Fordham L. Rev. 789 (811) (1996), http://ir.lawnet.fordham.edu/flr/vol65/iss2/12

Kyu Ho Youm, Ten Years of 'Neutral Reportage' Doctrine: US Approach to Defamatory Republication, 9 J. MEDIA L. & PRAC. 23 (1988).

Rodney A. Nelson, Comment, Neutral Reportage: Making Sense of Edwards v. National Audubon Society, Inc., 20 CAP. U. L. REV. 471 (1991).

Ⅳ. 의견표현

박용상, 의견표현에 의한 명예훼손의 새로운 이해, 언론중재 (2017년 가을호) 76-85면, http://www.pac.or.kr/kor/ebook/periodical/mz_per_2/2017_fall/index.html#page=76

Ⅴ. 구제수단

David A. Anderson, Reputation, Compensation, and Proof, 25 Wm. & Mary L. Rev. 747 (1984), http://scholarship.law.wm.edu/wmlr/

vol25/iss5/3

David A. Anderson, Rethinking Defamation, Arizona Law Review, Vol. 48, p.1047, [2006] http://www.arizonalawreview.org/pdf/48-4/48arizlrev1047.pdf

Joseph Sanders, Reforming General Damages: A Good Tort Reform, https://docs.rwu.edu/cgi/viewcontent.cgi?article=1379&context=rwu_LR

Marc A. Franklin, A Declaratory Judgment Alternative to Current Libel Law, 74 Cal. L. Rev. 809 (1986), http://scholarship.law.berkeley.edu/californialawreview/vol74/iss3/7

Mark Geistfeld, Placing a Price on Pain and Suffering: A Method for Helping Juries Determine Tort Damages for Nonmonetary Injuries, https://scholarship.law.berkeley.edu/cgi/viewcontent.cgi?referer=https://scholar.google.co.kr/&httpsredir=1&article=1672&context=californialawreview

VI. 사생활 침해

Felix Wittern, Das Verhältnis von Right of Privacy und Persönlichkeitsrecht zur Freiheit der Massenmedien.http://ediss.sub.uni-hamburg.de/volltexte/2004/2277/pdf/Dissertation.pdf

Jonathan B. Mintz, The Remains of Privacy's Disclosure Tort: an Exploration of the Private Domain, 55 Md. L. Rev. 425 (1996), http://digitalcommons.law.umaryland.edu/mlr/vol55/iss2/7

Laura Lee Mall, THE RIGHT TO PRIVACY IN GREAT BRITAIN: WILL RENEWED ANTI-MEDIA SENTIMENT COMPEL GREAT BRITAIN TO CREATE A RIGHT TO BE LET ALONE?, ILSA Journal of Int'l & Comparative Law [Vol. 4:785].

Les P. Carnegie, Privacy and the Press: The Impact of Incorporating the European Convention on Human Rights in the United Kingdom, 9 Duke Journal of Comparative & International Law 311-342 (1998), https://scholarship.law.duke.edu/djcil/vol9/iss1/1

Neil M. Richards and Daniel J. Solove, Prosser's Privacy Law: A Mixed Legacy, 98 Cal. L. Rev. 1887 (2010), http://scholarship.law.berkeley.edu/californialawreview/vol98/iss6/5

R. Michael Hoefges, Prosecuting the Press: First Amendment Balancing and state statutes that punish publication of information of crimes and official misconduct, COMMUNICATION LAW AND POLICY, Vol. 2 Nr. 2 (Spring 1997) pp.213-261.

Russell L. Weaver & David F. Partlett, International and Comparative Perspectives on Defamation, Free Speech, and Privacy: Defamation Free Speech, and Democratic Governance, 50 N.Y.L. SCH. L. REV. 57, 61 (2006), http://www.nylslawreview.com/wp-content/uploads/sites/16/2013/11/50-1.Weaver-Partlett.pdf

VII. 결론

Eva Brems, Introduction to CONFLICTS BETWEEN FUNDAMENTAL RIGHTS, CONFLICTS BETWEEN FUNDAMENTAL RIGHTS (Eva Brems ed., 2008).

Smet, Stijn, "Freedom of Expression and the Right to Reputation: Human Rights in Conflict", American University International Law Review 26 no. 1 (2010): 183-236.

Stephen Gardbaum, THE "HORIZONTAL EFFECT" OF CONSTITUTIONAL RIGHTS, 102 Mich. L. Rev. 387 (December, 2003).

〈부록〉

영국 사법제도 개요

영국의 사법제도는 역사적으로 판례나 수시의 제정법에 의해 형성 발전되어 왔기 때문에 여러 사건 유형마다 각개의 재판 관할과 상소 시스템이 복잡하고 다양한 모습을 가지고 있다.[1]

1. 보통법 시스템(Common Law system)

영국의 사법시스템은 보통법 시스템으로 총칭될 수 있다.

로마제국 시대의 '시민법'(ius civile)에서 유래하는 유럽대륙 국가들의 시민법(Civil law) 시스템은 법률 등 성문법에 의해 법체계가 구성됨에 비해,[2] 영국의 보통법 체계는 법원에 의해 형성되는 판례법 체제(case-law system)를 취한다. 그것은 12세기 영국 왕 헨리 2세에 의해 다수의 지방 관습법을 모두에게 공통적으로 적용되는 국가의 법(Common law)으로 대체함으로써 시작되었다. 그와 함께 영국 사법제도는 1166년 법률이 결투나 시험에 의한 재판(trial by ordeal or trial by combat)을 폐지하고 일반 시민에 의한 증거 재판으로 전

---

1) The Judicial System of England and Wales: A Visitor's Guide, https://www.judiciary.uk/ wp-content/uploads/2016/05/international-visitors-guide-10a.pdf

2) 이 시스템은 1804년 프랑스의 나폴레옹 법전에 의해 완성되었다.

환함으로써 그 틀을 잡게 되었으며 후일 배심재판제도의 기원이 되었다. 영국에서 기원한 보통법 체제는 미국 및 영연방국가에 수용되어 영미법체계(Anglo-American legal system)의 근간을 이루고 있다.

보통법 체제에서 법관은 법을 해석할 권한을 갖지만 선례에 구속되며, 의회주권국가인 영국에서 의회는 새로운 법을 제정하여 보통법을 번복 변경할 수 있다.

시민법 체제는 사문주의(inquisitorial system)를 택하여 법원이 직권으로 증거를 수집하여 사건을 다루고 배심제도가 없지만, 영국의 보통법은 당사자들이 증거를 수집 제출할 책임을 지우는 당사자주의(adversarial system)를 기본으로 하며, 법원과 배심은 심판으로서 역할에 국한된다. 현대 제국의 경향은 양자의 장단점을 고려하여 이를 조화하는 방향으로 나가고 있다.

영국(United Kingdom)은 단일의 통일된 법시스템을 갖지 않으며, 잉글랜드와 웨일즈, 스코틀랜드, 북아일랜드 등 3개의 독자적 시스템을 갖는다.

2. 영국 법원제도의 역사

영국 법원의 기원 - Curia Regis

영국에서 법원 제도는 국왕의 협의체였던 Curia Regis(king's court라는 의미)에서 연원하였다. 11세기 후반 영국을 정복한 노르만 계통의 국왕은 고위의 귀족, 성직자 및 법관으로 구성된 위 회의체(Curia Regis)와 협의하여 재정, 입법 및 사법기능 등 모든 국사를 처리하였다. 봉건체제가 무너지고 국왕의 전제적 체제가 점차 민주화되면서 Curia Regis의 기능은 의회, 내각 및 법원으로 분화되었고,

그 과정에서 법원이 독립되면서 영국 특유의 법원 조직이 형성되게 된다.

여기서 중요한 직위는 국왕의 사법에 관한 권한을 대리 행사하던 Lord Chancellor이다. 그는 봉건시대에 왕권이 분화되기 전 국왕의 최고 비서관으로서 국왕의 문서를 작성 포고하면서 국쇄(royal seal)를 보유 관리하였다. 이어 그는 입법, 행정, 사법에 걸쳐 군주를 대리하는 직무를 맡게 되었는데, 사법에 관하여는 최고사법관으로서 형평법원(Court of Chancery)의 장을 맡는 이외에 상급법원 법관의 임명에 관여하고, 입법에 관하여는 귀족원 의장으로서 그 회의를 주재하였고, 19세기 말에는 내각의 법무담당 각료의 직무도 겸하게 되었다.

이렇게 입법, 사법, 행정에 걸친 그의 직무는 장기간 논란되었고, 2005년 헌법개정법률에 의해 귀족원 사법위원회의 직무가 폐지되고 최고재판소가 창설되면서, 그의 사법권에 관한 직무는 최고재판소장에게 이관되었고, 귀족원 의장은 선출된 의원으로서 귀족원 의장에게 넘겨졌으며, 그는 과거의 직명(Lord Chancellor)을 보유한 채 내각 각료(Secretary of State for Justice)의 직무만을 행사하게 되었다.

보통법 법원(common-law courts)

12세기 말부터 Curia Regis에서 사법기능이 분리되어 독립된 법원이 생겨났는데, 국왕에 관계된 사안을 다루는 Court of King's Bench와 사인 간의 관계를 다루는 Court of Common Pleas가 생겨났다. 양자는 이후 600년간 common-law court로 존속하면서 그 판례에 의해 영국 보통법의 근간을 형성하였다. 위 양 법원은 1873년 법률에 의해 고급법원(High Court of Justice)으로 통합 폐지되었다.

Court of Common Pleas는 주로 부동산 관계 분쟁을 다루면서 사인 간의 분쟁에 넓은 관할권을 행사하였는데, 보수적 성향과 사건 적체 때문에 한편에서는 혁신적인 King's Bench와 다른 한편에서는 15세기에 이르러 새로운 요구에 부응하여 신설된 Court of Chancery의 도전을 받게 되고 3개 법원이 관할 다툼을 벌이게 된다. 드디어 1873년 법률(Judicature Act 1873)은 Common Pleas, Exchequer, King's Bench 및 Court of Chancery 등 4개의 법원을 하나로 통합하여 고급법원(the High Court)이 창설되었다.

Court of King's Bench는 1275년부터 1875년까지 중요한 보통법 사건과 여타 법원의 항소사건을 다루었는데, 1873년 Judicature Act 에 의해 폐지되고, 그 업무는 고급법원(High Court)과 항소법원 (Court of Appeal)으로 이관되었다.

형평법원(Court of Chancery)

영국은 상술한 보통법 법원[3]이 형성한 보통법과 다른 형평법체계를 가지고 있는데, 그것은 처음 Court of Chancery 및 Court of Exchequer(Exchequer of Pleas)에 의해 전개되었다.

이들 형평법원(court of equity라고도 함)은 14세기 중반 curia regis에서 분화되어 15세기에 발전된 법원이다. 보통법은 경직되어 사회적 변화의 요구에 부응하지 못하였고 보통법 법원의 절차는 사건 적체 때문에 장기간 고비용을 요하는 경향을 보이자 새로이 생긴 법원이다.

형평법원은, 첫째 보통법 법원에서는 다루지 않던 사안으로서 신탁, 토지법, 심신무능력자 및 미성년자의 보호 등에 관해 훨씬 넓은 범위의 관할을 행사하였고, 둘째 보통법 법원보다 융통성을 가지고

---

3) Court of Common Pleas와 Court of King's Bench를 말한다.

이른바 형평의 원리("law or reason")를 적용하였으며, 셋째 손해배상만이 처리되던 보통법 법원에서는 허용되지 않는 구제수단으로서 과거 비행의 수정 및 미래의 비행의 방지를 명하는 등 형평법적 구제(equitable remedies)를 제공하였다. 그중에는 특히 당사자에게 행위의 금지를 명하는 인정선(injunction)이나 계약을 위반한 당사자에게 이행을 명하는 특별한 이행명령(specific performance)이 포함되었다.

보통법 법원과 형평법원의 관할 범위는 불분명하였고, 때로 중복되는 경우도 있어 상호 간 우위 다툼을 벌이고, 형평법원 역시 부패와 비능률로 비판받았기 때문에 19세기 후반에 이르러 수차의 사법개혁 논의를 거쳐 양자는 통합되게 되었다. 1873년 Judicature Acts에 의해 고급법원이 창설됨으로써 Court of Chancery는 court of King's Bench 등과 함께 고급법원에 흡수 통합되었고, 그 업무는 현재 고급법원의 한 부분으로 수행되고 있다.

3. 현행법상의 법원 및 상소 시스템

최고재판소

원래 영국에서 최고법원의 권한은 귀족원(상원) 사법위원회(Judicial Committee of the House of Lords)가 담당하여 왔으나,[4] 2005년 헌법개정법률(Constitutional Reform Act 2005)에 의해 2009년부터는 신설된 최고재판소(Supreme Court of the United Kingdom)로 이관되었다. 종전의 체제에서도 최고법원으로서 귀족원 사법위원회는 실질적으로 독립성을 가지고 있었으나, 정부와 입법부

---

4) 종전의 귀족원 사법위원회는 귀족원 의원 중 지명된 법관자격을 가진 12인의 의원(Law Lords)에 의해 수행되었다.

로부터 사법의 독립을 투명하게 보장하기 위해 이를 개혁한 것이다. 이로써 영국의 법원의 1000년 역사상 처음으로 사법부가 완전히 독립된 정부 부서로 공식 인식되게 되었다. 동시에 전술한 바와 같이 영국 사법부의 최고직이었던 Lord Chancellor는 사법 구성원에서 배제되었다.

2009. 10. 1.부터 발족한 최고재판소는 종전 귀족원 사법위원회가 관할하던 최고법원으로서의 권한과 Scotland, Wales 및 Northern Ireland의 권한 분배에 관련된 법적 문제를 다루게 되었다.

최고재판소는 국내의 모든 상고 사건을 최종심으로 관할한다. 다만, Scotland의 형사 상고사건은 그 최고형사법원인 High Court of Justiciary가 관할한다.

최고재판소는 법률심으로서 일반적으로 공적 중요성을 갖는 사건을 허가에 의해 접수 처리하는데, 대부분 항소법원의 판결과 고급법원 판결에 대해 불복하는 상고를 처리한다.

최고재판소는 정년 70세의 종신직 재판관 12인으로 구성된다. 5인, 7인, 9인의 재판관이 관여하는 재판부가 설치되는데, 통상 5인으로 구성되는 재판부가 사건을 담당 처리한다. 재판관 각자는 판결에서 사건마다 독자적 의견을 작성한다.

2005년 개헌법률에 의하면 최고재의 재판관 임명에 있어서는 최고재의 소장 및 부소장과 England 및 Wales의 선발위원회, 그리고 Scotland와 Northern Ireland의 선발위원회의 위원으로 구성된 선출위원회(Judicial Appointments Commission)가 선정한 후보자를 Lord Chancellor(Secretary of State for Justice)에 통고하고, 그의 반대가 없는 한, 수상은 그 후보자를 국왕에게 추천하고 국왕이 이를 임명하는 절차를 따른다.

최고재판소는 직접 적용되는 EU법과 유럽인권협약에 규정된 권리를 보호해야 하며,5) 유럽연합사법재판소(Court of Justice of the European Union (CJEU) in Luxembourg)의 판결과 유럽인권재판소 (European Court of Human Rights (ECHR) in Strasbourg)의 판결을 존중해야 한다. 의회주권 원칙을 택하는 영국에서 최고재판소는 여타 국가와 달리 법률의 사법심사권을 갖지 않으며 의회가 제정한 법률의 위헌 여부에 관한 심사권이 없으나, 유럽인권협약에 위반되는 여부를 선언할 수 있다.

추밀원 사법위원회

한편 추밀원 사법위원회(Judicial Committee of the Privy Council)는 영연방 국가와 영국의 해외 속령으로부터의 상고 사건을 최종심으로 판결한다. 그것은 최고재판소의 재판관과 영연방의 상급 법관들로 구성된다.

상급법원

영국에는 상급법원("senior courts")이라 불리는 법원으로서 항소법원(Court of Appeal)과 고급법원(High Court)이 있다. 위 양 법원은 1873년 법에 의해 종전의 보통법 법원과 형평법원을 통합하여 창설되었으며, 보통법과 형평법을 적용하지만 형평법이 우선한다.

상급법원에 속하는 항소법원과 고급법원은 Westminster Hall과

---

5) 유럽인권협약은 유럽협의체(Council of Europe) 가입국들(현재 47개국)이 시민적·정치적 기본권 보장을 위해 1950년 체결하고 1953년부터 시행된 조약이다. 유럽인권협약의 거의 모든 당사국은 동 협약을 국내 입법에 통합하였고, 따라서 동 협약은 국내법체계의 일부가 되어 국내 법원과 공공 기관을 구속하며, 관련 국가 국민 개개인은 동 협약상의 권리와 의무를 주장할 수 있다. 특히, 국내 법원을 비롯한 모든 국가기관은 국내법이 협약에 충돌하는 경우 협약과 그 판례를 우선 적용하여야 한다.

그 인근에 산재하였으나 1873년 하나의 거대한 청사에 통합되었다. 이후 그것은 금융, 상업 및 재산 분쟁 등에 관해 국제적 및 국내적 분쟁을 다루는 세계 최대의 사법 센터를 이룬다.

항소법원(Court of Appeal)

하급법원의 판결에 대한 항소를 허가에 의해 대부분 관할하며 각 3인의 법관으로 구성되는 민사부 및 형사부가 있다.

항소법원은 고급법원 및 국왕법원(Crown Court)의 판결과 100여 개에 달하는 조정법정의 결정에 대한 항소사건을 처리한다.

항소법원에 항소는 항소법원 자체의 허가나 원심인 고급법원의 허가를 요한다.

고급법원(High Court)

고급법원은 가장 오랜 역사를 가지며, 전술한 바와 같이 종전의 Common Pleas, Exchequer, King's Bench, 그리고 Court of Chancery 등 4개의 법원을 통합하여 1873년 법에 의해 신설되었다.

고급법원은 제1심 관할로서 중요하고 복잡한 민사 및 가사 사건을 관할하며, 3개의 부서로 나뉜다. 첫째 Queen's Bench Division에는 해사부, 상사부, 기술 및 건설부, 행정부 등이 있고, 둘째 Chancery Division에는 회사부, 특허부 및 파산부가 있으며, 셋째 Family Division이 있다.

고급법원은 제2심 관할로서 치안법원, 군법원 및 가사법원의 불복 사건을 항소심으로 관할하기도 한다.

전국을 6개 구역으로 나누어 순회법관이 사건을 처리한다.

국왕법원(Crown Court)

1971년 창설된 국왕법원은 중요한 형사사건으로 기소된 사건 및 치안법원에서 이첩된 사건을 다루며 배심재판을 행한다. 치안법원 판결에 대한 항소도 다룬다.

기타 제1심 관할 법원

군법원(County Court)은 고급법원의 관할에서 제외되는 25,000 파운드 이하의 민사사건을 관할하며, 배심이 관여하지 않는다.

치안법원(Magistates' Court)은 국왕법원 관할을 제외한 모든 형사사건을 1심으로 관할하며, 예심 후 중요한 사건은 Crown Court로 이송한다.

가사법원(Family Court)은 2014년 신설되었다

기타 특수법원

기타 특수법원으로서 검시법원(Coroners' Courts)과 군사법원(Court Martial)이 존재한다.

각종 조정법원

영국에는 2006년부터 법원 조직과 분리 독립된 분쟁 해결 기관으로서 각 분야에 100여의 조정법원이 설립 운영되고 있다(Tribunals Service). 이들은 농지, 고용, 이민 및 난민, 정신건강 등의 사건과 사회보장 급여, 세금 등에 관한 의무 여부를 결정한다. 조정법원은 통상의 법원 절차보다 덜 복잡하고 비공식적이며, 조정부의 장은 직업법관이 맡고 각 분야 전문직이 패널로 참여한다.

조정법원은 제1심과 제2심으로 구분된다. 2심 결정에 대한 불복은 항소법원에 하게 된다.

박용상

서울대학교 법과대학 졸업(1967)
서울지방법원 판사(1972)
독일 프라이부르크대학 유학(1975/76)
서울대학교 대학원 법학박사(1980)
방송위원회 위원(1981/84/90)
사법연수원 교수(1985)
서울고등법원 부장판사(1993)
헌법재판소 사무차장 및 처장(1997-2003)
국회공직자윤리위원회 위원장(2002-2004)
언론중재위원장(2014-2017)
현 변호사

저서
언론의 자유와 공적 과업(교보문고, 1982)
방송법제론(교보문고, 1988)
언론과 개인법익(조선일보사, 1997)
세계언론판례총람(1998 대표집필)
표현의 자유(현암사, 2002)
명예훼손법(현암사, 2008)
언론의 자유(박영사, 2013)

영미 명예훼손법

초판인쇄 2019년 6월 25일
초판발행 2019년 6월 25일

지은이 박용상
펴낸이 채종준
펴낸곳 한국학술정보㈜
주소 경기도 파주시 회동길 230(문발동)
전화 031) 908-3181(대표)
팩스 031) 908-3189
홈페이지 http://ebook.kstudy.com
전자우편 출판사업부 publish@kstudy.com
등록 제일산-115호(2000. 6. 19)

ISBN 978-89-268-8865-0 93360